- 번역개정판 -

뇌과학을 적용한

개별화
수업

(2) 원리편

번역개정판

뇌과학을 적용한
개별화 수업

② 원리편

데이비드 A. 수자·캐롤 앤 톰린슨 지음 | 장인철·이찬승 옮김

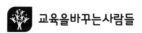 교육을바꾸는사람들

한국 독자를 위한 서문

가르치는 일을 업(業)으로 삼고 있지만 우리 교사들도 '교직'에 대한 저마다의 상(像)을 머릿속에 갖고 있습니다. 그것은 강력하고도 수많은 영향력 속에 형성된 것으로, 우리가 각자 학창시절을 경험했던 방식을 통해 교수와 학습이 어떻게 이루어지는지에 대한 근본적인 이미지를 갖게 된 것입니다. 학교에 적응하는 것이 쉽지 않았던 사람이라도 그때의 경험이 학교에 대한 근본적인 인상을 만들었을 것입니다. 교대나 사범대에 입학해서는 좀 더 공식적으로 학교수업을 운영하는 법을 배웁니다. 비록 십중팔구는 취학연령의 학습자들을 가르쳐본 경험이 아주 오래 전이거나 아예 없었을 교수님들로부터 배우게 되겠지만 말이지요. 담임교사가 되면 의식적으로든 무의식적으로든 주변의 경험 많은 교사들 속에 어울리기 위해 애씁니다. 그리고 매일 교실에서 책임져야 할 학생들과 수많은 업무를 어떻게 다룰 것인지, 신참내기 교사 시절부터 자기만의 교수습관과 일과(日課)를 개발하기 시작합니다. 가르친 지 3년째 정도 되면 대부분의 교사에게 그런 습관들이 비교적 단단하게 자리를 잡습니다. 그 영향은 일종의 중력처럼 작용해 우리를 '현 상태' 쪽으로, 즉 언제나 그래왔던 방식으로 끌어당깁니다.

교수학습의 연구기반은 계속 진화하고 있습니다. 저는 오랫동안 교직에 있었는데, 제가 교직에 갓 입문했을 무렵에는 미국에서 소위 '행동주의'라 부르는 원칙이 교수관행을 지배하고 있었습니다. 다시 말해서, 당시에는 학습을 '일종의 자극-반응 접근법'으로 해석했던 것입니다. '학습'이란, 교사가 가르친 내용(학생이 알아야 한다고 교사가 판단하여 가르친 내용!)을 학생이 반복하여 연습하게 하는 것이라는 논리였습니다. 이후 수년에 걸쳐 인지심리학에 대한 이해가 크게 높아졌고, 효과적인 교수학습은 어떤 요소로 구성되는가에 대한 지식 또한 큰 진전이 있었습니다. 우리는 이제 학습에 대해서, 학생들에 대해서 더 잘 압니다. 배운 것을 기계적으로 암기하기보다는 개념을 이해하고, 기억과 적용, 전이를 거쳐 새로운 의미를 창조하는 데까지 나아갈 수 있다는 것을 압니다. 이해하는 것과 의미를 만드는 것은 학급 전체가 아닌, 학생 개개인마다 다르게 일어나는 것이라는 사실도, 따라서 교사가 각 학생이 어떻게 배우고 있는지를 알아야 학급 전체의 학습을 계속 지원해줄 수 있다는 것도 압니다.

최근 20년 동안 학습의 본질에 관한 우리의 이해는 신경과학이 인지심리학 이면의 생리학적 기제를 밝혀내면서 한층 더 넓어지고 깊어졌습니다. 이제 막 교실로 들어선 젊은 교사들은 뇌가 학습하는 방식에 대한 지식을 기반으로 한 최선의 교수법을 익힌, 첫 세대의 교사들이 될 것입니다. 그뿐일까요. 우리를 둘러싼 세계는 급격히 변화하고 있고, 우리가 가르치는 젊은이들도 변화합니다. 그들의 삶의 속도, 정보에의 접근성, 꿈과 야망, 스트레스, 세계관은 앞선 세대의 그것들과 항상 조금씩 다릅니다. 교사는 학생을 알고 이해하는 데 시간과 노력을 쏟음으로써 교육의 본령에 충실할 수 있고, 그 아이들이 누구이고 어떤 사람으로 성장하고 있는지 파악함으로써 더 잘 가르칠 수 있게 됩니다. 교실에 들어오는 학생들 중 학습에 문제를 갖고 있는 경우도 과거보다 훨씬 많아졌습니다. 이 역시 교사가 학급 전체의 필요뿐만 아니라 개별 학생의 필요까지 살피고, 연구하고, 그것에 대응하도록 요구합니다.

우리는 이제 교수학습에 관한 강력하고도 새로운 지식을 손에 쥐게 되었지만, 수 세대에 걸쳐 유지되었던 교실의 풍경과 학습에 대한 상(像)은 여전히 우리를 강력한 힘으로 잡아끕니다. 우리가 자란 세계와 지금 우리 학생들이 성장하고 있는 세계 사이의 격차가 분명한데도 '중력의 힘'은 이제껏 그래왔듯이 기존의 익숙한 방식으로 학생들을 가르치게 합니다.

변화는 어려운 일이며, 특히 교수방식을 변화시키는 일은 더더욱 어렵습니다. 가르치는 일 자체가 무척이나 복잡하기 때문입니다. 그러나 새로운 교수법을 접한 교사들이 일련의 교수실천을 통해 학생들이 활기를 얻고 학습에 대한 열정을 발휘하는 것을 목격하고서 기존의 교수방식을 변화시키려 애쓰는 모습, 그것은 언제나 저에게 큰 자극이자 동기부여가 되었고 커다란 감동이었습니다.

이 책의 주 저자이자 신경과학계의 대가인 데이비드 A. 수자(David A. Sousa) 박사와 지난 몇 년에 걸쳐 함께 작업할 수 있었던 것은 저에게는 큰 행운이자 영광이었습니다. 그와의 공동작업 과정에서 저는 개별화수업의 개념을 새롭고 역동적인 렌즈를 통해 다시 들여다볼 수 있었습니다. 그리고 우리가 지금 '개별화'라 부르는 교수실천이 학생들과 저 자신에게 미친 긍정적이고 엄청난 변화를 지난 20여 년간의 공립학교 교직 경험 속에서 생생히 실감했습니다. 대학교수로 임명되어 학습심리학을 깊이 있게 공부하고 '개별화'에 대해 연구할 기회를 얻게 되자, 개별화수업이 긍정적인 효과를 불러오는 그 이면의 역학에 대한 이해를 확장시킬 수 있었습니다. 수자 박사와의 협동작업, 그리고 효과적인 교수실천에 실마리를 던져준 신경과학적 통찰에 대한 지속적 학습, 이 두 가지 요소는 저의 교수실천을 형성하는 바탕이 되었고, 그것은 제가 가르치는 학생들에게 실제 도움이 되는 방식이기도 했습니다.

이 책을 집필하는 내내 제가 느꼈던 것처럼 한국의 독자 여러분도 이 책을 유용하게 느낄 수 있기를 바랍니다. 책을 읽고 나서 학습환경, 교육과정, 형성평가, 교수법, 학급 일과에 대한 여러분의 생각이 좀 더 새롭게 바뀌고, 학생들을 가르친다는 것에 대해 또 그들의 삶에 대해 더 깊은 관심을 갖게 되기를 바랍니다. 더 나아가 우리 학생들이 앞으로 세상에 기여할 모든 것들이 우리 모두의 삶에도 도움이 되기를 바랍니다.

버지니아대학교에서
캐롤 앤 톰린슨

차례

도표 목차

표 목차

도입

개별화지도에 대한 서적이 시중에 이미 100권 이상 나와 있는데, 굳이 이 책을 집필한 이유는 무엇일까? 누구나 궁금해할 만한 당연한 질문이다. 먼저 이 질문에 답하고 넘어가고자 한다. 우리가 생각하기에 이 책은 오늘날 거의 모든 교사가 직면하고 있는 다음과 같은 두 가지 중요한 문제를 다룬다는 점에서 다른 책들과 구별된다.

1. 뇌가 어떻게 학습하는지에 대해 수많은 연구가 진행됨에 따라 교사들은 이러한 연구 결과가 교육실천에 주는 시사점을 더는 모른 체할 수 없게 되었다.
2. 교사들은 능력·문화·언어가 각기 다른 아동들이 섞여 있는 교실에서 학생들이 성공적으로 학습할 수 있도록 교수전략을 개발해야 한다. 이를 위해서는 신경과학 분야의 연구 결과를 적용할 방법을 찾아야 한다.

교육실천에 영향을 줄 수 있는 신경과학 연구 결과들이 1980년대부

터 축적된 결과, 마침내 교육신경과학(Educational Neuroscience)이
라 불리는 새로운 학문이 탄생했다. 이는 인지심리학·신경과학·교육
학 관련 연구 결과를 융합하는 접근이다. 이 연구 성과의 집적은 교사
들이 과연 어떤 교육과정이나 교수법, 평가방법 등이 효과적일지 판단
하는 것을 도와줄 정보와 통찰을 제공한다. 이 책에서 우리는 지금까
지의 연구를 통해 밝혀진 바를 바탕으로 개별화지도의 기본 원칙들을
평가할 텐데 그 결과는 놀라울 정도로 긍정적이다. 그 놀라운 이야기
를 나누고자 한다.

개별화지도는 얼마나 뇌친화적인가

저술가이자 교육자로서 오랜 세월을 보내온 우리는 교육실천과 관련
해 다소 다른 분야에 주목해왔다. 톰린슨 교수는 전체 학년 및 과목에
서 어떻게 개별화수업을 할 수 있는지에 대한 모형을 개발하고 이를
교사들에게 가르치는 일에 깊이 관여했고, 수자 박사는 인지과학과 신
경과학의 연구 결과를 학교와 교실현장에서 교사가 사용할 수 있는 내
용으로 어떻게 번안할 수 있을지에 대해 연구했다. 이 책을 구상하며
토론을 시작한 우리는, 개별화 교육과정이나 교수법 및 평가과정은 인
지심리학자들과 신경과학 연구자들이 밝혀 놓은 뇌의 학습방식에 의
해 다방면으로 뒷받침되고 있다는 사실을 알게 되었다. 개별화지도는
뇌친화적 교육방법이었던 것이다.

개별화지도의 흥망 그리고 재조명

개별화지도는 새로운 교육철학이 아니다. 전교생이 한 교실에서 배웠던 19세기 후반과 20세기 초반의 미니학교(one-room schoolhouse)를 생각해보자. 당시에는 한 명의 교사가 한 교실에서 다양한 연령대의 학생들을 동시에 가르쳐야만 했다. 당연히 교사는 교육과정이나 교수전략, 평가방법을 개별화하는 데 능수능란해야 했다. 분필과 칠판, 몇 권의 교과서 같은 제한된 교구만으로 학생들은 읽기와 쓰기, 산수, 펜글씨, 예절 등을 배웠다. 학생과 교사는 이러한 환경에서 몇 년 동안이나 함께 지내야 했기에 서로에 대해 잘 알게 되었고, 교사는 학생과의 긴밀한 관계를 통해 학생에 따라 교수법을 개별화할 수 있었다. 이러한 교실환경에서는 고학년 학생들이 저학년 학생들을 도와주어야 했으므로 자연히 협동학습도 싹텄다. (오늘날에도 미국의 시골지역에는 전교생이 한 교실에서 배우는 미니학교가 300곳 이상 존재한다.)

하지만 그 후 인구가 늘어나면서 공립학교의 규모도 커지게 되었다. 학생들은 연령에 따라 해당 학년에 배치되었다. 교실의 규모는 작아졌고, 존 듀이(John Dewey)가 주장한 '학교는 돌봄의 공동체'라는 교육철학의 확산으로 교사들은 개별 학생의 필요(교육학에서 '필요(needs)'란 현재 학생 자신이나 또래의 능력을 고려하여 도달해야 할 수준치를 의미한다. 이 책에서는 교육학적인 의미로 쓰인 경우에는 '필요'로, 일반적인 경우에는 '요구, 욕구'로 번역했다-옮긴이)를 다루어야 했다. 교육과정은 지역에 따라 다르게 마련되었고 지역공동체의 요구를 반영했다. 어떤 마을에서는 학술적인 과목들을 보다 많이 배우길 원했고, 또 어떤 마을에서는 직업기술이나 농업기술을 육성하는 데 초점을 맞추기도 했다. 이처럼 개별화지도는 당시에도 여전히 흔한 교육방식이었다.

같은 학년의 학생일지라도 능력과 성숙도는 제각각이었지만, 광범위하고 강력하게 전개된 산업화는 1930년대의 교육철학과 학교운영 방식을 변화시키기 시작했다. 이 조직적인 구조 안에서 교실 내 개별화지도는 당시 더 효율적으로 보였던 '중도적이고 대중적인(middle-of-the-road)' 교수법에 그 자리를 내주었다. 교과목은 구획화되고 교실 규모는 더욱 커졌으며 중등교사들은 교과내용 전문가가 되었다. 획일적인 교육과정이 교육의 보편적인 형태로 대두되면서 개별화지도는 관심에서 차츰 멀어졌다.

1960년대 주(州) 정부는 지역 교육청들이 여전히 자율적이고 다양한 형태로 운영되고 있음을 우려하여 각 교육청에 대한 중앙집권적 통제를 강화하기 시작했다. 주 교육청들은 표준화된 교육과정을 수립하고, 거의 모든 고등학생이 졸업을 위해 응시해야 하는 표준화된 시험을 개발했다. 한편 이민 인구가 대거 유입되면서 미국 내 언어와 문화는 더욱 다양해졌으며, 도시화로 인해 인근 지역공동체 간의 경제적 격차 역시 더욱 커졌다. 전국 교육청들의 교육과정 및 교수법과 평가는 비슷해져갔지만, 학교 내 학생의 구성은 더욱 다양해졌다.

수년간 전국 단위의 시험이 실시됐지만, 전 학년을 통틀어 보더라도 학업성취도는 거의 향상되지 않았다. 미국의 중고등학생들은 다른 선진국 학생들에 비해 지속적으로 낮은 학업성취도를 보였다. 성적을 향상시키기 위한 노력의 일환으로 정책입안자들은 표준 학업성취 기준과 시험을 강조하는 개혁(예를 들면, 아동낙오방지법(No Child Left Behind Act))을 추진했다. 그러나 표준화를 강조하는 교육계의 분위기에도 불구하고, 교사들은 이러한 획일적인 접근으로는 오늘날 교실에 있는 다양한 학생들을 제대로 이끌 수 없다는 사실을 점점 깨닫게 되었다. 더욱 명확해진 사실은, 학생들의 학습능력과 언어 및 문화적 배경이 더욱 다양해짐에 따라 같은 교실 내에서도 다양한 수준의 교수전략이 적용되어야 한다는 것이었다. 어찌 보면 이것은 과거 '전교생이 한 교실에서 배우는 미니학교'에서 사용되던 다양한 교수전략으로의 복귀를 의미했다. 개별화지도에 대한 생각이 재조명된 것이다(이 책은 주로 미국 교사들을 대상으로 쓰인 책으로 미국의 사회와 학교를 배경으로 한다. 다문화사회인 미국은 공교육에서 문화적·인종적·언어적으로 다양한 학생들을 어떻게 다룰 것인지가 중요한 화두다. 이후 제시되는 사례도 이런 맥락을 고려해서 읽어야 한다. 가령, 학생의 모국어가 영어가 아닌 경우가 많으므로 수업에 사용하는 언어를 어떻게 개별화할 것인가 또한 중요한 문제가 된다-옮긴이).

이 책에 관하여

일부 지역 학구들은 진도를 떼야 하는, 지나치게 많은 학습내용과 이와 병행된 고부담시험의 압박 속에서도 교실현장에서 개별화수업을 유지하기 위한 방안을 오래 모색해왔다. 정책입안자들과 지역사회도 학생들의 구성이 더 다양해지고 있음을 점차 인식하게 되면서, 점점 많은 학교가 개별화지도에 관심을 보이고 이를 통해 다양한 학생들의 학업 성취를 도우려 하고 있다. 이 책에서 우리는 교사에게 추가적인 부담을 지우지 않으면서 개별화수업을 만들고 운영할 수 있는 전략들을 제안할 것이다. 우리가 말하고자 하는 교수방법은 학생들을 서로 다른 방식으로 '더 현명하게' 가르치자는 것이지 무조건 '더 열심히' 가르치자는 것이 아니다. 제대로 실행되기만 한다면 개별화지도는 교사와 학생이 책임을 함께 나누는 수업을 만들 것이고, 이것이야말로 개별화지도가 지향하는 바람직한 결과다. 배움에 책임을 느끼는 뇌가 바로 학습하는 뇌이기 때문이다!

이 책이 다루는 질문들

독자들은 이 책을 통해 다음과 같은 질문에 대해 명쾌한 해답을 얻을 수 있을 것이다.

- 교사는 어떤 교수모형을 토대로 뇌친화적 개별화수업을 할 수 있는가?
- 교사와 학생의 사고방식은 개별화수업에 어떤 영향을 미치는가?
- 어떤 학습환경이 개별화수업에 가장 도움이 되는가?
- 수준 높은 뇌친화적 교육과정의 5가지 요소는 무엇인가?
- 어떤 방법으로 성취도를 평가해야 학생을 지도하는 데 필요한 정보

를 얻을 수 있는가?

- 학생들의 학습준비도가 의미하는 바는 무엇이며, 교사는 그것을 어떻게 활용할 수 있는가?
- 개별화수업에서 학생들의 흥미는 얼마나 중요하며 어떻게 다루어야 하는가?
- 학습양식에는 어떤 요소들이 있으며, 교사는 이를 위해 어떻게 수업을 계획해야 하는가?
- 개별화수업을 효과적으로 운영하기 위한 전략에는 무엇이 있는가?

각 장에서 다루는 내용

1장: 효과적인 개별화지도가 갖출 필수 요소 - 이 장에서는 개별화지도가 무엇인지 설명하고 이와 관련된 주요 연구를 살펴본다. 또한 개별화수업의 기본 요소들을 통합한 하나의 모형을 제시하고, 그 모형의 각 요소를 개괄적으로 설명한다. 각각의 요소는 이어지는 장에서 자세히 논의할 것이다.

2장: 사고방식, 학습환경, 개별화지도 - 이 장에서는 교사와 학생의 다양한 사고방식 유형과 이러한 사고방식이 교수학습에 미치는 영향을 살펴본다. 교실 및 학교 환경이 학생의 학업에 영향을 주는 사회적 욕구 및 기타 다양한 요인은 물론 신체의 화학작용에 미치는 영향에 대해서도 살펴볼 것이다.

3장: 교육과정과 개별화지도 - 이 장에서 주로 다루는 것은 수준 높은 뇌친화적 교육과정의 5가지 핵심 요소이다. 각 요소가 무엇인지 살펴보고 그것을 개별화지도에 적용하는 방법을 제안할 것이다.

4장: 수업에서의 평가와 개별화지도 - 이 장에서는 평가의 본질과 목적에 대해 설명한다. 평가는 교수학습에서 빼놓을 수 없는 필수적인 요소이기 때문이다. 이 장에서 특히 초점을 맞추는 것은 어떻게 하면 학생들의 다양성을 고려해 더 효과적인 평가전략을 만들어내느냐 하는 것이다.

5장: 학습준비도에 따른 개별화지도 - 학습준비도는 종종 학생의 능력과 동일한 의미로 이해되지만 실은 그렇지 않다. 이 장에서는 학생의 학습준비도와 능력이 어떻게 다른지를 설명하고, 왜 학습준비도가 중요한지에 대해 논의한다. 또한 교육과정, 평가, 학급운영 전략은 물론 학습환경을 통해서 학습준비도에 대응하는 개별화수업 지침들을 제안할 것이다.

6장: 흥미에 따른 개별화지도 - 학습에 얼마나 많은 흥미를 가지는가는 학습동기와 향후 학업성취와 관련된 중요한 요소이다. 이 장에서는 학생들의 흥미를 고려하는 것이 도전적이고, 보상적이며, 성공적인 학습활동에 어떻게 도움이 되는지에 대해 이야기할 것이다. 또한 학습환경을 조성하거나 교육과정, 평가, 학급운영 전략을 계획할 때 학생들의 흥미를 고려할 수 있는 방법도 제안할 것이다.

7장: 학습양식에 따른 개별화지도 - 학생들이 서로 다른 방식으로 배운다는 점을 알고 있어도 교사가 이러한 차이를 고려해 날마다 수업계획을 작성하는 것은 불가능해 보인다. 하지만 그렇지 않다. 이 장에서는 학습양식의 구성 요소와 학습양식에 영향을 미치는 여러 변수, 또 교사가 각기 다른 학습양식을 고려해 수업을 계획하는 데 사용할 수 있는 지침들에 대해 서술할 것이다.

8장: 개별화수업 운영하기 – 앞서 여러 장에서 제안한 것들이 처음에는 부담스럽게 느껴질지도 모른다. 하지만 세심하고 신중하게 계획하면 이를 효과적으로 실행에 옮길 수 있다. 이 장은 이처럼 교사가 '세심하고 신중하게 수업을 계획'하는 데 도움을 줄 것이다. 또한 리더형 교사와 관리자형 교사의 차이점을 살펴보고, 교사가 리더십 기술을 효과적으로 사용할 수 있는 방안도 제안할 것이다. 이를 통해 학생들은 개별화수업에서 도전적이고 흥미로운 학습기회를 갖게 될 것이다.

이해를 위해 덧붙인 요소들

|관련 사례와 개선 사례| 2장에서 8장까지 각 장에는 실제 교실상황을 보여주는 사례들이 제시된다. 각 장 서두에 나오는 '관련 사례'는 많은 교실에서 나타나는 전형적인 상황이고, 각 장 결말에 나오는 '개선 사례'는 그 상황이 개선된 이후의 모습, 즉 해당 장에서 논의한 개별화지도의 요소를 고려해 학습계획을 세우면 교실상황이 어떻게 개선될 수 있는지를 보여주는 시나리오다. 책에서 제안한 전략을 활용해 어떻게 긍정적이고 생산적인 학습환경을 만들어 학생들의 학업성취를 도울 수 있는지를 이 두 가지 사례를 통해 보여주고자 했다.

|교실에서| 교사가 개별화수업을 구상하는 데 도움이 될 일종의 시나리오다. 이 코너를 통해 교사는 구체적인 학습전략을 비롯해 개별화의 다양한 측면을 뇌친화적 수업환경에서 어떻게 실행할 수 있을지 알게

될 것이다.

|연습문제| 해당 장의 주제와 관련된 전략을 어떻게 설계·실행할 것인가에 대한 여러 제안과 함께 성찰용 질문을 제시한다. 이 질문과 제안들은 심리학 및 신경과학 연구뿐 아니라 개별화지도와 뇌친화적 교수법의 성공 사례에 관한 연구에서 도출된 것이다.

점점 다양해지는 학생들에게 진정으로 필요한 것이 무엇인지 파악하고, 그 필요를 제대로 충족시켜줄 수 있으려면 인간의 뇌가 어떻게 학습하는지에 대해 더 깊이 이해해야 한다. 학생들은 애초 그들을 돕기 위해 설계됐지만 때로는 방해만 되는 학습환경 속에서 분투하고 있다. 교사인 우리는 교수방법을 개별화하고 평가를 변화시킬 방법을 찾아야 한다. 그래야 더 많은 학생이 자신의 잠재력을 최대한 발휘할 수 있을 것이다. 우리는 대부분의 교수환경이 상당히 열악할 수밖에 없다는 것을 이해한다. 또 교사들이 더 적은 학생들과 보다 넓은 교실에서 더 많은 자료를 갖춰 수업하길 원한다는 사실도 알고 있다. 교사에게는 수업을 준비할 시간이 더 필요하고, 적절하고 전문적인 지원도 더 필요하다. 학생들의 시험점수를 올려야 한다는 끈덕진 압박 속에 있다는 것도 알고 있으며, 이 점을 매우 유감스럽게 생각한다. 이 현실이 어쩌면 우리가 사는 동안에는 바뀌지 않을 수 있다는 것 또한 알고 있다. 결국 우리 어린 학생들이 생기를 얻고 풍요로운 삶을 살 수 있게 할 사람은 다음과 같이 다짐하는 교사들뿐이다.

"이 아이들은 내 학생들이다. 지금 이 시간은 아이들이 이 학년의 과정과 이 과목을 배울 유일한 시기다. 나는 내게 주어진 기회와 책임을 누구보다 잘 안다. 나는 이 아이들을 입체적인 개개의 인격으로 바라볼 것이고 한 명 한 명에 대해 알아갈 것이다. 그리고 교사로서 전문 지식과 스킬을 꾸준히 갈고 닦아, 아이들이 최선의 방법으로 최고의 지식을 얻을 수 있도록 그들을 가르칠 것이다. 이 시간 이곳에서 내가 할 수 있는 모든 것을 다해 내게 온 아이들 한 명 한 명이 모두 성공하도록 도울 것이다."

우리가 바라는 것은 교사들이 뇌의 학습원리와 개별화지도에 대해 잘 알게 되어, 모든 학생이 그 혜택을 받을 수 있도록 함께 노력하는 것이다. 우리는 이 책을 통해 교사들이 효과적인 교수방법에 관한 지식을 연마하고, 그 지식을 학생들에게 이롭게 쓰기를 바란다.

1

효과적인
개별화지도가 갖춰야 할
필수 요소

다양한 학습자들의 필요를 충족시키기 위해서는 교육과정과 교수법을 개별화해야 한다. 이 분명한 사실을 논의에 부친다는 것 자체가 어색할 수도 있지만, 아직도 우리 주위의 많은 교실에서는 '전체가 곧 개인'이라는 방식으로 학생들을 가르치고 있다. 학생마다 과제수행 시간이 다르고 각자 다른 방식으로 학습한다는 사실은 누구도 부정할 수 없을 것이다. 하지만 전통적인 학교조직, 표준화시험에 대비해 진도를 떼야 하는 학습내용의 압박, 제한된 예산 등은 학습효과를 극대화할 수 있는 개별화지도의 길을 요원하게 만든다. 그럼에도 그 요원한 길 쪽으로 우리는 걸음을 떼어야 한다.

H. 린 에릭슨(H. Lynn Erickson)
『Stirring the Head, Heart and Soul(머리, 마음, 그리고 영혼의 동요)』

최근 학회에 참석했다가 한 여교사가 올해 처음으로 '복합연령 학급'을 가르친다고 말하는 것을 들었다. 그 교사는 20년 이상 교직에 몸담은 연륜 있는 교사였다. 바로 옆에 있던 젊은 교사가 "선생님에게 참으로 커다란 변화였겠네요."라고 하자, 그 교사는 잠시 생각하더니 "사실, 정말로 큰 변화는 아니에요. 다양한 연령대 아이들이 섞인 학급을 해마다 가르쳤거든요. 단지 올해 처음으로 교실 문에 그런 표시를 붙였을 뿐이죠."라고 대답했다.

우리가 '개별화수업'이라고 부르는 것 또한 사실 새로운 것이 아니다. 다만 학생들이 능력이나 학습준비도 면에서 서로 '대등한 조(組)를 이뤄' 학교에 오는 것은 아니라는, 우리가 몇 세기 전부터 익히 알고 있었던 사실을 교육자들에게 일깨우는 것일 뿐이다. 뇌의 발달 속도는 아이들마다 다르다. 같은 3학년 교실이라 해도 어떤 학생은 1학년 수준으로 책을 읽는 반면, 어떤 학생은 6학년 수준으로 책을 읽는다. 어떤 학생은 읽기능력은 2학년 수준이지만, 수학과목의 분수에 대해서는 여느 동급생보다 수월히 배울 수도 있다. 다시 말해, 한 교실의 모든 학생이 비슷한 해에 태어났다고 해서 그들 모두가 똑같은 속도와 방식, 똑같은 지원체계로 학습하는 것은 아니라는 말이다.

학생 개개인의 실제 연령이 그들의 학업성취를 예측할 수 있는 믿을 만한 변수인가는 교사들 사이에서 그리 논란거리도 아니다. 대부분의 교사들은 유치원부터 대학원까지 어떤 학년에서든 학생들 사이에 엄연히 학습의 개인차가 있다는 것을 경험으로 알고 있다. 따라서 교사들이 답해야 하는 보다 근본적인 질문은 학생들 간의 이러한 차이를 다룰 필요가 있는지, 만약 있다면 어떻게 다룰 것인지에 관한 것이어야 한다.

| **관련 사례** |

개학한 지 일주일밖에 지나지 않았는데 워렐 선생님은 벌써 피곤이 몰려왔다. 작년보다 많은 학생이 들어오기도 했거니와, 그녀가 맡은 학생들은 각기 쓰는 언어가 다르고 경제적 수준도 다양했기 때문이다. 읽기와 수학과목의 성취도는 학생들 사이에 다섯 학년이나 수준차이가 났다. 그럼에도 워렐 선생님은 모든 학생이 같은 날 같은 조건에서 시험에 통과할 수 있도록 준비시켜야 한다. 시험까지는 9개월이 남아 있다. 앞으로 펼쳐질 일들이 악몽처럼 눈앞에 그려졌다. 가르칠 학생은 많은데 수업 연구를 할 시간도 없고 교실에서 도움 받을 만한 사람도 없다. 과목당 한 권뿐인 교과서, 턱없이 부족한 기자재, 너무나 많은 교과내용, 그리고 무엇보다 학생 모두가 거뜬히 시험에 통과할 수 있도록 지도할 임무가 있었다. 워렐 선생님은 학생들이 교실을 떠나 통학 버스에 오르는 모습을 바라보았다. 왠지 학생들도 자신만큼이나 지쳐 보였다. 혹시 이 학교의 모든 사람이 그렇게 느끼는 것은 아닌지 궁금했다.

많은 교사는 교실 안의 모든 학생이 기본적으로 비슷하다고 여기고 수업을 계획하며 가르친다. 물론 학생들이 혼란스러워하거나 교과내용을 잘 이해하지 못하거나 지루해하면, 몇몇 교사들은 재빠르게 추가적인 설명을 한다든지 필요한 도움을 주거나 격려를 하면서 학생들을 수업에 집중시키려 노력한다. 그런가 하면 그냥 원래의 수업계획만 고수하는 교사들도 있다. 이유야 어쨌든 수업시간에 다루어야 할 내용이 너무 많기 때문이다.

학습자에 초점을 둔 교육

개별화지도의 기반이 된 연구 결과에 따르면, 교사는 학생들 사이의 비슷한 점뿐만 아니라 다른 점까지도 고려해 주도적으로 수업계획을 세워야 한다. 그래야 학생들이 적극적으로 수업에 몰입할 수 있고 한층 견고한 학습도 가능해진다(Tomlinson et al., 2003). 이러한 수업모형에서 교사의 역할은 단순히 진도를 나가고 학생들에게 수업내용을 제시하는 데 그치지 않으며, 오히려 학생들의 학습을 극대화하는 데 있다. 이와 같은 전제를 수용한다는 점에서 개별화지도는 학습자 중심적이다. 만약 학생들이 현재의 성취목표를 성공적으로 달성하는 데 필요한 지식이나 기술(skills)을 과거의 학습에서 습득하지 못했다면, 교사는 앞뒤 내용을 오가면서 핵심적인 학습내용을 학생들이 습득할 수 있도록 도와주어야 한다. 반대로 학생이 현재의 학습내용을 이미 알고 있다면, 교사는 학생의 성취목표를 상향 조정해 학업 면에서 성장이 계속 일어나게 해줘야 한다. 마찬가지로, 어떤 수업방법이 학생의 학습에 효과적이지도 효율적이지도 않다면 교사는 다른 효과적인 학습법을 찾아야 하며, 학습내용이 학생들의 삶과 동떨어져 있거나 무관하다면 학생의 흥미와 학습내용을 연결해 줄 고리를 찾아야 한다. 개별화지도는 바로 이런 전제를 바탕으로 작동한다.

다음은 효과적인 개별화지도의 토대가 되는 4가지 원칙이다.

1. 학습환경은 학습에 도움을 주는 것이어야 한다. 즉, 안전하고 학생들에게 학습에 대한 열정을 불러일으키며 학습에 필요한 지원이 각 학생에게 제공되는 분위기여야 한다.

2. 교사는 교과영역의 대단원, 중단원, 소단원에 들어 있는 핵심 지식·이해·기술에 대해 명확하게 서술할 수 있어야 한다.

3. 교사는 학습 단계마다 학생들이 핵심 지식·이해·기술에 어느 정도 접근했는지를 지속적으로 평가해야 한다.

4. 학생들이 핵심 지식·이해·기술을 혼란스러워하는지, 제대로 숙지했는지, 혹은 학생들 사이에 학습격차가 벌어지고 있는지는 지속적인 평가로 파악할 수 있다. 교사는 이러한 정보를 향후 학습계획에 적용해야 한다. 이는 보정학습(remediation)이든 속진학습(acceleration)이든 학생들의 필요(needs)에 초점을 맞추려는 것이다. 여기에 주의를 기울이지 않으면 학생들의 성장을 가로막을 우려가 있다.

이를 통해 알 수 있듯이 개별화지도는 대단히 혁명적인 교수법도 아니고 교사에게 추가적인 어떤 것을 요구하지도 않는다. 다만 전문가로서의 책임감을 갖고 학생 각자의 성취를 돕는다는 마음으로 사려 깊게 가르치라고 요구할 뿐이다. 이를 위해 교사는 학생을 하나의 집단으로 보고 가르치기보다는 한 명 한 명 개별적 인간으로 대하며 그들에 대응해야 할 것이다.

따라서 개별화지도는 특정한 전략들의 집합이 아니라 수업과 학습에 대해 생각하는 하나의 방식이다. 그것은 교수방법을 계획하고 실행하기 위한 틀을 제공해준다. 충실한 개별화지도 모형은 교사들에게 다양한 학습자 필요에 귀 기울일 수 있는 수업 도구와 전략들을 제공하는 한편, 특정 학생, 특정 학습내용, 전문가로서 교사 자신의 강점과 성향에 어울리는 접근법을 사용하도록 조언한다.

효과적인 개별화지도를 위한 모형

다음 도표 1.1(34쪽)은 개별화지도의 한 가지 모형을 제시한다(Tomlinson, 1999, 2001, 2003). 이 모형의 핵심 요소들은 이 책의 토대가 되는 것으로, 우리는 이를 효과적인 개별화지도를 위해서는 '타협할 수 없는' 것들로 여긴다. 이 요소들이 '타협할 수 없는' 것들인 까닭은 인간이 어떻게 학습하는지, 또 유능한 교사는 어떻게 가르치는지에 대해 우리가 알고 있는 것에 바탕을 두고 있기 때문이다. 각 요소는 교실이라

도표 1.1 개별화지도 모형

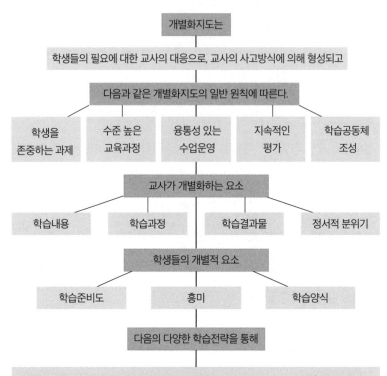

개별화지도는

학생들의 필요에 대한 교사의 대응으로, 교사의 사고방식에 의해 형성되고

다음과 같은 개별화지도의 일반 원칙에 따른다.

| 학생을 존중하는 과제 | 수준 높은 교육과정 | 융통성 있는 수업운영 | 지속적인 평가 | 학습공동체 조성 |

교사가 개별화하는 요소

| 학습내용 | 학습과정 | 학습결과물 | 정서적 분위기 |

학생들의 개별적 요소

| 학습준비도 | 흥미 | 학습양식 |

다음의 다양한 학습전략을 통해

역할설정 글쓰기(RAFTs[1]), 그래픽 오거나이저(graphic organizers), 비계설정을 통한 읽기(scaffolding reading), 소규모 모둠지도(small-group instruction), 생각방놀이 (think-tac-toe[2]), 학습계약(learning contracts), 층위별 활동(tiering), 학습/흥미센터 (learning/interest centers), 독립연구(independent study), 우세한 지능(intelligence preferences), 궤도학습(orbitals), 복합수업(complex instruction), 웹퀘스트와 웹기반 탐구학습(WebQuests and Web Inquiry), 개별화된 과제(differentiated homework), 학습결과물 선택(product options), 전문가모둠(expert groups)

---

1 역할설정 글쓰기(RAFTs)는 'Role of the writer, Audience, Format, Topic'의 첫 자를 딴 것으로, 정형화 된 글쓰기와 자유로운 글쓰기의 장점만을 취한 역할설정 글쓰기 지도법

2 생각방놀이(think-tac-toe)는 수업내용과 목표에 따라 고안된 활동 9개를 3×3의 표 안에 넣고 학생이 이 중 하나를 선택하여 수행하는 수업방식

출처: 『교실현장에서 가져온 개별화수업1-실천편』

는 환경 속에서 상호 의존적인 체계의 일부가 된다. 따라서 한 요소가 제대로 작동하지 않으면 나머지 다른 요소들도 부정적인 영향을 받는다. 모든 요소가 효과적으로 작용할 때 교실은 다양한 유형의 학생들에게 효과적인 학습의 공간이 된다. 이번 장에서는 이 '타협할 수 없는 요소들'을 간략히 살펴보며, 뇌 연구가 이를 어떻게 뒷받침하는지 개괄적으로 짚어볼 것이다. 이와 관련된 뇌 연구의 구체적인 내용은 다음 장에서부터 자세히 논의할 것이다.

도표 1.1의 모형은 '개별화수업은 학생의 필요에 기반을 둔 교사의 대응(response, 이 책에서는 '반응'의 의미보다는 학습자의 필요·흥미·학습양식 등과 같은 학습자 요소에 교사가 기민하고 효과적으로 대응하는 것을 뜻함-옮긴이)'이라는 명제에서 출발한다. 국가나 주(州) 단위의 교육과정, 대학과목선이수제(Advanced Placement, AP), 국제바칼로레아(International Baccalaureate, IB) 필수과목, 고부담시험(high-stakes testing, 시험결과가 중대한 영향력을 미치는 표준화시험-옮긴이) 등은 교사가 수업방법을 결정하고 수업시간을 할당하는 데 많은 영향을 준다. 교사들은 이에 대해 걱정하면서도 개별화지도를 통해 다양한 학생들의 필요에 대응하고 있다. 우리가 이 책에서 제안하는 많은 내용은 교사들이 개별화수업을 계획하고 준비하는 데 '추가적인' 시간을 요구하지 않을 것이다. 새로운 제안들은 기존의 교육활동에 무엇을 추가하기보다는 기존의 것을 '대체'할 것이기 때문이다.

무엇보다 개별화지도 모형은 교사의 높은 기대를 강조한다. 즉, '어떤 학생도 수업내용을 성공적으로 학습할 수 있다'는 교사의 믿음이 교실 내 모든 것에 영향을 주는 것이다. 예를 들어, '어떤 학생은 똑똑하고 어떤 학생은 똑똑하지 않다'고 믿는 교사는 어떤 학생이 좋은 성적을 거두고 다른 학생은 그렇지 못할 때 그 결과를 너무 쉽게 받아들인다. 원래 세상사가 그렇다는 식으로 결론을 내려버리는 것이다. 이와는 대조적으로 '학생이 열심히 공부하고 교사도 학생을 성심껏 도와주면 모든 학생이 수업내용을 성공적으로 학습할 수 있다'고 믿는 교사는 전혀 다른 결론에 이른다. 이러한 교사들이 수용할 수 있는 유일한 결론은 '성공'이다. 캐롤 드웩(Carol Dweck, 2006)은 전자의 믿음을 '고정관점(fixed mindset)', 후자의 믿음을 '성장관점(growth mindset)' 혹은 '유동적 관점(fluid mindset)'이라 말한다. 성장관점의 교사들이 생각하는 자신의 역할은 학생의 학업적 성장을 촉진하고, 이를 위해 학생들의 노력을 북돋워주는 것이다. 개별화지도에서 교사들은 성장관점의 사고방식을 형성하고 학생들도 그러한 사고를 갖도록 지도해야 한다. 이에 관한 자세한 논의는 2장에서 계속될 것이다.

개별화지도 모형은 효과적인 개별화지도에 지침이 되는 다음 5가지 기본 원칙을 기술한다. 모든 요소가 상호작용하는 교실환경에서 최상의 학습성과를 거두려면 이 원칙들이 꼭 지켜져야 한다. 또한 이 원칙들은 개별화지도의 또 다른 핵심 원리, 즉 '모든 학생은 존엄하며 존중받을 자격이 있고 학교가 제공하는 최상의 학습기회에 접근할 수 있어야 한다'는 내용과도 조화를 이룬다.

1. 학생을 존중하는 과제 개별화수업에서 주어지는 학습과제는 각 학생

을 존중하는 것이어야 한다. 즉, 다른 학생들에게 주어진 학습과제나 자신에게 주어진 과제나 똑같이 공부하고 싶은 마음이 드는 것이어야 한다. 또한 이러한 과제들은 학생이 대단원, 중단원, 소단원에서 배워야 할 핵심 지식·이해·기술을 다루며, 고등사고력과 문제해결능력이 요구되는 방식으로 그러한 핵심 지식·이해·기술을 활용하도록 유도한다.

2. **수준 높은 교육과정** 학생들이 배워야 할 내용은 특정 주제나 교과목에서 가장 중요한 개념을 토대로 한다. 교육과정은 배운 것을 잘 기억해내는 '회상(recall)'보다는 '이해(understanding)'에 도움이 되도록 구성되어야 한다. 교수학습 과정 각 단계의 목표는 반드시 학생과 교사 모두에게 알기 쉬워야 하며, 모든 학생은 각자 나름대로 '똑똑해서' 학생에 맞게 가르치면 누구나 잘 배울 수 있다는 교사의 신념이 교육과정 자체에 이미 반영되어 있어야 한다.

3. **융통성 있는 수업운영** 교사는 모둠을 융통성 있게 구성하며 이를 꾸준히 활용해야 한다. 학습해야 할 개념을 교사가 순서를 정해 계획적으로 가르치듯이, 학습과정의 단계에 따라 다양한 모둠 형태를 계획해야 한다. 예를 들면 다음과 같다. 학습준비도(readiness)가 비슷한 학생들끼리 혹은 학습준비도가 다양한 학생들을 섞어서 모둠을 구성할 수 있다(5장 참조). 흥미(interest)를 공유한 학생들 또는 각자 다른 흥미를 가진 학생들로 모둠을 구성할 수도 있다(6장 참조). 선호하는 학습양식(learning profile)이 비슷하거나 서로 다른 학생들끼리 모둠을 구성할 수도 있다(7장 참조). 모둠의 구성원은 경우에 따

라서 교사가 선정할 수도 있고 학생이 선택할 수도 있으며 무작위로 배정할 수도 있다. 모둠의 크기뿐만 아니라 이름이나 호칭, 교실 내 활동장소도 다양하게 할 수 있다. 모둠은 다 함께 모여 전체 학급 단위의 활동을 할 수도 있으며 개별적으로 과제를 수행할 수도 있다. 이러한 융통성 있는 모둠 구성과 활동을 통해 교사는 다양한 상황에서 학생들을 관찰하며, 학생들의 구체적인 필요에 부합하는 특정한 학습목표를 세울 수 있다. 학생들 또한 다양한 맥락에서 자기 자신과 서로를 관찰할 수 있다. 일상적으로 모둠활동을 하며 융통성 있게 모둠을 구성하면 학생들은 자신과 친구들의 장점을 더 효과적으로 인식하게 된다.

4. **지속적인 평가** 교사는 지도(instruction)에 필요한 정보를 얻기 위해 지속적으로 형성평가를 실시해, 학습과정의 각 단계에서 학생들이 알고 이해하고 해낼 수 있어야 하는 것을 명확히 파악하도록 한다. 단원을 시작할 때는 학습준비도, 흥미, 학습양식에 대한 사전평가를 실시하고, 달성해야 할 학습목표와 관련하여 학생이 어느 지점에 있는지를 파악해야 한다. 이러한 사전평가를 통해 교사는 학습의 시작 단계에서부터 학생들의 필요를 지도에 연계시킬 수 있다. 학생들 사이에 존재하는 사전지식의 격차를 파악하는 것도 이러한 연계활동에 포함된다. 단원이 진행되는 동안에는 지속적으로 형성평가를 실시해 학생이 학업의 진전을 보이는지, 모르거나 혼동하는 부분은 없는지, 뒤처지는 학생은 없는지, 이미 성취목표를 뛰어넘어 다음 내용을 학습해야 할 학생은 없는지 등을 파악한다. 중요한 학습내용을 각

학생이 얼마나 알고 있는지 평가를 통해 지속적으로 파악할 수 있어 교사는 학생들의 다양한 장점과 필요에 맞춰 기존 수업방법을 수정할 수 있다. 이렇게 하는 목적은 가급적 효과적이고 효율적으로 학생들의 학업적인 성장을 도와주려는 데 있다(4장 참조).

5. **학습공동체 조성** 학생들이 실패를 두려워하지 않고 새로운 학습에 도전할 수 있는 학습환경을 조성하는 것은 교사의 의무이다. 긍정적 환경이란 수용, 존중, 소속감, 기여, 도전의식, 지지 등과 같은 학생들의 정의적 욕구(affective needs, 정서, 흥미, 태도, 신념, 성격, 가치관 등을 포함하는 심리적 특성과 관련된 욕구-옮긴이)에 관심을 기울이는 환경이다(2장 참조). 이러한 환경은 우연히 만들어지는 것이 아니며 각각의 학생을 존중해주는 섬세하고 이해심 많은 교사에 의해서만 가능하다. 교사가 구체적인 의도와 의지를 갖고 각 학생과 점진적으로 관계를 형성해감에 따라 학생도 교사를 자신의 학업적 성공을 위한 파트너로 인정하고 서로에 대한 신뢰가 쌓이며, 마침내 모든 학생이 상호배려와 지지를 통해 공동체로서의 소속감을 공유하게 되는 것이다. 이러한 환경에서는 학생들이 서로가 아닌 자기 자신과 경쟁하며, 서로의 학업성취를 돕기 위해 협력한다. 효과적인 개별화지도를 위해서는 질서가 있으면서도 유연한 학습환경이 필수적인데, 이것은 실제로 의미중심 학습(meaning-focused learning)을 위해 필요한 환경이기도 하다. 이러한 환경을 조성하는 데 필요한 절차와 과정은 학생들을 '통제'하기 위한 것이 아니라, 학급 내의 다양한 학생 개개인에게 가장 효과적인 방식으로 학습을 '촉진'하기 위한 것이다.

앞의 개별화지도 모형은 학생들의 필요와 관련된 3가지 범주에 대해 교사가 수업에서 조정해야 하는 4가지 요소, 즉 학습내용(content), 학습과정(process), 학습결과물(product), 정서적 분위기(affect)를 강조한다. 학습내용은 학생들이 학습해야 하는 내용과 이에 대한 접근법을 의미하며, 학습과정은 핵심 내용을 이해하거나 '내 것으로 만드는' 활동들을 가리킨다. 학습결과물은 학생들이 일정 기간 학습한 결과로 알고 이해하고 할 수 있게 된 것을 보여주는 방법이며, 정서적 분위기는 학생들의 기분과 정서적 욕구에 주의를 기울이는 것이다. 이 4가지 요소를 조정함으로써 학생의 학습준비도(학습목표에 대한 근접도), 흥미(특정 생각·주제·기술에 대한 성향), 학습양식(학습에 대한 접근법이나 방식에 대한 선호도)에 있어서 학생 간 차이를 고려할 여지가 생긴다. 따라서 교사가 확신을 갖고 학생들의 학습준비도, 흥미, 학습양식에 따라 능숙하게 학습내용, 학습과정, 학습결과물, 정서적 분위기를 조정한다면 학생들의 성공적인 학업 혹은 최상의 성취에 대한 가능성은 놀라울 정도로 증가할 것이다.

마지막으로, 앞의 개별화지도 모형은 교사가 학생들의 다양성을 고려해 적용할 수 있는 다양한 교수전략을 제시한다. 교사는 이러한 전략을 통해 필요한 경우 개별화된 방식으로 학생들에게 접근하는 교수능력을 향상시킬 수 있고, 그러면서도 모든 학생이 핵심적 학습성과에 계속 초점을 맞추도록 지원할 수 있다. 이러한 전략에는 소규모 모둠학습, 다양한 수업자료, 학습계약, 층위별 활동, 협력적 상호작용을 강조하는 복합수업, 전문가모둠, 직소모형 이외에도 많은 방법이 포함된다.

마치 적합한 도구들을 손 닿는 곳에 두고 있을 때 집을 짓거나 가구를 만드는 것이 더 쉬운 것처럼, 교사가 여러 가지 교수전략을 자유자재로 이용할 때 학생들의 다양한 학습준비도, 흥미, 학습양식을 다루는 것도 훨씬 용이해질 것이다.

개별화지도를 지지하는 뇌 연구

앞서 언급했듯이 '뇌가 어떻게 학습하는가'에 대한 최근의 연구 결과는 개별화지도의 구성 요소를 실질적으로 뒷받침해주고 있다. 이번 장에서는 뇌가 어떻게 학습하는지에 대한 7가지 기본적인 원리들만 간단히 소개하겠다. 최근 뇌 연구의 주요한 교육학적 발견들은 뒤에서 좀 더 자세하게 논의할 것이다. 각각의 원리는 우리가 이 책에서 다루는 개별화지도 모형과 밀접한 관련이 있으며, 오늘날 학생들 사이에서 필연적으로 나타나는 다양성에 대해 교사들이 주의를 기울이고 대응하는 수업현장에서도 엿볼 수 있다.

1. 사람의 뇌는 각기 다르다. 심지어 같은 환경에서 자란 일란성 쌍둥이도 각자 축적한 경험과 해석에 따라 세상을 바라보는 방법이 다르다. 사람들이 학습하는 방법에는 기본적인 유사점이 있지만 중요한 차이점도 존재한다. 학습방식에 대한 개인적인 선호는 각기 다르다. 예를 들면, 개별적으로 학습하는 것을 선호할 수도 있고, 모둠으로 학

습하는 것을 선호할 수도 있으며, 청각을 통해 더 잘 배울 수도 있고, 관찰을 통해 또는 직접 참여를 통해 더 잘 배울 수도 있다. 이렇게 다양한 학습방식에 대한 개개인의 선호를 모아 '학습양식(learning profile)'이라고 부른다. 이렇게 볼 때, 단일 교육과정과 수업방식 및 평가프로그램이 모든 학생에게 획일적으로 적용될 수 있다는 현재의 지배적인 교육관은 뇌친화적인 것과는 거리가 멀다.

2. 뇌는 패턴을 찾고 읽어내는 매우 효율적인 기제(mechanism)를 가지고 있다. 이마 바로 뒤에 위치한 전두엽이 하는 일 중 하나는 유입되는 정보가 개인에게 의미 있는지를 판단하는 것인데, 이 작업의 핵심은 정보 사이에서 패턴을 읽어내는 것이다. 학습자가 많은 정보를 습득할수록 전두엽이 패턴을 찾고 의미를 읽어내는 속도는 그만큼 더 빨라진다. 의미 있는 정보는 뇌의 장기기억에 저장되기가 훨씬 용이하다.

3. 전두엽은 뇌 활동의 많은 부분을 지휘하기 때문에 종종 뇌의 '집행센터(executive center)'라고 불린다. 전두엽이 담당하는 일에는 고차원적인 사고과정과 문제해결이 포함된다. 그런데 수렴적 사고(convergent thinking)는 교실에서 하는 대부분의 과제나 시험처럼 단 하나의 정답이 있는 문제를 해결하기 위해 정보를 수집하는 과정이다. 따라서 수렴적 사고과정을 통해서는 복수의 패턴이나 의미를 도출하는 것을 기대할 수 없다. 반면, 확산적 사고(divergent thinking)는 문제해결의 다양한 방법을 탐색함으로써 창의적인 아이디어를 생각해내는 사고과정이다. 이 과정에서 새로운 패턴이 형성

되고 인지적 활동을 담당하는 기존의 신경망이 확장되면서 종종 새로운 생각과 개념이 출현한다. 학생이 성공적으로 확산적 사고를 할 수 있도록 교사는 개별화지도를 통해 다양한 방법을 개발할 수 있다.

4. 감정은 뇌의 변연계에서 처리되며 패턴 형성에 중요한 역할을 한다. 정보로부터 의미 있는 패턴을 읽고 '아하!'하는 감동적 순간이 만들어지면, 뇌는 보상계를 자극하는 화학물질을 배출해 지속적으로 학습할 수 있는 정서적 동기를 제공한다. 그러나 교실에서 아무런 긍정적인 감정도 경험하지 못한 채 고부담시험에 대비하기 위한 꽉 짜인 교육과정에 정신없이 끌려가게만 되면, 학생의 불안감은 높아지고 뇌에서는 고등사고능력에 부정적인 영향을 주는 화학물질이 배출된다. 이러한 환경에서 학습자의 뇌는 '이거 흥미로운데!'라고 생각하기보다는 '내가 이 시험을 어떻게 통과할 수 있겠어?'라고 부정적으로 생각하게 된다. 당연히 긴장감은 높아지고 학습한 것이 기억될 가능성은 낮아진다. 개별화지도는 학생들에게 한층 보람있고 만족감을 주는 학습기회를 제공한다.

5. 학습은 인지적인 과정인 동시에 사회적인 과정이다. 어릴 때부터 인간은 뇌의 거울뉴런(mirror neurons) 기제를 통해 타인을 관찰함으로써 학습한다. 거울뉴런 다발은 과제나 정서적 사건을 직접 경험할 때뿐만 아니라 타인이 경험하는 과제나 정서적 사건을 관찰할 때도 전기적 신호를 내보낸다. 한 사람 한 사람의 학습은 학생들이 속해 있는 집단의 습속과 가치기준에 의해서도 형성될 수 있는 것이다. 가령, 학생들이 수업시간의 활동에 얼마나 많이 참여하는가는 자신

이 틀린 답을 말했을 때 친구들이 어떻게 반응할 것인지에 대한 판단에 좌우되는 경우가 많다. 학습은 자아개념이 어떻게 형성되어 있느냐에 의해 크게 영향을 받는다. 대부분의 학생은 실패 가능성이 높은 상황을 회피하려고 한다. 하지만 건설적인 상호작용이 이루어져야 긍정적인 감정이 유발되고 집행기능이 발달하며, 그렇게 함으로써 학습과 파지(把持, retention, 흥분·경험·반응의 결과가 기억이 되어 향후에 반응할 수 있도록 지속적으로 영향을 미치는 것. 즉, 기억하고 있는 것 중 재생되는 것을 파지라 함-옮긴이)가 향상된다. 개별화지도는 그러한 건설적 수업환경을 조성하는 데 도움을 준다.

6. 인간의 기억체계에 대한 지식도 점차 심화되고 있다. 왜 학생들은 배운 것의 많은 부분을 망각하는 걸까? 인간은 정보를 임시로 저장해놓고 의식적으로 처리하는, 이른바 작업기억(working memory) 속에 얼마 동안은 정보를 유지할 수 있다. 하지만 장기기억으로 옮겨질 만한 가치나 자극이 없으면 그 정보는 쉽게 사라지고 만다. 오늘 통과한 시험의 내용을 3개월만 지나면 잊어버리는 것은 바로 이러한 이유 때문이다. 개별화지도는 학습내용을 쉽게 망각하지 않고 장기기억에 저장할 수 있게 해주는 여러 가지 전략을 포함한다.

7. 학습 중 파지(retention)는 학습내용에 집중하고 그 상태를 계속 유지할 때 일어난다. 과학기술의 발달로 등장한 새롭고 신기한 기기들탓에 오늘날 학생들은 뭔가에 집중하기가 쉽지 않다. 뇌는 지속적으로 의미를 찾기 때문에 학생들은 개인적으로 의미 있다고 생각되는 내용에 집중하고, 자신에게 의미 있는 내용일수록 더욱 몰입하게 된

다. 반면, 어떤 이유에서든지 학습목표가 자신에게 별로 의미 없다고 생각되면, 학생들은 학습 대신 더 자극적인 다른 활동으로 주의를 옮긴다. 개별화지도는 각 학생의 필요에 맞게 활동을 조정하고 이렇게 함으로써 학생들의 흥미와 집중력을 유지시킬 수 있다.

학습과정에 대한 이같은 통찰을 통해 재확인하는 것은 첫째, 교사가 학생 개개인의 필요를 알아야 한다는 것, 둘째, 교육과정의 내용·교수법·평가를 개별화해야 한다는 것, 셋째, 내용적으로 풍부하고 지적으로 자극적이며 뇌친화적이고 생산적인 수업환경을 만들어야 한다는 것이다. 이에 대한 중요성을 충분히 알았으니 이제는 우리 자신의 교수활동들을 이에 맞게 변화시켜야 할 것이다.

개별화지도의 핵심

효과적인 개별화지도는 교사들에게 온종일 모든 학생의 필요에 맞추기 위해 노력하라고 요구하지 않는다. 그보다는 다음과 같은 3가지 질문을 염두에 둘 것을 요구한다. 첫째, 학습내용을 의미 있고 실제적인 (authentic) 것으로 어떻게 구성할 것인가? 둘째, 개별적 존재로서의 학생들은 모두 어떤 아이들인가? 셋째, 학습내용을 학생들과 연결시키기 위해 자유롭게 활용할 수 있는 요소에는 무엇이 있는가? 교육에 대한 이러한 접근은 교수실천과 교육학 연구를 통해 오랫동안 뒷받침되어 왔다. 뇌의 발달 및 학습원리에 대한 이해가 더 새로워지고 깊어질수록 개별화지도 역시 더 수준 높게 발전할 것이다.

| 개선 사례 |

첫째 주가 마무리되고 워렐 선생님은 교실을 떠나는 학생들을 바라보았다. 어서 빨리 교실을 떠나고 싶어 하는 학생들이 있는가 하면, 좀 더 교실에 남아 있고 싶어 하는 학생들도 있었다. 어떤 학생들은 그날 배운 내용을 잘 이해했지만 그렇지 못한 학생들도 있었고, 선생님이 가르치기도 전에 이미 학습내용을 알고 있는 학생들도 있었다. 부모의 지원이 충분하고 편안한 환경에서 살아가는 학생들이 있는가 하면, 몹시 힘들고 혼란스럽거나 폭력적인 환경에서 살아가는 학생들도 있었다. 친구들과 함께 공부해야 더 잘하는 학생들이 있는 반면, 혼자서 공부하는 것을 선호하고 심지어 친구가 한 명도 없는 학생들도 있었다. 워렐 선생님은 이 모든 것을 알고 있었다.

이러한 학생들 사이에서 워렐 선생님은 소녀 시절 자신의 모습을 보았다. 그녀는 수줍음도 많고 자신감도 없었지만 남의 기분을 맞춰주려고 애썼던 아이였다. 워렐 선생님은 이 학생들 사이에서 자신의 아들 모습도 보았다. 아들은 또래보다 빨리 배우곤 해서 자신이 이미 아는 것을 다른 아이들이 배우는 동안 기다리는 것에 싫증을 냈다. 워렐 선생님은 학생들 속에서 딸의 모습도 보았는데, 딸은 뭔가를 배울 때 시간이 오래 걸렸고 말로 설명을 듣는 것보다는 어떻게 작동되는지 그 원리를 보여줄 때 더 잘 이해했다. 워렐 선생님은 학생들 모두가 성공할 수 있는 수업을 만들어야겠다고 생각했다. 아직 어떻게 할 것인지 명확한 윤곽이 잡히지는 않았지만, 왠지 좋은 예감이 들었고 그 예감에 따라야겠다고 결심했다. 워렐 선생님은 새로운 주를 맞이하게 된다는 생각에 설레기 시작했다.

2

사고방식, 학습환경, 개별화지도

좋은 교사라면 누구라도 교사의 가장 중요한 자질은 '학생에 대한 사랑'이라 말할 것이다. 이 말은 무엇을 뜻하는가? 그것은 교사가 학생을 가르치기 이전에 먼저 그들과 함께하는 것에 큰 기쁨을 느낄 수 있어야 한다는 뜻이다. 누군가 말했듯이 아이들의 성공적인 삶을 위해 필요한 한 가지는 바로 '그들에게 푹 빠져 있는 누군가'다. 우리는 모든 학생과 함께 즐거워할 수 있는 방법을 찾아야 한다. 어쩌면 우리가 아이들의 삶에서 그렇게 할 유일한 사람일 수도 있다. 우리는 각각의 아이에게서 최고의 강점을 찾고 최상의 성취를 기대하며 보물처럼 소중하게 여길 수 있는 무언가를 발견해내야 한다. … 아이들은 교사인 우리가 그들의 비범한 재능을 발견했다는 것을 알면 ― 실제로 아이들은 하나하나 모두 뛰어나다 ― 더욱 자신감을 갖고 새로운 학습에 도전하며 실패해도 다시 일어서는 모습을 보여줄 것이다. 확신컨대, 우리가 아이들 각자에게서 비범함을 발견하고 그것을 계발할 수 있는 학습환경을 만들어 준다면, 학습에 있어서 그리고 사회적 관계에 있어서 아이들이 겪는 어려움의 많은 부분이 사라질 것이다.

스티븐 레비(Steven Levy)
『Starting From Scratch:One Classroom Builds Its Own Curriculum
(처음부터 시작하기: 교육과정을 만들어가는 교실)』

아마도 교사들 대다수는 수업 중에 학생들과 호흡이 척척 맞아서 혹은 어떤 특정 학생으로 인해 교사로서 큰 기쁨을 경험했던 적이 있을 것이다. 교사는 적어도 그 순간만큼은 마법에 홀린 듯 가르치게 된다. 반면에, 가르치는 일이 마치 올라갈 엄두도 낼 수 없을 만큼 높은 산처럼 느껴졌던 경험 또한 있을 것이다. 이 두 가지 모두 극단적인 경우이지만, 전자는 우리로 하여금 모든 학생이 잘 배울 수 있는 똑똑한 존재라고 결론 내리게 하는 반면, 후자의 경험은 학생들은 교사의 힘이 미치지 않는 버거운 존재라는 결론을 내리게 하기 쉽다.

감정이 격해지거나 우울한 순간과 같은 특별한 경우를 제외하면, 우리는 오랜 시간에 걸쳐 무의식적으로 형성된 태도에 따라 학생들을 대한다. 예를 들어, 조용하고 순응적인 학생에게 끌리는 교사가 있는가 하면, 엉뚱하고 도전의식으로 가득 찬 학생에게 끌리는 교사가 있다. 남학생들과 함께하는 게 더 편한 교사가 있는가 하면, 여학생들과 함께하는 게 더 좋은 교사도 있다. 교사는 학생들의 시선으로 세상을 바라보는 데 때때로 어려움을 겪는데, 이는 학생들이 교사 자신과 너무나 다른 경제적·문화적 배경을 갖고 있기 때문이다. 이런 종류의 개인적 선호와 제약은 학생들을 효과적으로 가르치는 데 분명히 영향을 줄 수 있다. 따라서 교사가 이와 같은 감정적 측면을 잘 이해한다면 좀 더 생산적으로 이런 감정들을 다룰 수 있을 것이다. 반면, 교수학습 및 학생들에 대한 태도, 신념, 사고관점을 진지하게 성찰하지 않는 교사는 어린 학생들에게 악영향을 미칠 것이 분명하다.

관련 사례

카를로스는 교실에서 존재감이 거의 없는 학생이다. 애치슨 선생님은 카를로스에게 친절히 대하지만 성적과 학업성취에 있어서는 그에게 기대하는 것이 별로 없다. 카를로스가 숙제를 해오지 않아도 그다지 놀라지도 않고, 단지 그러면 좋은 성적을 받을 수 없다고 말할 뿐이다. 토론수업 중에 카를로스를 호명해서 자신의 생각을 말해보라고 한 적도 없다. 그에게 부여되는 과제는 너무 쉬운 것들이다. 카를로스는 한 번도 우수한 학생이었던 적이 없기 때문에 선생님의 이와 같은 반응에 익숙하다. 그는 눈에 띄지 않는 뒤쪽에 배경처럼 머물러 있어야만 마음이 편하다.

리자의 경우는 전혀 다르다. 애치슨 선생님은 리자를 똑똑한 학생으로 여기는 것이 분명하다. 선생님은 반 아이들에게 리자의 과제물을 자주 언급한다. 리자를 포함한 서너 명의 학생들은 다른 학생 모두를 합한 것보다도 더 많이 호명된다. 언젠가 리자가 숙제를 해오지 않았을 때 선생님은 몹시 놀라워하며 리자에게 실망했다고 말했다. 리자는 애치슨 선생님의 수업에 대해 복합적인 감정을 느낀다. 선생님이 자신을 좋아하고 똑똑하게 여기는 것은 좋지만, 한편으로 선생님의 태도가 다소 공평하지 않은 것 같아

불편하다. 주변의 친구들은 열심히 공부하는데도 자기보다 낮은 점수를 받는 경우가 많은데 자신은 그리 큰 노력을 하지 않고도 A학점을 받는다. 리자는 이건 정말 옳지 않다고 생각한다.

사고방식, 관점이란 무엇인가

'사고방식, 관점(mindset)'이란 어떤 문제에 대해 우리가 어떻게 행동할지, 다른 사람과 어떻게 상호작용할지를 결정하는 가설이며 기대치이자 믿음이다. 이러한 사고방식은 어릴 때부터 형성되기 시작한다. 우리는 자라면서 부모와 친구 및 문화적 요소들과 상호작용을 하고 그 정보를 뇌에 저장한다. 뇌의 전두엽은 인지과정을 처리하는 영역으로서 저장된 정보를 정기적으로 검토하고 감정처리영역(변연계)과의 협업을 통해 앞으로 닥칠 비슷한 상황에서 어떻게 대응할지를 결정한다. 시간이 흐르면 뇌는 그 정보를 대뇌 신경망에 저장하는데 새로운 경험이 축적될수록 이 신경망은 촘촘해지고 확장된다. 마침내 이 신경망이 아주 단단히 자리 잡게 되면 우리는 유사한 상황에 처했을 때 신경망 속에 깊이 저장된 정보를 통해 거의 반사적으로 반응한다. 예를 들어, 친한 친구를 만나면 신경회로가 뇌의 감정영역과 운동영역에 반응을 일으켜 자연스럽게 미소를 띠고 팔을 벌려 맞이하게 된다. 이와는 대조적으로, 대하기 어려운 상사 앞에서는 다른 신경회로가 반응을 일으켜 우리 몸이 경직되거나 방어적인 모습을 보이는 것이다.

우리는 다양한 것들에 대해 고유한 사고방식을 형성한다. 일례로 종교, 정치, 직장, 미래, 가족, 그리고 주기적으로 접촉하는 사람들에 대해 특정한 관점을 가지고 있다. 성인의 사고방식은 신경망 속에 이미 확고하게 자리 잡고 있기 때문에 바꾸기가 어렵다. 가령 언론의 뉴스 보도가 여성이나 유색인종에 대한 편견을 갖게 할 수 있는데, 이러한 편견에 지속적으로 노출되면 극복하기가 쉽지 않다. 뇌 연구에 따르면 사고방식을 형성하는 신경망은 매우 복잡하다(Mitchell, Banaji, & Macrae, 2005). 또한 사고방식과 관련된 신경망은 전체를 바꾸는 것보다 일부를 변화시키는 것이 더 힘들 수 있다(Diamond, 2009). 이러한 연구 결과가 시사하는 바는, 사고방식을 바꾸는 데에는 상당한 동기와 지속적인 노력이 필요하다는 것이다. 하지만 분명한 것은, 그럼에도 불구하고 사고방식을 변화시키는 것이 가능하다는 것이다.

교사들에게는 자신의 직업인 교직이나 동료교사, 학생들에 대한 자기만의 관점이 있다. 교사 자신은 그 관점의 일부인 가정과 신념을 인식하지 못하지만, 이러한 태도는 행동에 영향을 미치고 타인에게 전달될 수 있다. 당신은 어떤 학생의 학업이나 행동에 대해 동료교사와 이야기를 나누면서 서로 전혀 다른 학생에 대해 얘기하고 있다는 느낌을 받아본 적이 있는가? 이런 일은 왜 일어나는 걸까? 아마도 당신과 그 교사가 각자 다른 관점으로 그 학생을 바라보기 때문일 것이다. 예컨대, 수업 중에 계속해서 질문하는 학생을 한번 떠올려 보라. 어떤 교사는 그 학생이 수업을 방해하려는 의도로 끊임없이 질문한다고 가정하고서 화를 낼지도 모른다. 자신의 그러한 가정을 의식하지도 못한 채

말이다. 이와는 반대로 어떤 교사는 학생의 질문이 수업내용을 완벽하게 이해하려는 솔직한 노력이라고 해석할 수도 있다. 이처럼 교사의 관점은 학생의 행동에 대해 전혀 다른 해석을 낳고, 결과적으로는 서로 다른 방식으로 학생들을 대하게 만든다.

유능한 교사의 사고방식

브룩스와 골드스타인(Brooks & Goldstein, 2008)에 의하면 유능한 교사에게는 교수학습 과정 전반에 걸쳐 교사의 행동을 이끄는 특징적인 사고방식이 있다고 한다. 이어 논의하겠지만, 교사의 사고방식을 구성하는 요소들은 개별화수업의 학습환경과 밀접한 연관이 있다.

교사는 학생에게 평생 영향을 미친다

교직에 몸담은 사람이라면 자신이 학생들의 삶에 앞으로 수년간 영향을 미칠 수 있다는 것을 잘 알고 있다. 아동의 회복탄력성(resilience)에 대한 연구문헌들은 교사가 미칠 수 있는 영향의 범위를 강조한다. 그 연구들에 따르면 불우한 아동이 자신을 짓누르는 삶의 무게를 이겨낼 수 있게 해주는 몇 가지 요인이 존재한다. 그중 하나는 아이가 동질감을 느낄 수 있고 덕분에 힘을 낼 수 있는 힘 있는 어른이 아이의 삶속에 존재하는 것이다. 놀랍게도 많은 경우에 이 어른은 바로 교사이다. 유능한 교사들은 자신이 아이들의 삶에서 힘 있는 어른이 되어야 하는 특별한 지위에 있음을 인식하고 있다.

우리 저자 중 한 명은 여러 해 전에 가르쳤던 고등학교 2학년 학생을 기억한다. 그 학생은 대학에 가고 싶어 했지만 성적 때문에 의기소침해 있었다. 저자는 학생이 졸업할 때까지 지속적으로 관심을 갖고 학업을 도와주었다. 그 학생은 자신감을 갖게 되었고 결국 공군사관학교를 졸업해 공군 소령이 되었다. 걸프전에서 '사막의 폭풍작전'을 수행하는 동안 쿠웨이트 상공에서 전투 임무를 하면서 그 학생은 고등학교 재학 시절 힘들었던 시기에 자신을 격려해 주어서 고맙다며 저자에게 짧은 편지를 보내왔다.

따뜻한 인사나 격려의 말, 학생과 단둘이 보내는 몇 분의 시간, 서로 다른 학습필요를 가진 학생에 대한 인정과 존중, 이러한 것들은 교사 입장에서는 사소한 관심의 표현에 불과하지만, 학생 개개인에게는 평생 영향을 미칠 수 있다.

교실은 안전하고 보호받는 분위기여야 한다

성공적인 학습과 안전하고 보호받는 교실 분위기를 만들기 위한 토대는 교사와 학생이 함께 발전시켜가는 관계에 있다. 교사와 학생 사이의 관계가 왜 그렇게 중요할까? 이 질문에 답하려면 우리의 뇌가 유입되는 정보를 어떻게 처리하는지 간략히 살펴봐야 한다. 도표 2.1(58쪽)은 정서적인 정보가 유입될 때 뇌 반응의 우선순위를 나타낸다. 여기서 주목해야 할 점은 높은 우선순위를 가진 정보가 유입되면 낮은 우선순위의 정보처리는 줄어든다는 점이다.

뇌는 무엇보다 생존을 우선시한다. 따라서 뭔가 타는 냄새, 으르렁거리는 개, 상해를 가하겠다고 협박하는 사람 등 생존에 위협이 된다고 해석되는 정보는 즉시 처리한다. 생존에 위협이 되는 자극을 받으면 뇌 전체로 아드레날린이 확 솟구친다. 이러한 '반사적' 반응은 모든 불필요한 행위를 중단시키고 주의의 방향을 그 자극원으로 돌려놓는다.

감정이 실린 정보 또한 높은 우선순위에 있다. 우리가 어떤 상황에 대해 감정적으로 반응하면 대뇌 변연계의 명령에 따라 인지적으로 복잡한 처리과정이 잠시 중단된다. 우리 모두는 분노, 미지의 것에 대한 두려움, 혹은 환희와 같은 감정에 압도되어 이성적인 사고를 하지 못한 경험이 있다. 그러나 특정 조건 하에서는 감정이 기억을 향상시킬 수도 있는데, 이는 감정이 뇌의 여러 부위에 기억을 강화하라고 신호를 보내는 호르몬 분비를 유발하기 때문이다. 다시 말해서, 강렬한 감정은 어떤 사건이 일어나는 동안 인지적인 처리과정을 중단시키는 동시에 그 사건에 대한 기억을 향상시킬 수 있다. 감정은 학습과 기억에 있어서 강력한 효력을 갖지만 자주 오해를 받는 요인이다.

생존을 위한 자극과 강렬한 감정에 대한 뇌의 반응은 사전에 계획된 것이 아니라 본능적으로 일어난다는 점에서 '반사적(reflexive)'이다. 한편, 생존에 대한 위협도 강렬한 감정도 없으면 뇌는 학습과 같은 사실적 정보와 개념을 처리하는 데 주의를 돌릴 수 있게 된다. 이러한 경우를 '성찰적(reflective)' 과정이라 하는데, 이 과정을 통해 신(新)정보를 구(舊)정보인 사전경험에 연결시키고 인지적 신경망을 만듦으로써 학습이 이루어지는 것이다.

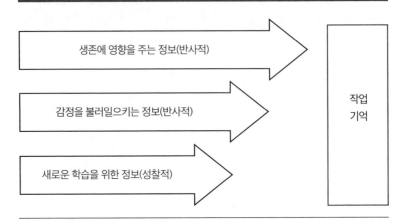

도표 2.1 감각정보 유입 시 반응의 우선순위

생존에 영향을 주는 정보(반사적)

감정을 불러일으키는 정보(반사적)

새로운 학습을 위한 정보(성찰적)

작업
기억

도표 2.1이 보여주는 정보처리의 우선순위를 조금 달리 설명하자면 학생들은 먼저 신체적으로 안전하고 정서적으로 안정감을 느껴야만 인지적 학습에 집중할 수 있다.

모든 학생은 성공하기를 원한다

학생들이 성공하기를 원한다는 믿음은 이번 장 후반부에 논의할 '성장 관점(growth mindset)'과 관련된다. 인간의 뇌는 실패에 잘 대처하지 못한다. 어떤 학생이 학습에 어려움을 겪는다면 교사는 자신의 수업방식이나 수업자료를 학생의 필요에 맞게 어떻게 수정할 것인지 결정해야 한다. 만약 교사가 특정 학생을 원래 게으르고 공부할 마음이 없는 아이라 생각해버리면, 그 부정적 사고방식으로 인해 해당 학생의 필요에 대응하는 일을 귀찮아하게 된다. 교사의 그런 반응이 학습환경을 악화시키고 학생들의 감정 상태도 바꿔버리는 것이다.

도표 2.2(60쪽)는 학습환경이 긍정적이거나 부정적일 때 신체의 화학반응이 어떻게 달라지고, 이로 인해 교실 내 학생들의 감정과 학습이 어떻게 변화되는지를 보여준다. 긍정적인 학습환경에서는 '엔도르핀(endorphin)'이라는 화학물질이 혈류를 따라 흐르게 된다. 엔도르핀은 체내에서 분비되는 천연 진통제로, 기분을 좋게 하고 통증을 줄여주는 화학물질로 알려져 있다. 엔도르핀은 행복감을 낳아 그 상황에 있는 것을 즐겁게 느끼게 한다. 또한 고통을 느끼는 역치(threshold, 생물이 자극에 반응을 일으키는 데 필요한 최소한의 자극의 크기-옮긴이)를 높여주기 때문에 사소한 통증쯤은 못 느낄 수도 있다. 중요한 점은 엔도르핀이 전두엽을 자극해서 그 상황 자체와 그 순간 처리하는 것은 무엇이든지 기억하도록—학습목표를 거의 달성하도록—해준다는 것이다.

그러나 부정적인 학습환경에서는 전혀 다른 생화학적 반응이 일어난다. 부정적인 분위기는 스트레스를 유발하고 이로 인해 '코르티솔(cortisol)'이라는 호르몬이 혈류로 들어간다. 이 화학물질은 불안 수준을 높이는 강력한 스테로이드이다. 코르티솔은 전두엽을 자극해 학습목표처럼 우선순위가 낮은 정보의 처리를 중단시키고, 대신 스트레스의 원인에 집중해서 그것을 줄이거나 제거하기 위해 어떻게 할 것인지를 결정하게 한다. 이렇게 해서 전두엽은 학습상황은 기억하지만 학습목표는 기억하지 못하게 되는 것이다.

학생들 모두가 배우려는 강한 동기를 갖고 학교에 온다고 믿는 교사는 학생들이 흥미를 잃고 좌절할 때 새로운 접근과 교수방법을 시도할 것이다. 이러한 긍정적인 사고방식은 교실에서 교사들의 반응, 특히 힘

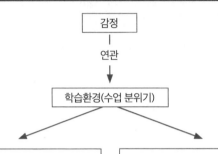

도표 2.2 학습환경이 신체의 화학반응에 미치는 영향

감정
|
연관
↓
학습환경(수업 분위기)

긍정적인 환경
혈류 속에 '엔도르핀' 분비

- 행복감을 조성
- 고통을 느끼는 역치를 높임
- 전두엽을 자극하여 학습상황과 학습목표를 기억하게 함

부정적인 환경
혈류 속에 '코르티솔' 분비

- 불안수준을 높임
- 우선순위가 낮은 정보(ex.학습목표)의 처리를 중단함
- 전두엽이 스트레스의 원인에 집중하므로 학습상황은 기억되지만 학습목표는 기억되지 못함

들어하는 학생들을 대하는 방식에 상당한 영향을 미친다. 학생들은 자신의 학습능력에 대한 믿음을 잃게 되면 흔히 비행을 저지르거나 자퇴를 선택하려고 한다. 하지만 개별화수업에서는 이런 일이 좀처럼 일어나지 않는다. 개별화수업에서는 다양한 능력을 가진 학생들이 성공을 위한 더 좋은 기회를 갖게 되며 교사들도 부정적인 생각을 거의 하지 않기 때문이다.

학생들의 사회적·정의적 욕구는 충족되어야만 한다

교사가 학생들의 사회적·정의적 욕구에 관심을 갖는 것은 학과목 수업에 투자할 시간을 축내는 시간 낭비가 아니다. 오히려 그것은 학교 현장에서 실행되어야 할 중요한 부분이다. 학생들은 교과내용을 배울 뿐만 아니라 자신이 누구인지에 대해, 또래와 어떻게 상호작용하고 어떻게 친구를 선택할지에 대해 배운다. 또한 실패에 어떻게 대처하고 이성 친구를 어떻게 대하는지와 같이 자신의 감정을 다루는 방법도 배운다.

최근에 '사회인지신경과학(social cognitive neuroscience)'이라 불리는 새로운 학문 분야가 등장했다. 이 분야의 학자들은 신경영상기술을 통해 마침내 해묵은 질문에 답할 수 있게 되었다. 그 질문은 이것이다: 사회적 자극의 처리과정에 관여하는 대뇌 기제와 신경망은 비(非)사회적 자극의 처리과정에 관여하는 것들과 다른가? 여기서 사회적 자극은 관계 만들기, 남과 비교하기, 타인의 행동 해석하기 등을 뜻하고, 비사회적 자극은 굶주림을 느끼거나 잠이 올 때 대처하기 등을 뜻한다. 학자들이 현재까지 밝혀낸 답은 이 둘은 명백히 '다르다'는 것이다. 연구 결과에 따르면, 피험자가 실험 과정에서 사회적 결정이나 판단을 해야 하는 상황에 놓이자 뇌의 특정 부위들이 활성화되었다고 한다 (Mitchell et al., 2005; Olson et al., 2007).

한 가지 놀라운 발견은 뇌의 앞부분에 있는 방추모양(세포체가 길쭉한 타원형임을 뜻함-옮긴이)의 신경세포이다. 이것은 뇌 조직에서 전형적으로 볼 수 있는 신경세포들보다 크기가 크고 수상돌기의 수가 적다. 이 신경세포는 이를 처음 발견한 학자의 이름을 따서 '폰 에코노모 뉴런(von Economo neuron)'이라 불리는데 인간이나 지능이 높은 영장류, 무리를 지어 사는 소수의 특별한 군서동물에서만 발견된다. 연구자들은 폰 에코노모 뉴런이 이런 동물들의 뇌 가운데 서로 비슷한 부위에서 발견된다는 점에 주목하면서, 이 신경세포가 사회적 감정을 만들고 사회적 상호작용을 관찰하는 데 주요한 역할을 한다고 주장한다. 도표 2.3은 인간의 뇌에서 폰 에코노모 뉴런이 발견되는 두 부위인 '전대상피질(anterior cingulate cortex)'과 '전두섬(frontal insula)'의 위치를 보여준다(Chen, 2009).

폰 에코노모 뉴런이 사회적 상호작용과 연관된다는 또 다른 증거는 퇴행성 질환인 '전측두엽 치매(frontotemporal dementia)'를 앓는 환자들의 연구에서 발견된다. 이 병을 앓는 환자들은 사회적 배려심을 잃고 어떠한 공감능력도 보이지 않으며, 무책임하고 엉뚱하며 이해할 수 없는 행동을 한다. 신경영상을 통해 밝혀진 바로는 치매로 인해 손상되는 부분이 전대상피질과 전두섬에 있는 폰 에코노모 뉴런이라는 것이다(Brambati et al., 2007).

도표 2.3 폰 에코노모 뉴런이 위치한 뇌의 부위

전대상피질

전두섬

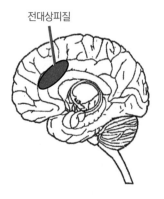
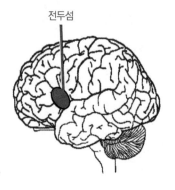

출처: Chen(2009)에 근거

뇌에 사회적 상호작용을 전담하는 영역과 뉴런이 있다는 사실은 사회적 관계가 인간의 발달과 행동에 얼마나 중요한지를 잘 보여준다. 그러나 아동과 청소년의 뇌에서 전두엽은 사회적·정의적 욕구를 완벽히 통제할 만큼 성숙되어 있지 않다. 대부분의 학생에게 다른 무엇보다도 사회적·정의적 욕구가 우선적으로 처리되어야 하는 것은 바로 이런 이유 때문이다(Sousa, 2009). 학창시절에 경험하는 사회적 상호작용은 상당 부분 교사와 학생 사이에서 일어난다. 이 시기에 학생들은 부모나 형제자매, 친구들보다도 선생님과 더 많은 시간을 보낸다. 따라서 교사와 학생이 서로의 행동을 정확하고 적절하게 인식하고 평가하며 그에 맞게 반응하는 일은 무엇보다 중요하다. 유능한 교사는 교육과정의 학습목표를 달성하면서도 이러한 사회적·정의적 욕구를 인식하고 다룰 방안을 찾아낸다.

공감은 매우 중요하다

학생과의 관계가 원만한 교사는 공감능력이 좋으며 학생의 눈으로 세상을 바라보려고 노력한다. 연구 결과가 보여주듯 교사의 따뜻한 관심을 받는 학생은 그렇지 않은 학생보다 더 나은 학업성취를 보인다. 특히 문화적으로 다양한 학생들이 섞여 있는 교실에서 교사가 학생들을 공감해주면, 학생들은 열린 시각과 집중력을 키우고 타인과 긍정적인 관계를 맺을 수 있다. 교사가 열린 마음과 융통성 있는 자세를 갖고 있으면 다양한 상황에 적응할 수 있고 교사 자신의 능력을 향상시켜 수업방법과 교육과정까지 각 학생에 맞게 개별화할 수 있다(Gay, 2000;

McAllister & Irvine, 2002).

공감능력이 높은 교사는 학생이나 동료교사 혹은 학부모와 말하거나 그들을 대하는 방식이, 자신이 타인에게서 바라는 방식인지를 자문한다. 가령, 교사들은 성적이 좋지 못한 학생에게 '더 열심히 하라'는 말로 채근함으로써 학습동기를 불러일으키려 한다. 좋은 의도에서 한 말이겠지만, 교사는 이미 그 학생이 좋은 성적을 얻기 위해 필요한 시간과 에너지를 들일 생각이 없다고 상정하고 있는 셈이다. 결과적으로 학생은 이 말을 자신을 향한 비난으로 해석해 버린다. 비난받는다고 느끼면 학생은 교사의 말을 더욱 듣지 않게 된다. 공부를 열심히 하라는 교사의 말이 원래 의도한 결과를 내지 못하고, 결국 학생들이 공부할 의지가 없다는 교사의 믿음만 공고해지는 것이다.

학생은 학습에 주인의식을 가져야 한다

'학생은 자신의 학습과 성공에 주인의식을 가져야 한다'고 믿는 교사는 학생의 능동적 참여와 역할을 환영한다. 교사가 자신의 의견을 존중하고 경청한다고 느끼면, 학생들은 기꺼이 교사와 협력해 학습해가고 학업성취에도 큰 의욕을 보인다(Carroll et al., 2009; McQuillan, 2005). 무엇보다도 학생이 발언권을 갖게 되면 자신의 삶에 대한 통제감과 책임감이 높아지는데, 이것이야말로 학급 분위기를 긍정적으로 만드는 핵심 요소다.

또한 학생들에게 주인의식을 심어주는 좋은 방법 중 하나는 학급의 규칙을 정하게 하는 것이다. 즉, 모든 학생이 편안함을 느끼고 최상으로 공부할 수 있는 교실 분위기를 만들려면 어떤 규칙이 있어야 하겠는지를 학생들에게 묻는 것이다.

교사는 각 학생의 역량을 파악하고 강화해야 한다

우리는 흔히 학생의 문제점이나 약점에 집중하느라 그들의 장점과 역량을 강화하는 일은 간과하곤 한다. 학생들의 역량을 키워줄 수 있는 한 가지 확실한 전략은 그들이 가장 잘 배울 수 있는 방식으로 가르치는 것이다. 학생마다 학습에 대한 필요와 장점이 다르기 때문에 교사는 다중지능, 학습양식 특성, 성별·문화별 학습선호도와 같은 주제에 익숙해야 한다. 이에 대해서는 7장에서 자세히 다루고 개별화지도를 위한 시사점도 살펴볼 것이다.

학생들의 역량을 강화할 수 있는 또 다른 전략은 다른 학생을 도울 기회를 제공하는 것이다. 예를 들면, 학습에 어려움을 겪는 고학년 학생도 저학년 학생에게 책을 읽어줄 수는 있을 것이다. 혹은 다양한 능력을 가진 학생들이 하나의 팀을 이루어 함께 작업하면서 자신만의 독특한 장점을 각기 다른 프로젝트에서 발휘할 수도 있다. 이런 식으로 학생들이 학교문화에 기여하도록 북돋워주면 학생들은 학교에 대해 좀 더 긍정적인 감정을 갖게 되고 학습동기도 더 높아진다.

교사는 실패와 수치심이라는 두려움을 다뤄야 한다

앞서 말한 것처럼 두려움은 강렬한 정서적 반응으로, 뇌로 하여금 그 원인에 집중하고 이를 어떻게든 처리하도록 하기 위해 좀 더 상위에서 이루어지는 인지적 처리과정을 중단시킨다. 뇌의 전두엽은 두려움을 어떻게 다룰지 결정하는 책임을 맡고 있다. 아동기나 청소년기에는 전두엽이 완전히 성숙한 상태가 아니어서 두려움을 해석하고 누그러뜨리는 능력이 불완전하다.

학습을 가로막는 주된 장애물 중 하나는 실수에 대한 두려움이다. 실수를 수치스럽게 느끼는 학생은 너무 어려워 보이는 학습과제를 피하려고 한다. 유능한 교사들은 두려움에 대해 학생과 터놓고 이야기하는 것이 그런 상황을 방지하는 최선의 길임을 알고 있다. 교사 자신이 학창시절에 느꼈던 실수에 대한 두려움이나 성적이 떨어졌던 일 같은 경험담을 학생들과 공유하는 것도 실패에 대한 두려움을 낮추는 하나의 방법이다. 교사가 자신의 실패담을 공개하면 학생들도 실수에 대한 생각이나 느낌을 터놓고 이야기할 것이다. 실패에 대한 두려움을 최소화하기 위해 교사 자신이 무엇을 할 수 있을지, 그리고 학급의 구성원으로서 학생들은 무엇을 할 수 있을지 물어볼 수도 있다.

훈계는 가르침의 과정이다

훈계는 겁이나 모욕감을 주기 위한 것이 아니라 허용되는 행동을 가르치기 위한 과정이다. 수업계획이 잘 짜여서 흥미를 끌어내는 수업에서는 학생들이 의미 있는 학습경험에 참여하며 성취감을 느끼기 때문에 교사가 학생들을 훈계할 일이 거의 없다. 학생들의 대뇌 보상회로가 활성화되어 산만한 행동이 일어날 틈이 없기 때문이다. 훈계도 가르침이라고 믿는 교사는 문제행동이 일어나면 먼저 학생에게 적절한 행동이 무엇인지 일깨워주고, 이후에 그 문제행동의 원인을 찾으려고 한다. 교사가 항상 염두에 두어야 할 것은 그 학생이 한 일이지 그가 어떤 학생이냐가 아니며, 문제행동의 처벌이 아니라 그 원인을 어떻게 이해하고 다룰 것인가이다.

이러한 교사는 학생들이 적절하게 행동할 것이라는 기대감으로 수업을 시작하며, 모든 학생이 명확히 이해하는 몇 가지 규칙을 갖고 있다. 교사는 일관성 있게 그 규칙을 실행하고 공평하게 행동한다. 규율 문제가 발생하면 수업이 방해받는 것을 최소화하며 즉각 해결하고, 학생들 앞에서 면박을 주지 않는다. 또한 긴장된 상황을 누그러뜨리기 위해 유머를—비꼬는 말이 아니라—적절히 사용하는 법을 안다. 개별화수업 운영에 관한 구체적 지침은 8장에서 살펴볼 것이다.

고정관점과 성장관점

캐롤 드웩(Carol Dweck)은 '똑똑하다는 것은 어떤 특질을 가리키는가', '성공은 어떻게 이루어지는가'와 같이 학습에 대해 사람들이 갖고 있는 사고방식을 오랫동안 연구해왔다. 드웩의 연구는 교육자들에게 대단히 중요한데 교사의 선입견이 학생들의 생각과 행동뿐만 아니라 교사 자신의 생각과 행동까지도 형성한다는 점을 일깨워주기 때문이다. 이는 개별화지도 교수철학에서 특히 중요하다. 수십 년간의 연구를 통해 드웩이 발견한 사실은, 능력이 어디에서 기원하고 성공이 어떻게 이루어지는지에 대한 고정관점이나 성장관점을 우리는 아주 어린 나이에 이미 발달시킨다는 것이다(Dweck, 2006). 고정관점(fixed mindset)을 발달시킨 사람은, 인간은 뛰어나거나 뛰어나지 않은 분야가 태어날 때부터 결정된다는 전제를 받아들인다. 고정관점에서는 지능지수나 성공 여부를 예상하는 데 환경이 어느 정도 기여는 할 수 있지만, 우수한 수학자가 되거나 그저 그런 수학자로 남는 것, 혹은 위대한 축구선수가 되거나 평범한 축구선수가 되는 것에는 유전적 요소가 더 크게 작용한다고 본다. 특정 영역에서 우수한 능력을 발휘할 가능성을 결정하는 것은 바로 유전적 요소라는 것이다.

반대로 유동적 관점(fluid mindset) 혹은 성장관점(growth mindset)을 발달시킨 사람은 전혀 다른 관점으로 인간의 능력과 성공을 바라본다. 성장관점의 사고방식을 가진 사람은 발달단계에서의 출발선이 유전적 요소에 의해 어느 정도 좌우될 수는 있겠지만, 인간은 개인의 의지와 끊임없는 노력, 그리고 이에 대한 꾸준하고도 확고한 지원이 있을 때 성공할 수 있다고 본다. 아마도 교사 중에는 고정관점과 성장관점이라는 두 가지 관점을 인식하고 있거나 학생의 능력과 성공에 대해 자신의 관점을 분석하고 검토해본 사람이 거의 없을 것이다. 그럼에도 교사가 현재 어떤 관점과 태도를 취하는가에 따라서 교수관행과 학생의 학습 성패가 결정된다. 물론, 개별화지도의 성패 역시 교사의 사고방식에 의해 결정된다.

사고방식·교수·학습

고정관점의 사고방식을 가진 교사는 공부를 잘하는 학생과 그렇지 않은 학생은 대개 유전적 요소와 가정환경에 의해 결정된다는 전제를 의식적으로든 무의식적으로든 받아들인다. 이들은 누가 똑똑하고 실력 있는지 누가 그렇지 않은지를 미리 단정짓는다. 고정관점에서 보면 이러한 판단을 근거로 교사가 학생들을 능력에 따라 나눠서 그에 맞게 가르치는 일은 합당해 보인다. 고정관점을 가진 교사들은 교실 내 학생들을 흔히 우등생과 열등생으로 나누는데, 교사가 누구를 '똑똑하다'고 여기고 누구를 '똑똑하지 않다'고 여기는지는 사실상 모든 학생에게 분명하게 드러난다. 때로는 반 전체를 똑똑한 아이들로 구성한 '우등반'과 그에 대응하는 '열등반'으로 나누기도 한다. 어떤 경우든 이 교사들은 우수한 아이들은 공부를 더 잘하도록 속진학습을 제공해 주고, 열등한 아이들은 학습부진을 교정해 줘야 한다는 논리를 따른다. 그들은 블룸의 교육목표분류(Bloom's Taxonomy)에 따라 학생의 능력별 수준에 맞는 내용을 가르치며, 능력 차이가 다양한 학생들을 다루는 데 적합해 '보이는' 이러한 틀이 있다는 것을 다행스럽게 생각한다. 또한 고정관점의 사고방식을 가진 교사들은 열등학생의 학습부진 문제나 우수학생의 학습촉진 요소를 설명할 수 있는 '딱지(label)'를 붙이기 좋아한다.

이와는 대조적으로, 성장에 대해 유동적 관점을 가진 교사는 대부분의 학생이 성취에 필요한 노력만 한다면 어떤 것이든 배울 수 있다고 전제한다. 그들이 생각하는 교사의 역할이란 학생들이 노력할 수 있도록 이끌어주고 학생들의 성취를 위해 모든 것을 함께 해주는 것이다. 이들은 '지도에 낙관적으로 접근하는(teaching up)' 교사들이다. 즉, 학생이 능력을 최대한 발휘할 수 있도록 과제를 만든 다음 그 학생의 파트너가 되어주는 것이다. 이로써 학생들은 든든한 지지와 점진적 지원(scaffolding, 흔히 '스캐폴딩' 또는 '비계(飛階)'라고 하며, 아동이 실제적 발달 수준에서 잠재적 발달 수준까지 도달하기 위한 근접발달영역(zone of proximal development, ZPD) 사이에 발판이 될 만한 도움을 제공하는 것을 일컬음-옮긴이)이 있다는 사실을 확신하게 되어, 처음에는 도달할 수 없을 것처럼 보였던 과제를 충분히 해결할 수 있게 된다. 유동적 사고방식을 가진 교사는 학생들이 학급 내 다양한 모둠에서 활동하는 모습을 보고 싶어 한다. 우등생과 열등생으로 나뉜 모둠에서가 아니라 무엇이 자신에게 효과적인지를 파악할 수 있게 해주는 여러 모둠에서 말이다. 유동적 사고방식을 가진 교사들은 학생들에게 딱지를 붙이는 일을 거의 하지 않는다. 또한 학생들이 다음 단계의 학습으로 나아가는 것을 돕기 위해 내일 무엇을 하면 좋을지를 고심한다. 이 교사들은 어떤 학생이 왜 수업을 못 따라가는지, 왜 숙제를 안 했는지에 대한 변명을 받아들이지도 않으며, 우등생이 능력에 비해 너무 쉬운 과제를 풀고 높은 점수를 받는 것이 타당하다고도 생각하지 않는다. 그들은 교사 자신을 포함해서 모두가 철저한 직업윤리를 가져야 한다고 생각한다.

물론 교사들은 본인이 생각하는 학생들의 성공 가능성을 넌지시 내비치게 된다. 교사가 자신을 '똑똑하지 않게' 본다는 것을 아는 학생이 스스로를 똑똑하지 않다고 여기거나, 반대로 자신을 '똑똑하게' 본다는 것을 아는 학생이 스스로를 똑똑하다고 생각하는 것은 그리 놀라운 일이 아니다. 하지만 더 중요한 사실은 '똑똑하지 않은' 학생이 "가족 중에 수학을 잘하는 사람은 아무도 없어."라고 말한다든지, 혹은 "난 가수로서의 재능이라고는 없어."라고 말하며 실패의 원인을 자신의 통제 밖에 있는 요소로 돌려버린다는 점이다. 이런 생각을 갖고 있는 학생은 자기 안에 그것을 해낼 능력이 없다고 믿기 때문에 어려움 앞에서 쉽게 포기하고 만다.

열심히 노력하느냐보다 똑똑한지 여부를 중시하는 교사 앞에서는 얄궂게도 능력이 매우 우수한 학생들조차 힘들어한다. 이들은 똑똑하다는 건 타고나는 능력이라 단정짓는다. 수월하게 해낼 수 없는 일을 맞닥뜨리면, 똑똑한 사람들은 열심히 노력할 필요가 없을 텐데 결국 자신이 똑똑하지 않기 때문에 이 일에 많은 노력이 필요한 것이라고 해석해버린다. 그러고는 도전적인 과제를 피하거나 포기하게 된다. 영리하지만 고정관점의 사고방식을 가진 학생들은 수업 중에는 좀 더 쉬운 과제를 풀려고 하고 더 쉬운 과목을 선택하며 과제에 대한 피드백을 자신에 대한 부정적인 판단으로 여겨 주의 깊게 듣지 않는다. 이들은 배움 그 자체가 아니라 성적을 위해서 공부한다. 성적이야말로 학업성취와 똑똑함을 증명하는 지표이기 때문이다.

이와는 대조적으로, 열심히 공부하면 누구든지 성공할 수 있다고 믿으며 유전적 요소보다는 노력을 높게 평가하는 교사와 함께 공부하는 학생들은 성공은 자신에게 달려 있다고 믿는다. 이들은 학습자로서의 자기유능감(self-efficacy)을 발달시키고, 고정관점을 가진 또래들과 달리 배움 그 자체를 위해 학습하며, 어려움에 부딪혀도 끝까지 포기하지 않고, 피드백을 지속적인 향상을 위한 기제로 활용한다. 이전에는 자신을 능력 있고 성공적인 사람으로 생각한 적도 또 그렇게 여겨진 적도 없는 학생들이 열심히 공부하기 시작하면서, 스스로 성공을 일구고 자신의 모습을 유능한 사람으로 그릴 수 있게 된다. 자신은 똑똑해서 열심히 공부할 필요가 없다고 생각해온 학생들도 이제는 성장하려면 절대 나태해서는 안 된다는 것을 깨닫게 되며, 사회에 공헌했던 위인들의 공통점도 동료들보다 더 열심히 노력했다는 사실임을 이해하기 시작한다.

도표 2.4는 학생과 교사의 사고방식을 서로 조합했을 때 나타나는 학습환경의 모습들이다. 이 표를 통해 유동적 혹은 성장관점의 사고방식을 발달시키는 것이 교사와 학생 모두의 성공에 얼마나 중요한지를 명확히 알 수 있다. 그것은 효과적인 개별화수업에 필수적이다.

두 종류의 사고방식과 개별화

사람들이 자신의 사고방식을 변화시킬 수 있고 또 실제로 변화시킨다는 것이 수많은 연구를 통해 입증되었다. 개별화수업에서 교사는 '능력은 어디에서 오는지', '똑똑하다는 것은 무엇을 의미하는지'에 대한 자신의 믿음을 특히 명확하게 인지하고 있어야 한다. 적어도 성장관점의 사고방식을 개발하기 위한 노력이라도 해야 한다. 이 책의 기반인 개별화 모형이 주창하는 교수접근법들은 고정관점의 사고방식을 통해서는 효과적으로 실행되기 어렵다.

	도표 2.4 고정관점 및 성장관점 사고방식의 조합		
	성장관점 사고방식	교사는 학생의 능력과 학습의욕을 과소평가하고 학생의 경제적 지위나 언어, 문화 등을 감안하여 '수준을 낮춰 가르치기(teaching down)'도 한다.	교사와 학생 모두가 학생의 성장을 위해 힘쓰며 다음 단계를 위한 목표를 세우고 지속적인 성장을 위한 방법를 찾는다. 다양한 학습준비도를 가진 학생 모두가 도전과 성장 및 성공에 대한 최대의 기회를 갖게 된다.
학생	고정관점 사고방식	교사와 학생 모두 학생이 겪는 학업의 어려움을 어쩔 수 없는 결과로 치부할 뿐, 좀 더 높은 수준의 학업성취를 위해 필요한 노력을 하지 않는다. 양쪽 모두 학년 수준 과제에서 좋은 점수를 얻는 것은 우수한 학생들이나 가능한 일이라 생각한다.	교사는 학생의 노력과 성장을 격려하고 이를 계속 이어가도록 지지한다. 시간이 흐름에 따라 노력이 성공으로 이어지는 증거를 보게 되면서 학생의 사고방식도 성장지향적으로 바뀔 수 있다. 다양한 학습준비도를 가진 학생 모두가 도전, 성장, 성공을 위한 기회를 갖게 된다.
		고정관점 사고방식	성장관점 사고방식
		교사	

다음은 개별화 모형의 몇 가지 원칙이다. 고정적 사고방식을 가진 교사와 유동적 사고방식을 가진 교사가 다음의 각 원칙을 실천함에 있어 각각 어떤 반응을 보일지 생각해보라.

- 교사가 각각의 학생과 공감하고 학생의 가치와 가능성에 믿음을 보일 때 학생들은 학습에 대한 부담을 터놓기 시작한다.
- 교사는 학급 내 모든 구성원의 가능성을 존중하는 모습을 보이며 건강한 공동체를 구축한다.

- 각각의 학생은 수업이 성공적으로 진행될 수 있도록 꾸준히 책임을 발휘해야 한다.
- 학생은 학습자로서의 독립심과 자기인식을 키워가며 학습하는 것을 배운다.
- 학생들은 학급 내 모든 구성원이 핵심 내용을 성공적으로 학습할 수 있고 또 그렇게 할 것이라는 믿음을 공유하며 서로의 파트너가 되어야 한다.
- 공평함이란 모든 학생이 성공에 필요한 지원을 받을 수 있게 하는 것이다.
- 성공이란, 적어도 부분적으로는 학생의 '성장'으로 정의되는데, 이는 타인이 아니라 자기 자신과 겨루면서 성취되는 것이다.
- 교사는 '지도에 낙관적으로 접근하는(teaching up)' 사람들이다. 즉, 학생에 대한 기대치를 높게 갖고 개별화지도를 통해 모든 학생이 높은 수준의 목표를 성취하도록 해준다.
- 교사는 융통성 있게 모둠을 구성해 학생이 다양한 상황을 접하고 '대처해볼 수 있게' 한다. 이를 통해 학생은 자신을 여러 맥락에서 보고 한층 다양한 곳에서 성공의 기회를 찾을 수 있다.
- 모든 학생은 '개개인을 존중해주는 과제(respectful tasks)'로 학습해야 한다. 즉, 학습과제는 학생 각자의 필요에 맞게 개별화되지만 흥미나 매력도, 중요성의 측면에서는 모든 학습과제가 동등해야 하며, 높은 수준의 추론능력을 활용하는 과제여야 한다는 측면에서도 동등해야 한다.

성장관점의 사고방식을 가진 교사는 말과 행동을 통해 학생들에게 다음과 같은 메시지를 잘 전달할 수 있다. "나는 너희가 여기에 있어서 정말 기뻐. 너희들 한 명 한 명에 대해 알아가는 것이 무척 즐겁단다. 나는 너희들이 여태껏 생각해왔던 것보다 더 높은 수준에서도 성공할 수 있을 거라고 확신하거든. 내가 해야 할 일은 함께 노력해서 모두가 성공할 수 있는 학급을 만드는 거야. 그 과정에서 나는 너희들에게, 그리고 나 자신에게 많은 것을 요구할 거야. 너희의 그 노력과 너희를 위한 내 노력이 모여 모두의 성공을 가능케 할 테니까. 너희들이 스스로에 대해, 서로에 대해, 그리고 우리 반에 대해 꿰뚫어 보듯이 알고 있었으면 해. 너희들 하나하나의 존재로 인해 우리는 더욱 멋진 학급을 만들 수 있을 거야." 고정관점의 사고방식을 가진 교사는 이러한 생각이 많이 어색하고 쉽게 납득이 되진 않을 것이다.

또한, 성장관점의 사고방식을 가진 교사의 학생들은 노력과 성공 사이의 상관관계가 아주 밀접하다는 것을 깨닫게 된다. 그들은 교사로부터 직접적인 지도와 목적이 분명한 활동, 지속적인 메시지를 받기 때문이다. 반면에, 고정관점의 사고방식을 가진 교사의 학생들은 성공과 노력 사이의 상관관계에 대해 분명한 메시지를 전달받지 못한다.

연습문제 2.1(86쪽)은 교사들이 자신의 사고방식과 개별화지도에 대해 생각해보게 하는 질문들이다. 이어서 이 장의 후반부에서는 교사의 사고방식과 학습환경의 상관관계에 대해 다룰 것이다. 학업적 수준이 다양할 수밖에 없는 교실에서 학생들의 성장과 성공을 최대화할 수 있는 학습환경은 어떤 유형일까?

교실환경과 개별화지도

학습환경은 대체로 눈에 보이지 않지만 교실에서 일어나는 모든 일에 스며들어 있다. 하지만 눈에 보이지 않는다는 점 때문에 교무회의, 직원연수, 장학간담회 등에서는 학습환경의 중요성이 간과되곤 한다. 이렇게 학습환경에 대해 논할 기회를 놓치면서 교사들은 교실환경의 중요성을 덜 인식하게 되었고, 학습에 적합한 환경을 만들고자 하는 의지도 약화되었다.

우리는 환경에 의해 사람들의 반응이 달라지는 사례를 주변에서 흔히 볼 수 있다. 매력적인 인테리어에 고객의 특별한 취향까지 세심하게 살피는 친절한 직원, 음식의 맛은 물론 모양새까지 아름다운 식당에 가본 적이 있을 것이다. 반면에, 음식은 똑같이 훌륭하지만 직원들이 부담스러울 정도로 친절하거나 아예 무관심하고, 인테리어가 과하거나 우중충하거나 공간이 지저분하고, 옆테이블에서는 손님들이 시끄럽게 싸우고, 음식이 나오는 시간도 너무 길며, 대기 손님이 바로 옆에 서 있는 탓에 음식을 허겁지겁 삼키고 자리를 비워줘야 하는 식당에도 가봤을 것이다. 이런 식당은 음식이 아무리 맛있다 해도 만족감을 주지 못한다. 아마 그 식당을 다시 찾고 싶어 할 고객은 별로 없을 것이다.

유사한 사례로, 의료계에서도 긍정적 환경이 치료에 미치는 영향에 큰 관심을 기울여왔다. 요즘에는 병원의 로비나 대기실에 들어서면 한 세대 전의 무미건조했던 병원과 달리 마치 호텔에 있는 것 같은 기분이 든다. 심지어 어떤 입원실은 파스텔톤으로 꾸며져 있고, 문병객을 위한 안락한 의자뿐 아니라 많은 것들이 갖춰져 있어 가족이 밤새 머물 수도 있다. 의료종사자들은 이제 의료정보를 환자와 서슴없이 공유하고, 관련 결정을 내리는 데 환자들에게 도움을 청하기도 한다. 이러한 노력의 결과로 환자들은 두려움을 덜 느끼고, 치료에 임하는 마음가짐과 예후도 전반적으로 더 좋아진다.

교실환경 또한 학교 안에서 무력하고 자율성도 주어지지 않는 어린 학생들의 학습결과에 중대한 영향을 미친다. 사실상 여러 가지 면에서 교실환경은 학생의 인지적·학업적 성과를 예측할 수 있는 징후가 된다. 성인이 환경의 영향을 받듯이, 학생 또한 교실환경에 의해 고무되거나 좌절하기도 하고, 활기를 얻거나 기가 꺾이기도 하며, 학습에 몰입하거나 학습에서 소외되기도 한다. 긍정적인 학습환경은 학생들이 학습이라는 어려운 과업을 잘 해내도록 준비시켜 준다. 또한 그들 앞에 놓인 가능성을 향해 학생들이 마음을 활짝 열게 해준다. 이와 같이 학습환경은 정의적으로 또 인지적으로 학생들에게 중요한 의미를 갖는다.

학습환경, 학생의 정서, 개별화지도

'인간은 5단계로 구성된 욕구의 위계를 가지고 있다'고 주장한 에이브러햄 매슬로(Abraham Maslow)의 욕구위계설을 기억할 것이다. 인간은 하위 단계의 기본적인 욕구가 충족되어야만 상위 단계의 욕구가 효과적으로 해결될 수 있다. 이 욕구 위계에서는 의식주 및 수면 같은 생리적 혹은 생물학적 욕구가 첫 번째 단계이다. 이러한 욕구가 해결되면 안전과 보호에 대한 욕구가 두 번째 단계의 중심을 차지한다. 세 번째 단계는 소속·애정·사랑에 대한 욕구이며, 네 번째 단계는 무엇인가를 성취함으로써 얻는 자존과 존중의 욕구이다. 이 네 가지 단계의 욕구가 모두 충족되었을 때만 인간은 가장 높은 다섯 번째 단계의 욕구에 관심을 기울이고 노력할 수 있는데 그 욕구는 자아실현의 욕구, 즉 자신이 추구하는 의미 있는 존재가 되고자 하는 욕구이다(1943).

매슬로의 욕구 위계가 교육에 갖는 함의는 명확하다. 유입되는 정보를 처리할 때 뇌가 어떻게 우선순위를 부여하는지 앞에서 설명한 것처럼(58쪽 도표 2.1), 매슬로의 욕구 위계는 최근의 뇌 연구 결과에 의해 뒷받침되고 있다. 만약 어린 학생이 배가 고프거나 잠이 부족한 상태로 학교에 온다면, 교사는 학생의 그런 생리적인 기본 욕구를 채워줄 준비가 되어 있는 교실환경을 마련해야 한다. 이러한 기본적인 생존 욕구가 충분히 충족되었을 때, 학생들은 다음 단계인 안전과 보호에 대한 욕구로 관심을 돌릴 수 있다.

안전하다는 것은 학교와 교실이 외부 침입자나 학교폭력, 혹은 오늘날의 학생들 사이에 안타깝게도 실제로 존재하는 또 다른 압력으로부터 보호받고 있다는 느낌을 주는 것이다. 이와 같은 위협으로부터 학생들을 보호하는 것은 학교 차원에서 책임져야 할 일이다. 학급의 규칙이나 매일 반복되는 일상을 구조화해서 하루의 일과를 예측 가능하게 해주는 것도 학생들에게 교실은 안전하고 안심할 수 있는 곳이라고 믿게 하는 방법이다. 이로써 학생들은 서로를 놀리거나 깔보거나 괴롭히는 일은 없을 것이라 믿고 안도하게 된다. 학년에 상관없이 많은 학생이 또래나 사회, 심지어 가족으로부터 상처받을까 겁내며 매일 학교에 나온다. 만약 학습환경이 학생들에게 안전과 보호를 보장해줄 수 있도록 꾸려진다면, 상처받은 학생들이 쉽게 마음을 줄 수 없는 척박한 세상에서 교실은 질서라는 오아시스를 맛볼 수 있는 곳이 되어줄 것이다. 학습환경이 불안정하고 안전하지 않으면 학생들의 학문적 성장을 가로막는, 눈에 보이지는 않지만 분명히 존재하는 벽이 생긴다. 따라서 취약아동으로 인지된 학생들뿐 아니라 모든 학생이 교실에는 일종의 '통행규칙'이 있어 그들을 보호하며, 그 규칙은 보편적으로 지켜질 것이라는 확고한 느낌을 받을 수 있어야 한다. 학생들이 안전과 보호에 대한 확신을 갖게 되면 욕구의 다음 단계로 편안하게 나아갈 수 있다.

안전과 보호에 대한 욕구가 충족되면 학생들은 소속감·애정·사랑에 대한 욕구를 추구한다. 교사가 유동적 관점 혹은 성장관점의 사고방식으로 학생 한 명 한 명을 긍정적으로 바라보면 교실은 '모든 학생을 위한 장소'가 되고 학생들은 그 안에서 존중받는다. 교사는 학생들의 필요에 기민하게 대응해 그들이 서로 협동하고 서로의 성공을 축하하며 서로의 필요를 지지하도록 돕는다. 학생들은 한 해를 함께 보내며 긍정적인 기억을 만들어간다. 이런 식으로 해서 교실은 서로 도우며 살아가는 하나의 공동체가 되는 것이다.

교사가 하는 일이 단순히 학습내용을 전달하는 것뿐이라고 보는 것은 교사와 학생 모두에게 해로운 일이다. 만약 학습환경이 매슬로의 욕구 위계에서 성취나 자존, 존중보다 낮은 단계의 욕구들을 충족시켜주지 못한다면, 학생들의 학업적 성취는 큰 장벽에 부딪히고 말 것이다. 뇌친화적 개별화지도 모형이 교사에게 주는 조언은, 실제로 모든 학생은 인정, 기여할 기회, 목적과 도전, 해낼 수 있는 힘을 기대하며 교실로 들어온다는 사실이다. 더 나아가 유능한 교사라면 이러한 학생들의 필요를 기꺼이 수용하고, 지원을 쏟으며, 기회를 제공하고, 끈기 있고 성찰하는 태도로 대응해야 한다(Tomlinson, 2003). 이 책이 강조하고 있는 뇌친화적 개별화지도 모형은 다음과 같은 신념을 반영하고 있다.

- 수업과 학습은 학생의 기본적인 욕구에 대해 교사가 어떻게 대응하느냐에 달렸다.
- 교실 안의 학생들은 모든 인간이 공통적으로 갖고 있는 정의적 욕구를 지니고 있다.
- 학생들은 지금까지 저마다 다양한 경험을 했고 그것은 학생들의 정의적 발달에 영향을 미쳤다. 그들이 각자 현재 서 있는 발달 지점에서 성장하는 것을 돕기 위해서는 정의적인 측면에서 개인별로 다른 접근과 관심이 필요하다.
- 학생들의 정의적 욕구에 관심을 기울이는 일은 효과적인 수업을 위한 선행 조건이자 핵심 부분이다.

다시 말하면, 학생들의 학업적 성취를 도와주는 교실환경은 그들의 정의적·인지적 욕구를 적극적으로 다루어야 하며, 이러한 환경을 개발하는 교사는 정의적 성장과 인지적 성장이 어떻게 연결되어 있는지 이해해야 한다. 연습문제 2.2(88쪽)에 제시된 질문을 통해서 교사는 학생의 감정과 학습환경 및 개별화지도의 관계에 대해 생각해볼 수 있을 것이다. 또한 학생의 성장에 도움이 되는 교실환경을 조성하는 방법에 대해서도 생각하게 될 것이다.

학습환경, 학생의 인지, 개별화지도

모든 아이는 백지 상태로, 소위 '타불라 라사(tabula rasa)'로 태어난다는 말이 당연하게 여겨졌던 시절이 있었다. 아이는 자신이 알아야 할 것을 어른이 그 백지 위에 쓰는 대로 배우게 된다는 것이다. 이 이론은 오래전에 신뢰를 잃었지만 교실현장에서는 여전히 받아들여지고 있다. 즉, 아직도 많은 수업이 마치 교사의 일은 학생이 알아야 할 것을 알려주는 것이고, 학생의 일은 배운 대로 흡수하는 것이라는 듯이 돌아가고 있다. 이 이론에 따라 학습환경을 조성하는 일은 비교적 간단하다. 책상이 줄지어 놓인 교실, 학생이 알아야 할 것을 알려줄 교사, 일렬로 놓인 책상에 조용히 앉아서 교사가 말하는 것을 들으며 학습하는 학생, 이 세 가지만 있으면 된다.

교수학습에 대한 이와 같은 접근법, 즉 '교사가 알려주면 학생은 그대로 흡수한다'는 믿음이 틀렸다는 것은 잠시만 시간을 내어 수업을 관찰해보면 누구나 금방 알 수 있다. 교사가 일방적으로 학습내용을 전달하는 환경에서 학생들은 앉아서 열심히 들을 수도 있고 그렇지 않을 수도 있지만, 대개는 들은 것을 재생하거나 회상하거나 전이하는 단계로까지는 나아가지 못한다. 또한 학생들은 일반적으로 학습에 열심히 참여하지도 않는다. 학생들이 어떻게 학습하는지에 대해 우리가 알고 있는 바에 따르면 이와는 매우 다른, 더 정교한 학습환경이 필요하다.

신경영상연구에서 점점 더 많은 증거가 제시되고 있는 바, 아동기·청소년기에 보다 빠르고 건강한 신경세포 발달을 이루려면 풍부한 자극을 제공하는 학습환경이 필요하다. 비록 유전적 요소가 뇌 성장에 어느 정도 역할을 하는 것은 분명하지만, 많은 신경과학자들은 환경적 영향이 훨씬 더 큰 역할을 할 수 있다고 추정한다(Rao et al., 2010; Shaw et al., 2006). 물론 자극이 풍부한 학습환경을 유지하는 것은 모든 학교의 목표일 것이다. 다만 이러한 연구들이 시사하는 점은 아동기·청소년기에 학교에서 경험하는 것이 개인의 뇌 발달과 지능에 매우 중요한 영향을 미친다는 것이다. 다시 말하지만, 교실에서 어떻게 하느냐에 따라 학생의 지능이 높아질 수도 있고 낮아질 수도 있다!

연습문제 2.3(92쪽)을 통해 교사와 학교행정가들은 학생들과 학습의 본질, 그리고 각 학생의 학습능력을 지원하는 데 필요한 학습환경은 어떤 것인가를 곰곰이 생각해볼 수 있을 것이다(National Research Council, 1999). 학생의 인지능력 발달에 도움을 줄 수 있는 학습환경 요소 중 다음 3가지가 특히 중요하다.

1. 학습이 어떻게 '일어나는지'에 대한 우리의 지식과 이해에 따르면 수업환경은 학습자 중심적(learner-centered)이어야 한다. 즉, 교사가 연령대별 학생 집단을 전체적으로 이해하고, 동시에 집단 속의 개개인을 체계적으로 연구해 그들을 잘 이해할 때 더 잘 가르칠 수 있다. 이러한 이해를 바탕으로 교사는 학생들의 필요에 맞게 어떤 내용을 강조해야 하는지도 알 수 있게 된다. 또 교사는 가르칠 내용의 개요

와 진도에 대한 안내를 포함해서 교재를 세심하게 잘 만들어야 한다. 이렇게 함으로써 자신이 무엇을 강조해서 가르치고, 각 내용에 얼마나 시간을 배정할 것인지를 수월하게 결정할 수 있기 때문이다. 학생들의 필요를 파악하지도 않고 그들이 배울 내용을 미리 획일적으로 교과서에 담아 교수학습을 하는 접근은 지양해야 한다. 이런 방식은 진도를 계획대로 나가는 데는 도움이 되겠지만, 학생들의 다양한 학습필요에 효과적으로 대응할 수 없다. 오늘날 흔히 쓰이는 이러한 획일적인 학습도구로는 교수학습을 제대로 추동할 수 없다.

2. 신경과학이 증명한 바에 의하면 학생들의 인지적 발달을 극대화하기 위해서는 학습환경에 '융통성(flexibility)'이 있어야 한다. 즉, 교사는 학습자의 다양한 발달 수준을 고려해 시간, 공간, 교재, 모둠, 전략, 기타 수업 요소들을 다양한 방법으로 이용할 준비가 되어 있어야 한다. 교실 내 모든 학생이 같은 내용을 같은 방법으로 같은 기간에 걸쳐 같은 지원체계로 학습하게 하는 것은 학생들의 개인차에 관해 우리가 이제껏 알게 된 모든 지식을 부정하는 셈이 된다.

3. 뇌가 학습하는 원리에 의하면 환경은 학생들의 인지발달에 촉매제와도 같기 때문에 '풍부하고도 자극적'이어야 한다. 즉, 학습환경은 학생들의 흥미와 학습선호도, 호기심, 그리고 스스로 공부하고자 하는 마음을 자극하고 채워줄 수 있는 자료, 교수학습 모형, 서로 간의 상호작용을 제공해야 한다. 학생들은 저마다 다양한 흥미, 성향, 장단점, 그리고 학습에 대한 접근법을 가지고 있다. 따라서 학습자원은 다양해야 하고 학생들의 필요에 부합해야 한다. 뇌는 늘 패턴을 찾고

자 한다는 점을 기억하라. 뇌는 계속해서 새로운 학습과 과거의 학습을 통합해 사리에 맞고 의미 있는 개념적 패턴을 만들어내려고 한다. 풍성하고 자극적인 환경은 이러한 연결이나 패턴 개발, 혹은 학습의 파지(retention)가 가장 효과적으로 일어날 수 있는 장소가 된다.

위에 제시된 3가지 특징을 갖춘 개별화수업 환경은 학생들의 책임감, 학습자로서의 자기인식, 학습 자체의 만족감을 위한 학습을 촉진할 수 있도록 신중하게 조성된다. 이러한 학습환경은 깜찍한 게시판을 설치한다거나, 학생들을 감싸주는 보호막이 되어준다거나 하는 차원의 것들이 아니다. 자신의 잠재력을 실현하고 자신이 살고 있는 시공간에 기여하기 위해 배우고자 하는, 학생들에게도 내재해 있을 인간적 성향을 최대한 끌어낼 수 있게 조성되어야 한다. 연습문제 2.4(94쪽)의 질문을 통해 교사는 학생들의 인지능력과 학습환경 및 개별화지도의 관계에 대해 생각해보게 될 것이다. 또 학습환경을 개선해 학생들의 성장을 돕는 방법에 대해서도 생각해볼 기회를 갖게 될 것이다.

책을 읽으며 개별화지도의 원리와 신경과학의 현 지식이 그 원리를 지지하고 견고히 하는 방식을 깊이 이해하고, 교사의 사고방식과 학습환경이 그 각각의 원리에 어떤 영향을 미칠 수 있을지 계속 생각해보는 일은 도움이 될 것이다. 학습환경을 이루는 요소들을 확실히 구분할 수는 없다. 그 요인들은 서로 중첩되기도 하고 상호의존적이기도 하다. 즉, 한 가지 요소를 강화하면 나머지 요소들이 더욱 견고해지는 반면, 한 요소를 간과하면 나머지 요소들도 악화되는 결과를 낳을 수 있다.

수업 첫날 애치슨 선생님은 학생들에게 자신이 교사로 일하며 알게 된 가장 중요한 두 가지 사실에 대해 이야기했다. 모든 학생은 성공할 수 있다는 것, 자신의 역할은 바로 그것을 현실로 만드는 일이라는 것이었다. "너희들은 각자 다른 장점과 경험을 가지고 있어. 그런 너희들이 모든 것을 똑같은 방식과 속도로 배울 수는 없을 거야. 하지만 너희들이 생각한 것보다 훨씬 많은 것을 이 수업에서 배울 수 있을 거야." 그러고는 매일매일 가능한 한 열심히 공부하겠다는 마음으로 수업에 참여해달라고 부탁했다. "선생님도 날마다 할 수 있는 한 최대로 열심히 너희를 돕겠다고 약속할게. 매일같이 너희들 한 명 한 명에게 이렇게 당부할 거야. 성공을 향한 그 다음 발걸음을 떼라고 말이야. 그 발걸음이 너희 모두에게 똑같을 수는 없겠지. 옆에 앉은 친구와도 다를 거야. 하지만 날마다 성장하려면 반드시 이렇게 해야 한단다."

카를로스는 의구심이 들었다. 지금까지 그는 말 잘 듣고 공부 잘하는 학생이었던 적이 없었다. 리자도 공부하는 방법을 자신이 알고 있는지 확신이 없었다. 두 학생 모두 수업이 매우 버겁다고 느꼈다. 때때로 벽에 가로막힌 느낌도 들었다. 하지만 애치슨 선생님은 카를로스와 리자가 다시 일어나서 시도할 수 있도록 지지대가 되어주었다. 학년 말에 카를로스는 학교에서 처음으로 자신이 똑똑하다고 느끼는 경험을 했다고 말했다. 리자도 온전히 자신의 노력으로 좋은 점수를 받은 것은 처음이라고 말했다.

사고방식과 개별화지도에 대한 질문

다음 질문에 답하세요. 답을 끝낸 후, 작성한 답안을 다시 살펴보면서 자신의 사고방식이 학급의 의사결정에 어떻게 영향을 주는지 생각해보세요. 만약 당신이 학교 행정에 관여하고 있는 사람이라면 교무회의에서 이 활동지를 활용하여 교사의 사고방식이 학생의 학업에 어떤 영향을 미치는지에 대해 토론할수 있을 것입니다. 일선 교사나 교장, 교감 모두 학교의 환경과 절차가 전반적으로 교사 및 학생의 고정관점 혹은 성장관점의 사고방식을 어떻게 반영하는지, 그리고 그 결론이 갖는 함의를 깊이 생각해봐야 합니다. 시간이 걸리더라도 학교와 학급이 성장관점의 사고방식으로 점점 바뀌어갈 수 있도록 그 방안을 연구하는 것이 중요합니다.

1   능력별 반편성을 했을 때 마음이 불편하지는 않은가요?

2   학급에서 당신이 '똑똑하지 않다'고 여겼던 학생이 그 자신의 노력과 당신의 협력으로 학업 면에서 향상을 보인 사례가 있습니까?

3   학생의 학업이 부진할 때 그 원인을 학생의 가정이나 배경에서 찾은 적이 있습니까?

4   공부를 잘하고 못하고는 학생 자신에게 달려 있고 성공의 핵심은 바로 노력이란 것을 학생들에게 어떻게 설명하고 보여줍니까?

5 머리가 좋은 것을 강조하는 말과 열심히 노력하는 것을 강조하는 말 각각을 얼마나 자주 언급합니까?

6 새로운 발견이나 통찰은 대체로 성공보다는 실패에서 얻어진다는 것을 학생들에게 어떤 방식으로 설명해줍니까?

7 어떤 학생의 D학점, F학점이 어쩔 수 없는 결과였다는 데 대해 어느 정도로 동의합니까?

8 계속 A학점을 받는 학생이 있다면 그는 적절한 도전과제를 받지 못하고 있으며 그 결과 성장할 기회를 얻지 못하고 있다는 견해에 어느 정도로 동의합니까?

9 당신은 자신의 실패경험과 집요하게 끈기를 발휘했던 경험을 학생들과 얼마나 공유합니까? 학생들은 당신을 성장관점의 사고방식을 갖고 있는 교사로 생각합니까?

10 모든 학생이 성장관점의 사고방식을 갖도록 당신은 어떤 방법으로 학생들의 사고방식을 관찰해 그들이 목표를 설정하고 진전상황을 추적하도록 도와줍니까?

학생들의 정의적 욕구, 학습환경, 개별화지도에 대한 질문

다음 질문에 답하세요. 답을 끝낸 후, 작성한 답안을 다시 살펴보면서 학생들의 정의적 욕구를 충족시키기 위해 자신의 수업접근법을 변화시켜야 할지 생각해보세요. 만약 교장이나 교감이라면 교무회의에서 이 활동지를 활용하여 학생들의 정의적 욕구를 충족시킨다는 목표에서 학교가 어느 정도 진전을 보이고 있는지에 대해서 토의할 수 있을 것입니다.

생리적 욕구

1   학생들의 배고픔이나 수면부족 같은 욕구에 주의를 기울입니까?

2   필요할 경우, 즉각적으로 이런 욕구를 해결해줍니까?

3   장기적인 관점에서 이러한 욕구를 해결해주기 위해 다른 사람과 협력하고 있습니까?

안전과 보호에 대한 욕구

4   가정에서 안전과 보호를 보장받지 못하는 학생이 보일 수 있는 행동에 대해 잘 알고 있습니까? 이러한 행동을 보이는 학생들을 지도할 때 능숙하게 지원해줄 준비가 되어 있습니까?

5   모든 언행에 있어서 학생들을 존중하는 모범을 보이고 있습니까?

6   교실에서 다양성을 중시하는 모습을 분명하게 보여주고 있습니까?

7   당신의 교실은 괴롭힘, 왕따, 무시가 없는 공간입니까?

8   무엇을 '하지 말아야' 하는지가 아니라 무엇을 '해야' 하는지를 강조
     하는 분명한 학급규칙이 있습니까?

9   비꼬는 유머가 아니라 항상 긍정적인 유머를 사용합니까?

10 수업 중 학생들의 이름을 고르게 불러줍니까?

소속감·애정·사랑에 대한 욕구

11 당신은 날마다 학생 개개인과 인사하거나 다른 방법으로 소통하고
     있습니까?

12   학급의 규칙이나 루틴을 만드는 데 학생들이 기여하게 합니까?

13   당신의 경험을 간략하게라도 공유할 시간을 갖습니까?

14   학생들에게 각자의 경험을 공유할 시간을 줍니까?

15   학생들이 당신과 다른 학생들의 말을 경청하고, 당신도 학생들의 말을 경청합니까?

16   학생들은 교실에서 정기적으로 협동학습을 합니까?

17   학생들이 효과적으로 협력하는 방법을 배우도록 돕고 있습니까?

18   문제가 생기면 사려 깊게 다루며 이를 학습과 성장을 위한 기회로 여깁니까?

19   당신은 모든 학생이 학급에 기여할 것으로 기대하며 그렇게 하도록 효과적으로 지원하고 있습니까?

20   학생 개개인에게 또 학급 전체에 수업이 얼마나 효과적인지 이에 관해 학생들의 의견을 묻는 시간을 갖습니까?

21   당신은 특정한 주제나 이슈, 문제에 대해서 다양한 관점을 추구하고 있습니까?

성취와 존중의 욕구

22   학생이 정당하게 성취를 이루었을 때 그것을 인정해주고 함께 축하해 줍니까?

23   타인과의 경쟁보다는 자기 자신과 경쟁하기를 강조합니까?

학생들의 인지적 특성 및
그 특성을 지지하는 학습환경에 대한 성찰

일선 교사나 학교행정가들은 학교와 교실환경이 우리가 현재 알고 있는 학생들의 학습특성을 적절하게 지원해주는지 생각해봐야 합니다(National Research Council, 1999). 교장이나 교감은 교무회의에서 이 활동지를 활용하여 어떻게 하면 학교가 긍정적인 학습환경을 제공해줄지 논의할 수 있을 것입니다.

학생들의 학습특성에 대해 우리가 알고 있는 것	학교와 교실환경에 요구되는 것
학생들은 능동적으로 학습할 수 있다.	교과내용의 습득보다는 의미 있는 학습을 지원해야 한다.
학생들은 스스로 의미를 구성하고 자신이 이해한 것들만 학습할 수 있다.	학습에 대한 적극적인 참여를 촉진해야 한다.
학생들은 목표 설정, 계획 수립, 그리고 이를 수정하는 일을 기본적으로 할 수 있다.	목표를 설정하고 계획을 수립하고 이를 수정하도록 요구하고 이러한 능력을 지속적으로 발달시킨다.
학습은 학생 각자의 학습준비도와 역량의 범위 내에서 일어난다.	개인마다 학습준비도가 다르다는 점을 고려해 다양한 학습과 지원이 이루어져야 한다.
학생들은 한 단계 더 나아가기 위해 필요한 새로운 역량을 계발함에 따라 학습준비도가 높아진다.	각 학생의 다음 단계로의 성장을 목표로 또래 및 교사가 파트너십을 형성해서 지원을 아끼지 않아야 한다.
학생마다 학습성향이 다르기 때문에 각자 다른 방식으로 학습한다.	학생들의 장단점을 고려, 장점은 살려주고 약점은 극복해나갈 수 있도록 학습환경은 유연하고 융통성 있어야 한다.
나이가 같더라도 학생마다 학습진도는 서로 다를 수 있다.	유연하고 융통성 있는 학습환경을 조성해 학생들의 다양한 필요에 대응한다.
학생들이 문제해결을 위한 다양한 전략을 개발하려면 점진적인 접근과 연습 및 안내가 필요하다.	다양한 해법으로 실험해보기를 장려하며, 아울러 해결책을 개발하고 이해하고 선택하고 정교화할 수 있도록 충분한 연습시간을 제공한다.
학생들은 공동체적 환경에서 학습을 가장 잘한다.	서로 협력해서 공부하고 문제를 해결할 다양한 기회를 제공해야 한다. 아울러 이를 위한 역량과 태도를 발달시켜야 한다.
학생들은 학습을 지원하는 도구와 자료가 많이 있을 때 학습을 더욱 잘할 수 있다.	학습을 지원하는 도구와 자료 및 기타 학습자원을 풍부하게 제공해야 한다.

학생의 인지적 욕구, 학습환경, 개별화지도에 대한 질문

다음 질문에 답하세요. 답을 끝낸 후, 작성한 답안을 살펴보면서 학생들의 인지적 욕구를 충족시키기 위해 교수접근법을 변화시킬 필요가 있는지 생각해보세요. 교장이나 교감은 교무회의에서 이 활동지를 활용하여 학생들의 인지적 욕구를 충족시키기 위해 학교가 어떤 진척을 보이고 있는지 토의할 수 있을 것입니다.

1   당신의 수업환경이 학습자 중심적인 사고와 계획을 지원하고 뒷받침한다는 사실을 증명해주는 것은 무엇입니까?

2   개인별 학습준비도 차이가 클 때 수업환경의 어떤 요소를 바꿔 이를 해결할 수 있습니까?

3   당신의 수업환경은 어떤 방식으로 학생들의 흥미를 활용하고 확장시킵니까?

4   당신의 수업환경은 학생들의 생각을 탐색하고 표현할 수 있는 다양한 방법을 어떻게 제공합니까?

5   당신의 수업환경은 어떤 방식으로 학생들의 다양성, 즉 언어적·문화

적·성적·경제적 차이를 인정하고 이에 대한 배려를 유도합니까?

6   학생들이 학습자로서 서로의 공통점과 차이점을 이해하고 받아들이
며 그것을 가치 있게 여기고 지원하도록 당신은 어떻게 학습을 구조
화하고 정해진 루틴 및 절차를 사용합니까?

7   학습자로서의 자기인식 능력을 발달시키고 효과적인 학습자 및 문
제해결자로서 갖출 스킬과 마음습관(habits of mind, 어려운 문제나 상
황을 마주했을 때 지혜롭게 행동하고 대처하는 방법을 아는 것-옮긴이)을 아이
들이 지속적으로 계발하도록 어떤 루틴과 절차를 사용합니까?

8   학생들이 연대해서 활동하고 학습공동체에 효과적으로 기여할 수
있도록 당신은 학습을 어떻게 구조화하고 어떤 절차를 사용합니까?

9   교실 내 학습자료와 기타 자원은 학생들의 참여와 이해도 및 학업성
취에 어느 정도로 기여합니까?

10   학생들의 다양한 필요에 대응하기 위해 당신은 교실 내 공간, 시간,
모둠활동, 학습자원, 전략, 교재를 융통성 있게 사용하고 있습니까?
이에 대해 어떤 지표를 제시할 수 있습니까?

3

교육과정과
개별화지도

대체로 학습자 중심 환경은 학생이 각자 지닌 믿음, 이해, 문화적 관행을 출발점 삼아 스스로 고유의 의미를 구성해 간다는 것을 인식하고 있는 교사로부터 이루어진다. 가르친다는 것이 교과내용과 학생 사이에 다리를 놓는 일과 같다면, 학습자 중심적인 교사는 그 다리의 양쪽 끝에 지속적인 관심을 기울인다.

전미연구평의회(National Research Council)
『How People Learn: Brain, Mind, Experience, and School
(인간은 어떻게 배우는가: 뇌, 마음, 경험 그리고 학교)』

교수학습의 개별화가 하나의 교수법적 접근이라면 교육과정과 교수법을 분리하는 것은 생산적이지도 자연스럽지도 않다. 교실에서 교육과정과 교수법은 긴밀히 연관되어 있다. '무엇을' 가르칠 것인가(교육과정)에 대한 핵심적인 요소는 '어떻게' 가르칠 것인가(개별화지도)에 분명하게 영향을 미친다. 교육과정이 명확하지 않고 지루하다면 아무리 다양한 교수방법을 개발하려고 노력해봤자 소용이 없다. 게다가 학생들은 교사가 그들과 그들의 잠재력을 어떤 수준으로 평가하고 있는지를 교육과정을 통해 알게 된다. 교육과정이 탄탄하면 교사는 학생들의 학습동기를 향상시킬 수 있다. 반면에 교육과정이 따분하거나 전혀 새롭지 않으면, 교실 내 어떤 요소도 역동적이거나 활기차기 힘들다.

수준 높은 교육과정의 중요성

교육과정(curriculum)이라는 말은 '사람이 발로 뛰거나 이륜마차를 타고 여행하는 경로'를 의미하는 라틴어에서 유래되었다. 시간이 지나면서 이 말은 '젊은이가 어른이 되기 위해서 거쳐야 할 경험의 경로'라는 뜻으로 변했다. 우리는 여전히 학습의 '과정(course)'이라는 말을 쓴다.

하지만 현재 교육과정의 정의는 '특정한 학습 분야에서 중요하게 여겨지는 학습목표들을 학생이 성취할 수 있도록 고안한 일련의 계획된 경험'이다. 탄탄하게 구성된 교육과정은 수업과 학습을 위한 방법 및 전략을 포함하지만 이러한 계획이 실행되는 것은 교육의 전 과정 중 교수 단계에서다. 따라서 교육과정은 계획에 중점을 두고 교수법은 이러한 계획의 실행에 초점을 맞춘다.

| 관련 사례 |

카나한 선생님의 사회시간에 학생들은 다양한 문화를 공부하는 데 많은 시간을 보냈다. 선생님은 새로운 문화에 관한 단원을 시작할 때면 늘 필수단어 목록을 제공하거나, 각 문화권의 핵심 장소에 그려진 빈칸을 채울 수 있게 만든 지도를 주거나, 그 문화에 대한 교과서 단원을 읽게 했다. 단원의 끝부분에서는 학생들이 질문에 답을 하고, 해당 문화의 의식주에 대해 배우고, 때로는 그 문화의 전통음식을 맛보기도 했다.

사회시간에 했던 중요한 게임 중에 '사실공장(Fact Factory)'이라는 것이 있다. 특정 문화에 대한 질문 목록에서 학생들이 얼마나 빨리, 얼마나 많은 질문에 정확하게 답하는지를 보는 게임이었다. 카나한 선생님은 게임에서 제시되는 질문들이 기말고사에 출제될 수도 있다고 엄포를 놓곤 했다. 학생들은 선생님이 요구하는 과제를 대부분 해냈지만, 여러 문화에 대한 많은 사실과 용어를 기억하는 것은 매우 어려워했다.

사람들은 대개 교과서가 교육과정이라고 쉽게 생각한다. 하지만 그렇지 않다. 교과서는 교육과정을 개발하는 데 유용하게 쓰일 정보를 담고 있는 교수학습 도구일 뿐이다. 흔히들 교과내용 성취기준과 학습목표 목록이 교육과정이라고 주장하기도 하지만 이 또한 그렇지 않다. 오히려 성취기준과 학습목표는 교육과정을 그 위에 구성할 틀에 가깝다.

수준 높은 교육과정을 만드는 일은 매우 어려운 일이다. 여기에는 교육과정이 보여주는 학과목뿐 아니라 그 교육과정으로 학습할 학생들까지도 이해하는 교사나 전문개발자들이 필요하다. 이 책에서 설명하는 개별화지도 모형에서는 수준 높은 교육과정이 상당히 중요한 위치를 차지한다. 학생들이 학습하는 내용은 그들이 어떤 사람이 되고, 배움이라는 것 자체를 어떻게 바라보며, 자신을 둘러싼 세상과 어떻게 의사소통하는지를 결정한다는 믿음에서다. 개별화지도 모형은 모든 학생이 학교가 제공하는 가장 높은 수준의 교육과정에 접근할 수 있어야 하며, 효과적인 개별화지도가 이러한 접근을 가능하게 한다는 전제에서 출발한다.

개별화지도 모형에 따르면, 또 교육과정을 만드는 여러 전문가에 따르면(Erickson, 2007; Tomlinson et al., 2008; Tomlinson & McTighe, 2006; Wiggins & McTighe, 2005), 수준 높은 교육과정의 경우 학생들은 학습내용에서 자신과의 연관성을 발견하고 그것을 의미 있는 것으로 받아들여, 이를 통해 중요한 지식·개념·기술을 파지(retention)하고 적용하고 전이하고 비판할 수 있게 된다.

도표 3.1에서처럼 수준 높은 교육과정은 다음과 같은 5가지 중요한 특징을 지닌다.

1. 핵심적인 학습내용 목표를 중심으로 조직된다.
2. 학습내용 목표, 평가, 학습경험이 서로 연계되어 있다.
3. 학생들의 이해에 초점을 맞춘다.
4. 학생들을 참여시킨다.
5. 실제적인 내용을 바탕으로 한다.

이번 장에서는 각각의 특징을 자세히 논할 것이다.

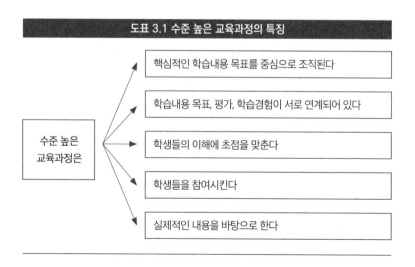

도표 3.1 수준 높은 교육과정의 특징

수준 높은 교육과정은
- 핵심적인 학습내용 목표를 중심으로 조직된다
- 학습내용 목표, 평가, 학습경험이 서로 연계되어 있다
- 학생들의 이해에 초점을 맞춘다
- 학생들을 참여시킨다
- 실제적인 내용을 바탕으로 한다

수준 높은 교육과정은
핵심적인 학습내용 목표를 중심으로 조직된다

교육과정이란 단지 교실에서 학생이 학습하는 내용을 나열한 것을 의미하지 않는다. 비록 많은 학생이 그렇게 경험하고 있지만 말이다. 또한 임용 초기의 많은 교사들이 그렇게 하고 있기는 하지만, 교육과정은 이튿날 가르칠 내용을 그 전날 밤에 계획해 놓는 것도 아니다. 수준 높은 교육과정은 학생들이 학습해야 하는 교과목의 핵심 내용을 담은 일련의 목적과 목표를 설정하는 것에서부터 시작된다. 더 나아가 각각의 학습목표를 달성하기 위해 학생들이 단계별로 습득해야 하는 지식·이해·기술을 명시적으로 나타낸다. 교육과정에 포함되는 나머지 모든 요소는 이러한 학습목표 달성을 위해 필요한 것들을 학생이 학습하도록 보장하는 역할을 한다.

대부분의 교사는 단원마다, 결과적으로는 일 년 내내, 다뤄야 할 학습내용이 너무 많은 현실에 힘들어한다. 하와이주는 교사가 주에서 요구하는 성취기준에 따라 초등학교 5학년을 효과적으로 가르치려면 어느 정도의 시간이 필요한지 알아보기 위해 위탁연구를 진행했다. 결과가 어떻게 나왔을까? 놀랍게도, 주어진 성취기준에 따라 가르치려면 현재 투입하는 시간의 30배가 요구되었다고 한다(Wagner, 2008). 초등학교 5학년만 줄잡아 그렇다면 전체 학년은 어떻겠는가? 그러니 모든 학년에서 교사들이 허겁지겁 내달리듯 교육과정의 진도를 나가는 것은 너무나 당연한 일이다.

진도 나가기 위주의 수업은 뇌친화적이지 않다

교육과정을 정신없이 내달리며 진도를 나가면 수업자료는 다 다루더라도 그 내용이 학습되지는 않는다. 그 이유는 두 가지다. 하나는 작업기억(working memory) 용량이 제한적이기 때문이고, 다른 하나는 새로 배운 것에 의미를 부여하기 위해서는 다시 생각해보는 성찰 (reflection)의 시간이 필요하기 때문이다. 우선 작업기억에 관해 말하자면, 작업기억은 정보가 일시적으로 유지되면서 정보의 처리가 일어나는 기억시스템이다. 1950년대 이래로 작업기억 용량은 7(±2)개 정도인 것으로 여겨졌지만(Miller, 1956), 최근에 진행된 연구에 의하면 한번에 처리할 수 있는 작업기억의 용량은 4개 정도라고 한다. 이것은 청소년과 성인에게 해당되는 이야기이고 아동의 경우에는 그 수가 더 적다(Cowan, 2001; Oberauer & Kliegl, 2006). 물론 학생의 동기와 집중도에 따라 약간은 차이가 날 수 있다. 하지만 교사가 교과내용을 빠른 속도로 다룬다면 수업 중 한 번에 4개 이상의 정보를 제시할 가능성이 높다. 그러면 작업기억의 최대 용량을 넘게 되고, 더 많은 정보가 추가적으로 제공되면 그 정보는 받아들여지지 않거나 기존의 정보를 대체해버리게 된다. 그러므로 필요 이상의 많은 정보가 수업시간에 다뤄지면 학생들은 좌절감을 느끼게 되고, 그 정보가 장기기억으로 저장될 가능성도 상당히 낮아진다.

의미를 탐색하는 것과 관련해서는, 뇌의 신경망이 지속적으로 패턴을 찾고 만든다는 사실을 앞 장에서 살펴보았다. 패턴을 찾고 생성하는 일은 새로 유입되는 정보(신정보)를 분석해 그것이 신경망에 이미 저장돼 있던 정보(구정보)와 유의미한 관련성이 있다고 판단될 때 가능해진다. 새로운 학습과 이해가 뇌의 기억망 속에 탄탄히 자리잡기 위해서는 먼저 이해가 가능해야 하고, 과거의 경험 위에 구축되어야 하며, 신정보와 구정보 간에 연결이 일어나야 하고, 그렇게 파악된 연관성에서 의미가 도출되어야 한다. 대부분 의미의 도출은 패턴 형성을 통해 가능하다. 하지만 패턴을 만들고 대뇌 신경망을 확장하는 일은 성찰을 요하는, 시간이 많이 요구되는 과정이다. 빠른 진도로 내용을 훑는 방식의 수업에서는 그럴 만한 시간을 확보하기 어렵다. 이러면 뇌는 성찰하고 의미를 도출하기보다는 시험에 출제될 가능성이 높은 단편 정보만 파악하는 데 힘쓰게 된다.

앞의 단락에서 가장 중요한 두 단어는 '이해(sense)'와 '의미(meaning)'이다. 뇌가 새로운 학습을 과거의 경험과 연관시키고 패턴을 형성하려고 노력하는 동안 궁극적으로 뇌는 이 새로운 정보를 장기기억으로 부호화할 것인지를 결정해야 한다. 이 결정은 주로 '이해가 되는가?'와 '의미가 있는가?'라는 두 가지 기준을 근거로 내려진다(Sousa, 2006). '이해가 되는가?'라는 질문은 학습자가 자신의 경험을 토대로 정보를 이해할 수 있는가를 말한다. 정보는 학습자가 세상이 어떻게 돌아가는지에 대해 알고 있는 것과 '부합'해야 한다. 학생이 "무슨 말인지 모르겠어요."라고 말한다면 이는 학생이 그 정보를 이해하는 데 어려움을 겪고 있음을 뜻한다. '의미가 있는가?'라는 질문은 정보가 학습자와 '관련이 있는가'를 말한다. 학습자가 정보를 기억해야 하는 이유는 무엇일까? 물론 의미는 매우 개인적인 것이고 자신의 경험에 크게 영향을 받는다. 같은 항목이라도 어떤 학생에게는 의미가 클 수 있지만 다른 학생에게는 아무런 의미가 없을 수도 있다. "이걸 왜 알아야 하지?" 혹은 "이것이 언젠가 쓸모가 있기는 할까?"라는 질문은 학생이 어떤 이유에서든 학습을 자신과 관련 있다고 받아들이지 않는다는 것을 보여준다.

지난 십여 년간의 신경영상연구에 따르면, 새로운 학습이 쉽게 납득되고(이해가 되다) 과거의 경험과 연관될 수 있을 때(의미가 있다), 실제 더 많은 대뇌활동이 일어나고 이어서 파지도 극적으로 향상된다(Maguire, et al., 1999; Peelle, et al., 2009). 도표 3.2는 이해와 의미의 유무가 정보 저장의 가능성에 직접 관련이 있다는 사실을 잘 보여준다. 학습자의 작업기억에서 어떤 정보가 이해되지 않거나 의미 없다고 판단되면 그 정보가 뇌에 저장될 가능성은 극히 낮아진다. 만약 이해나

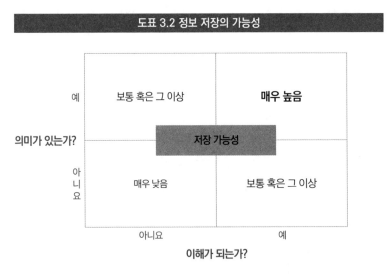

도표 3.2 정보 저장의 가능성

출처: Sousa(2006)에 근거

의미 둘 중 하나라도 충족시키면 그 정보가 저장될 가능성은 증가한다. 이해도 되고 의미도 있는 정보라면 장기기억에 저장될 가능성은 매우 높다.

이해와 의미의 관계

이해와 의미는 서로 독립적이다. 따라서 이해는 되지만 의미가 없는 정보도 기억이 가능하다. 트리비얼 퍼수트(trivial pursuit, 일반 상식과 대중문화 지식에 대한 질문에 답을 맞히면서 말을 움직이는 보드게임-옮긴이)나 이와 유사한 게임을 해본 적이 있다면, 당신이 정답을 알고 있다는 사실에 놀랐던 경험이 있을 것이다. 상대방이 어떻게 그 답을 알았냐고 물었을 때, 아마도 "나도 몰라요. 그냥 떠올랐어요!"라고 대답했을 것이다. 이런 일은 누구에게나 일어난다. 살아가면서 사람들은 수많은 정보를 무심코 습득하는데, 그런 정보들은 비록 사소하고 의미는 없어도 그 당시에는 납득한 것이기에 장기기억에 저장되었던 것이다.

납득이 되지 않아도 의미는 있는 항목을 기억하는 것도 가능하다. 수학은 공식이 많은 것으로 악명 높은데, 시험을 통과하기 위해서는 (즉, 여기서 '의미'가 생긴다) 공식을 외워야 한다. 분수끼리 나누기를 할 때, 두 번째 항의 분자와 분모를 거꾸로 뒤집어서 첫 번째 항과 곱하라는 공식이 좋은 예가 될 수 있겠다. 아마도 수학전문가가 아니라면 '왜 두 번째 항을 뒤집어서 곱해야 하는지' 설명할 수 없을 것이다. 학생들에게 이 공식은 의미는 있지만(시험을 통과해야 하므로) 이해가 된 것은 아니다(나눗셈을 하는데 왜 뒤집어서 곱하라는 것인가). 하지만 학생들에게 단지 공식만을 가르치고 그 이면에 있는 의미를 가르치지 않으면, 학생들은 이 공식을 다른 수학적 연산에 적용하지 못한다. 그 결과 미국의 학교들은 그 어떤 형태의 수학교육보다 학력부족을 보충하는(remedial) 형태의 수학교육에 더 많은 돈을 쓰고 있다(Asher, 2007).

의미가 더 중요하다

이해와 의미 중에서는 의미가 정보 저장의 가능성에 더 크게 영향을 미친다. 한두 시간 넘게 봤어도 그 내용이 좀처럼 기억나지 않는 TV프로그램을 생각해보라. 시청할 당시에는 쇼의 내용이나 스토리라인이 이해되었어도, 그것이 별 의미가 없는 것이라면 기억되지 않는다. 그것은 유흥이었을 뿐 학습은 거의(혹은 전혀) 일어나지 않는다. 그 쇼를 대략적으로는 기억할 수 있고 재밌었는지 지겨웠는지 정도는 기억할 수도 있겠지만, 세부적인 내용은 기억나지 않을 것이다. 교사는 수업 준비를 위한 시간의 약 90퍼센트를 학생들에게 학습목표를 이해시키기 위한 교안 작성에 할애한다. 하지만 학생들의 뇌가 그 학습목표에 지속적으로 주의를 기울이게 하려면, 학생들로 하여금 의미를 찾도록 해야 한다. 교사가 어렸을 때 의미 있었던 것이 현재의 학생들에게도 의미가 있을 것이라고 생각해서는 안 된다. 학생들이 학습에서 의미를 찾게 하고 싶다면, 교사 자신의 과거 경험이 아닌 학생들 자신의 경험과 관련된 교육과정을 만들어야 할 것이다. 더욱이 교육과정 영역을 너무 방대하게 두거나 과도하게 세분화하면, 학생들은 주제들 간에 관련성을 찾는 데 많은 시간을 쓰게 된다. 교육과정을 통합해 학생들이 좀 더 쉽게 주제 영역 간에 관련성을 찾도록 한다면, 특히 학업내용이 미래에 유용할 것이라는 점을 깨닫게 해준다면, 의미 형성과 파지는 증가할 것이다(Sousa, 2006).

구체성이 중요하다

학습해야 할 핵심 지식·이해·기술을 구체적으로 제시하는 교육과정은 교사와 학생 모두에게 시간과 노력을 어디에 투자해야 할지를 잘 보여준다. 그런 교육과정은 가르친다는 것이 곧 수업진도를 나가는 것이라는 팽배한 관념보다 학생들이 정말 중요한 것을 잘할 수 있도록 하는 것이 훨씬 유익하다는 메시지를 전한다. 교사로 하여금 교수학습에 있어서 중요한 학습내용에 좀 더 집중할 수 있게 해줄 이 구조화된 관점의 틀은 학생들에게도 공유될 것이다. 그로써 학생들은 학습과정에서 방향성을 찾을 수 있게 되고, 궁극적으로는 모든 학생이 예정된 학습목표에 이를 수 있게 된다.

하지만 많은 학생과 교사들은 단원이 끝날 때까지 혹은 심지어 일 년 내내 교육과정이 하루 단위로 돌아가는 것을 지켜보기만 했던 경험이 있을 것이다. 교사는 그냥 수업 말미에 학생들에게 무엇을 배웠으며 왜 그것들이 중요한지 설명해보라는 정도의 질문을 던지고 말지도 모른다. 학생들 간에 무엇이 가장 중요한지에 대한 합의도 거의 없을 확률이 크다. 교사가 어떤 방향으로 가고 있는지 예상할 수 없으면 학생들은 제멋대로 아무 방향으로나 간다. 수준 높은 교육과정은 교사와 학생 모두가 궁극적으로 도달해야 할 종착점으로 나아갈 수 있게 해주는 나침반과 같다. 수준 높은 교육과정의 운영은 성공적인 여정을 위한 길을 닦는 일이다.

수준 높은 교육과정은 요소들 간의 연계성이 높다

고등학생인 데릭을 비롯한 그의 친구들 다섯 명은 열심히 공부했는데도 시험점수가 좋지 않자 당혹스러웠다. 수업은 우등반 수업이었고, 이 다섯 학생에게는 처음 수강하는 상급반 수업이기도 했다. 그들은 좋은 성적을 받으려고 겨울방학 중 며칠 동안 그 지역에 있는 대학교의 대학원생들에게 과외까지 받았다. 과외 선생님들도 이 아이들이 학습내용을 이해했고 시험 볼 준비도 되어 있다고 확신했다. 그러나 다섯 학생 중 어느 누구도 시험에서 좋은 성적을 받지 못하자 과외 선생님들 또한 마찬가지로 당황하고 실망스러워했다. 상급반 학생들의 학업을 효과적으로 지도해야 하는 학교 선생님들로서는 이들 다섯 학생의 성적이 좋지 못한 이유를 면밀히 살펴볼 필요가 있었다. 그런데 알고 보니 문제의 원인은 특별하지 않았다. 교과서에서 중요하다고 강조한 내용과 교사의 수업이 서로 달랐고 시험에서 평가한 내용도 엉뚱했다. 시험은 학생의 지식과 이해를 측정하기보다 사소한 것을 기계적으로만 풀게 했다. 즉, 교육과정의 요소들이 서로 전혀 연계되지 않았다는 데 문제점이 있었다.

교육과정 구성요소 간의 연계가 의미하는 것

교육과정은 몇 가지 요소를 담고 있는데 적어도 학습내용 목표, 평가, 학습경험을 포함하고 있어야 한다. 학습경험은 수업의 도입과 종결, 교재, 교수활동, 학습활동 같은 요소들을 포함하도록 확장되거나 각 요소로 분화될 수도 있다. 하나의 단원 안에서 핵심 지식·이해·기술이 구체화되면, 이러한 핵심 요소들이 마치 자석처럼 다른 모든 요소와 함께 작용하는 것이 중요하다. 다시 말해, 교육과정의 모든 요소는 목표·지식·이해·기술, 그리고 서로 간에 긴밀하게 연계되어 있어야 한다.

교육과정을 구성하는 요소들이 연계되어야 한다는 것은 너무나 당연하게 들리는 얘기지만, 실제로 교육과정 요소 간의 연계가 소홀한 것이 학생들의 학습부진을 유발하는 가장 흔한 요인 중 하나다. 수업 준비를 하지 못한 채로 수업에 들어가는 교사는 거의 없겠지만 수업계획이 학습목표와 느슨하게 연계되는 경우는 흔하다. 학습목표가 명확하게 진술되지 않기도 하며, 학생들이 학습목표에 성공적으로 도달할 수 있도록 돕는 활동이 아니라 학생들이 좋아하는, 혹은 해당 단원에서 줄곧 가르쳐온 활동을 계획하기도 한다. 학생과 교사가 '토끼몰이'만 하는 경우도 있다. 즉, 하나의 질문이나 일화에 매달려 시간을 보내고 그러다 수업의 의도와는 전혀 상관없는 방향으로 나가버리는 것이다.

교육과정은 '좌우를 살피지 말고 오직 앞으로만 달려가라'는 지침이 아니며 그렇게 되어서도 안 된다. 하지만 학습의 성과를 현명하게 선택하고 명확하게 설명하며 단원의 모든 면면에서 정확하게 다루는 일은 매우 중요하다. 수업에서 도입, 교재, 교수활동, 학습활동, 수업의 마무리활동 등에 있어서 한결같이 중심이 되어야 할 것은 학습목표 및 이에 따른 지식·이해·기술이다. 학생의 학업 향상과 궁극적으로 학습목표에 대한 능숙도를 알아보기 위해 평가를 실시할 때는 그 단원에서 구체화되었던 지식과 이해와 기술을 완벽하게 연계시켜야 한다.

학습과제에 대한 채점기준표(rubrics)나 기타 평가목록도 설정된 학습목표와 밀접하게 연계되어야 한다. 효과적인 채점기준표는 학생이 무엇을 알고, 이해했으며, 할 수 있는지를 드러내도록 그것을 중심으로 서술되어야 하며, 숙제는 몇 페이지나 했는지, 표지 디자인은 어땠는지, 컴퓨터로 작성했는지 손으로 작성했는지 등에 초점을 맞춰서는 안된다. 예상컨대, 교육과정의 모든 요소가 학생들이 알고, 이해하고, 할 수 있어야 하는 가장 중요한 내용과 연계될 때 학업성과는 더 좋을 것이다. 하지만 이는 간단하면서도 달성하기 어려운 원칙이다.

수준 높은 교육과정은 학생들의 이해에 초점을 맞춘다

안타깝게도 많은 학생에게 있어 학습이란 전후 맥락이라곤 없이 단편적인 지식을 암기하거나 기술을 연습하는 활동이다. 학생들이 암기하는 지식은 주(州)·지역·국가·수도의 이름, 신체부위의 이름, 품사, 문학작품과 작가의 이름, 전쟁과 장군의 이름, 어휘 목록, 주기율표 같은 것들이다. 연습하는 기술 또한 구두점 제대로 찍기, 계산 정확히 하기, 위도와 경도 찾기, 문단 베껴쓰기 등이다. 하지만 유감스럽게도 학생들은 암기한 지식 중 많은 것을 금세 잊어버리곤 한다. 추론과정 없이 기계적으로 연습한 기술도 이내 잊어버리기는 마찬가지다. 이 두 경우 모두 학생들의 뇌는 새로운 학습에서 장기기억에 필요한 패턴과 의미를 찾을 수 없는 것이다.

어른이 되면 예전에 고등학교나 대학교에서 좋은 성적을 받았던 시험에 통과하는 것조차 어렵게 느껴질 것이다. 과거에 어떤 내용을 공부했다는 것은 성적표를 통해 증명할 수 있겠지만, 그 내용은 머릿속에서 이미 사라져버렸다. 또한 과거에 좋은 성적을 받았다 해도 아마 그들은 역사의 교훈을 이해하지도 못하고, 과학에서 시스템의 힘을 파악하지도 못하고, 수학이 추론의 언어라는 것도 알지 못하고, 글쓰기가 세계를 탐색하는 하나의 방법이라는 것도 깨닫지 못한 채 졸업했을 가능성이 높다. 국어시간에 뭔가를 쓰고 있는 학생에게 무엇에 관해 쓰고 있는지 물었더니 그 학생은 이렇게 대답했다는 일화가 있다. "그게 뭐가 중요해요? '무엇에 대해' 쓰는 게 아니에요. 그냥 쓰는 거죠."

그러나 수준 높은 교육과정은 누군가는 '개념과 원칙(concepts and principles)'으로, 또 누군가는 '대개념(big ideas)'이라 부르는 것을 중심으로 학생들이 '의미의 틀'을 형성할 수 있게 해 이해를 높여준다. '개념과 원칙', '대개념'이란 특정 교과에서 전문가의 생각과 연구를 이끌어주는, 일종의 '의미를 만드는 구조'이다. 생물수업에서 살아 있는 세포를 '상호 의존적인 인체시스템 가운데 하나'로 이해하는 학생은 각 세포 부위를 암기하고 그림을 채워넣는 식으로 공부한 학생보다 내용을 더 오래 기억하고 유용하게 활용할 수 있다. 또한 역사를 '과거에 뿌리를 두고 미래로 번져가는 하나의 물결'로 이해하는 학생은 역사책의 각 장(章)을 더 이상 분리된 것으로 생각하지 않을 것이다.

그러므로 '이해의 틀'을 통해 학습하는 학생들은 다음과 같은 질문에 답할 수 있다.

- 이 내용은 어떻게 조합되어서 이해되는가? (나는 이 내용을 이해하는가?)
- 이 내용은 나에게 어떤 의미가 있는가? (나는 이 내용과 연관성을 느끼는가/공감하는가?)
- 전문가들은 이 주제에 대해 그들의 생각을 어떻게 조직화하는가?
- 다른 사람들은 이 주제에 담긴 개념을 어떻게 사용하는가?

흥미롭게도 '개념과 원칙' 혹은 '대개념'을 중심으로 사고를 조직화할 때 학생들은 정보를 더 잘 기억하고 기술을 더 쉽게 적용한다. 그 구조들이 새로운 정보가 밀착할 수 있는 무언가가 되어주기 때문이다. '이해'라는 사고의 접착제를 통해 교육과정의 조각들은 서로 통합된다.

이해에 기반을 둔 교육과정에서는 학생들이 학습내용을 깊게 생각해서 처리한다. 정보·생각·기술을 단지 기억하고 반복하고 재생하는 데 그치지 않고, 학습내용에 대해 논쟁하고, 이를 다양한 관점으로 바라보고, 이로부터 새로운 것을 창조하고, 그 일부를 분석하고, 그것을 활용해 문제를 해결하고, 그 가치를 결정한다. 이러한 방식으로 학습할 때 학습내용은 교사나 교과서에서 빌려온 게 아닌, 학습자의 일부가 된다.

학습과제는 이해를 확장해야만 한다

가장 효과적인 학습과제는 학생들이 핵심 지식과 기술을 사용하여 핵심적인 이해를 탐색 또는 확장할 수 있게 해준다. 교사들이 걱정하는 것처럼 이해(understanding, 이 책에서 '지식·이해·기술'과 같은 문맥으로 사용되고 있는 '이해'는 그랜트 위긴스(Grant Wiggins), 제이 맥타이(Jay McTighe) 공저의 『이해중심 교육과정(Understanding by Design)』(1998)에서 '이해의 6가지 측면'을 참조하면 된다. 그에 따르면 '이해'는 다음과 같은 다면성을 지니고 있다. ①자신의 언어를 통해 개념·원칙·절차를 설명할 수 있다. ②이미지, 비유, 이야기, 모형을 통해 데이터·텍스트·경험을 이해함으로써 해석할 수 있다. ③기존에 알고 있던 것을 새롭고 복잡한 상황에 효과적으로 적용할 수 있다. ④큰 맥락을 이해하고 서로 다른 견해를 인식함으로써 자신의 관점을 보여줄 수 있다. ⑤민감하게 지각하고 타인의 입장에 서봄으로써 공감할 수 있다. ⑥메타인지를 통해 또는 학습과 경험의 의미에 대한 성찰을 통해 자기이해를 할 수 있다-옮긴이)에 이르는 활동이 지식과 기술을 희생하는 것은 아니다. 오히려 지식과 기술은 학생들의 '의미 만들기'에 사용된다. 이해를 확장하는 작업을 지속적으로 수행한 학생들은 맥락에서 벗어나 지식과 기술만을 익히려고 노력하는 학생보다 더 많이 배우고 더 많이 기억하며, 더 자연스럽게 응용하고 더 많이 전이시킨다. 다음의 사례를 보자.

어느 초등학교 교실에서 공룡에 대한 단원을 배우고 있다. 교사는 이번 수업에서 학생들이 '서식지'와 '적응' 같은 핵심어뿐 아니라 몇

몇 공룡의 이름을 알았으면 했다. 또한 학생들이 '패턴을 알면 예측이 가능하다'는 사실을 이해하길 바랐다. 특히 동물의 몸이 나타내는 패턴을 보면 그 동물이 어떻게 움직이고 먹는지를 예상할 수 있을 것이었다. 교사가 수업을 통해 바랐던 바는, 학생들이 공룡 몸의 핵심적인 특징을 보고 그 공룡이 어떻게 움직이고 먹는지를 예상한 후 그렇게 예상한 이유를 설명하는 것이었다.

교사는 학급을 3~4명씩 모둠으로 나누고, 각 모둠에 공룡 모형을 나눠주었다. 모둠의 구성원들은 공룡의 다리, 발, 체형을 살펴보고(분석), 그 공룡이 어떻게 움직이는지를 판단해야 했다(예측). 이어서 학생들은 공룡의 목과 입을 살펴 그 공룡이 어떤 종류의 음식을 먹는지 예측했다. 그런 다음 학급 전체가 각 모둠의 생각을 공유하고, '패턴을 알면 예측이 가능하다'는 생각에 동의하는지 여부와 그 증거를 제시했다.

위의 예에서 알 수 있듯이 학생들은 핵심어와 분석 및 예측 기술을 활용해 '패턴을 파악하면 올바른 예측을 할 수 있다'는 결론에 도달하거나 그 깨달음을 확장했다. 학생들이 핵심 내용을 배우는 동안 그들의 지식·이해·기술은 의미 구성을 돕기 위해 서로 맞물려 돌아가야 했다.

모든 학생이 공룡에 대한 단원에서 핵심적인 지식·이해·기술을 동원하는 동안 교사는 다양한 방법으로 수업을 개별화했다. 교사가 공룡 모형을 나눠줄 때 어떤 모둠에게는 이동 방식과 먹이 종류를 손쉽게 예상할 수 있는 체형의 공룡을 준 반면, 어떤 모둠에게는 무슨 체형

인지 알기 애매한 공룡을 주기도 했다. 어떤 모둠에게는 과업의 각 단계에 대한 명확한 지시사항뿐만 아니라 예측 과정을 기록하기 위한 자료를 준 반면, 어떤 모둠에게는 일반적인 지시사항만 주고 다른 자료는 주지 않았다. 3명 혹은 4명으로 이루어진 모둠이 있는가 하면 어떤 모둠은 단지 2명만으로 구성되었다. 어휘 목록을 받은 모둠이 있는가 하면 받지 못한 모둠도 있었다.

교사의 이와 같은 모든 결정은 목적이 있는 의도적인 것이었으며, 과업에 대한 학생들의 준비도와 다양한 학생에게 최상의 효과를 낼 수 있는 학습조건에 대한 이해를 바탕으로 한 것이었다. 개별화지도에 대한 교사의 목표는 주된 학습성과를 바꾸는 게 아니라 학생이 지식·이해·기술을 확실히 습득할 수 있게 하는 것이다.

이해는 신경망을 자라게 한다

이 장의 초반부에서 우리는 새로운 학습이 장기기억에 부호화되어 저장되고 학습자의 필요에 따라 불러낼 수 있으려면 정보로부터 추출한 '패턴'과 이를 통한 '이해'가 필수적이라고 말한 바 있다. 심도 있는 학습은 뇌로 하여금 중요한 이해의 패턴을 형성하도록 도와준다. 학습자는 서로 다른 사고과정과 다른 형태의 감각을 통해 다양한 방법으로 정보를 조작하고 이를 통해 새로운 학습을 한다. 이런 과정을 통해 신경망 내부 혹은 신경망 사이에 더 많은 상호연관성이 만들어진다. 이러한 '상호 연결된 대량의 신경망'은 새로 학습한 내용을 장기기억에서 인출(retrieval)하는 다양한 통로를 제공한다. 즉, 관련된 자극이 주어질 때 학생들은 새롭게 저장된 학습내용을 보다 쉽게, 적은 노력으로 불러 낼 수 있고 더 빨리 반응할 수 있게 되는 것이다.

신경망과 패턴 조직에 관한 다른 예를 보자. 포유류라는 개념을 처음 접하면, 우리는 포유류가 동물의 한 종류라는 것을 인식하게 된다. 이러한 정보는 우리가 동물에 관해 이미 갖고 있던 다른 기억망과 연결된다. '포·유·류'라는 글자를 하나하나 되뇌면 이 정보는 언어를 담당하는 뇌의 특정 부위에 자리한다. 포유류만이 가진 특징(몸에 털이 있으며 젖을 먹임)에 관해 알게 되면, 우리는 그 지식을 활용해 어떤 동물이 포유류인지 판단할 수 있다. 그 후에는 이미 익숙한 포유류(반려동물이나 가축 등)와 새로운 지식을 연결시킬 수 있다. 이를테면 포유류의 생애주기, 먹이사슬 내에서의 위치, 지구상의 다양한 생태계에서 적응하는 방법 등에 관해 알게 되는 것이다.

도표 3.3은 포유류에 관한 신경망의 다양한 연관관계를 보여준다. 우리의 뇌 안에서 포유류에 관해 갖고 있는 이러한 신경망은 다른 신경망, 이를테면 모든 동물에 관한 신경망과도 연결될 수 있다. 교실 안팎의 경험을 통해 학생들의 뇌는 포유류에 관해 다양하고 풍부한 연관관계를 맺어, 매우 간단하거나 매우 복잡한 이해도 할 수 있게 된다. 반면, 기계적인 암기는 원인과 결과를 분석('만약 소가 멸종된다면 인간은 어떻게 될까?')하지는 못하고 오직 자극-반응 행동('소는 포유류이다')만을 유발하는 단순한 연관관계만을 조직할 뿐이다.

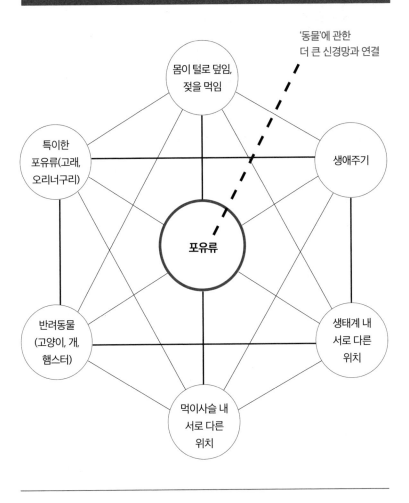

공통의 목표를 향한 다양한 경로

이해에 초점을 두는 것이 개별화지도에서 중요한 또 하나의 이유가 있다. 학생마다 기술 수준이나 배경지식의 수준은 다양할 수밖에 없다. 따라서 개별화수업의 교사는 학생들이 개별적으로 혹은 소규모 모둠으로 학습할 시간을 배정함으로써 그들이 나아가는 데 필요한 기술과 지식에 집중할 수 있도록 해야 한다. 비유하자면, 이 시간 동안 학생들은 교향악단의 단원이기보다는 독주자로서 혹은 소규모 실내악단 단원으로서 학습하는 셈이다.

하지만 모든 학생이 해당 단원의 핵심적인 내용은 이해하고 넘어가야 한다(Tomlinson & McTighe, 2006). 학생들은 서로 다른 지원체계와 각자의 수준에 맞는 과제 및 다양한 교재가 필요하지만, 별도로 개인별 교육계획(individual educational plans, IEP, 특수교육에서 쓰이는 프로그램으로 특수아동 개개인의 필요에 맞게 교육의 목표·내용·방법·평가를 계획하고 실천함-옮긴이)이 필요한 학생들을 제외하고는 모든 학생이 단원별 핵심 내용을 공통으로 이해해야만 한다.

핵심 내용을 이해하기 위해 서로 대화하고 생각을 공유하는 과정에서 교실은 마치 같은 곡의 악보를 보는 교향악단처럼 조화를 이루게된다. 그러나 교육과정이 지식과 기술에만 초점을 맞춘다면 개별화지도 여부를 떠나 어떤 교실에서든 학생들은 학습내용을 깊이 이해할 기회를 박탈당하게 되며, 또한 생각을 공유하는 학습자로서 공동체의 일부가 될 기회마저 놓치게 된다.

이와 같이 이해중심 교육과정은 뇌친화적일 뿐만 아니라 개별화교육에도 친화적이며 따라서 학습자 친화적이기도 하다.

수준 높은 교육과정은 학생들을 참여시킨다

과학수업을 알리는 종이 울리자 와그너 선생님은 학생들에게 자전거 양쪽 손잡이 중앙에 바퀴가 고정된 핸들바를 돌려보고 싶은 사람은 앞으로 나오라고 했다. "힘을 많이 줘야 될 거야." 선생님이 주의를 줬다. 여러 학생이 손을 들었다. 선생님은 바퀴를 빠르게 돌리고 학생들은 한명씩 나와 자전거의 핸들바를 오른쪽 왼쪽으로 돌리려고 애썼다. 학생들은 앞서 했던 친구가 하지 못한 것을 자기는 할 수 있을 것이라고 확신했다. 하지만 자전거 바퀴가 돌아가는 동안 아무도 핸들바를 돌리지 못했다.

만약 와그너 선생님이 "오늘은 관성과 가속도에 대해서 공부할 거야. 책을 펴렴."이라고 말하면서 수업을 시작했다면 그 학생들 누구도 그렇게 열정적으로 반응하진 않았을 것이다. 사실 와그너 선생님은 수업을 계획하면서 몇 가지 중요한 질문에 대해 자문했었다. '어떻게 하면 학생들이 학습내용에 관심을 기울이게 할 수 있을까? 어떻게 하면 수업내용을 학생들의 삶과 경험에 관련시킬 수 있을까?' 와그너 선생님은 학생들이 이해해야 하는 개념을 그들이 직접 경험하고 공감하게 함으로써 앞으로 배울 내용에 대한 관심과 이해하려는 동기를 고취시켰다.

새라 캐즈더(Sara Kajder, 2006)는 좌절과 분노로 가득 찬 청소년들이 블로그, 비디오로그, 디지털 포트폴리오처럼 그나마 자신과 관련이 있다고 느끼는 정보기술을 이용해 주요 학습개념을 탐색하고 표현하게 함으로써 스스로를 독자이자 필자로 생각할 수 있도록 북돋웠다. 스티븐 레비(Steven Levy)는 4학년 학생들에게 미국 초기 청교도의 생활을 경험하게 하고 오래전 그들의 삶에서 자신과의 연관성을 찾도록 했다(1996). 예를 들어, 학생들은 당시 청교도들이 이용할 수 있었던 도구들만 써서 교실의 가구를 만들었다. 또한 청교도들이 했을 법한 방식으로 빵을 구웠고 천을 만들 실을 자았다. 교실 내 문제를 해결할 때에도 청교도 방식의 의사결정 과정을 적용했다. 이처럼 낯선 시공(時空)에 직접 참여함으로써 학생들은 좋은 학습성과를 냈을 뿐만 아니라 배움에 대한 열망도 더 강해졌다.

어린아이를 가르치거나 길러본 사람은 아이가 가진 본능적이고 집요한 발견 욕구에 주목한 적이 있을 것이다. 아이들은 깨어 있는 시간 내내 주위의 모든 것을 따라다니며 맛보고 냄새를 맡거나 만져보고 관찰한다. 새로운 것이 발견되면 그들의 눈은 반짝거리고 입은 더욱 조잘댄다. 뇌신경학자들이 주장하는 것처럼 어린이의 뇌는 특히 내적 동기를 위한 신경회로, 다시 말해 발견이라는 큰 기쁨을 얻기 위해 주변 환경에서 정보를 얻고자 하는 욕구를 위한 신경회로를 발달시킨다(Kaplan & Oudeyer, 2007). 이러한 뇌 연구가 시사하는 바는 모든 교안은 동기를 불러일으키도록 계획되어야 한다는 점이다(Ginsberg & Wlodkowski, 2000). 수준 높은 교육과정은 학생들에게 그 핵심 지식 · 이해 · 기술에 적극 참여하고픈 동기를 불러일으킨다. 또한 학생들과 관련성이 높은 학습경험을 제공할 수 있도록, 그리고 상황에 맞고 목적 지향적이며 흥미롭고 유용하도록 설계된다. 학습자와 관련성 있는 교육과정은 학습동기를 높이고 더 큰 성취를 해낼 길을 열어준다.

수준 높은 교육과정은 실제적이다

학생들은 단지 학교에서 배운 것만으로 판단해, 역사가란 매일 출근해 책을 읽고 각 장의 끝에 나오는 질문에 답하는 사람이라고 생각할지도 모른다. 마찬가지로 과학자란, 누군가 이미 알고 있는 답을 확인하려고 또 다른 누군가가 고안한 실험을 준비하고 실행하는 사람이라고 생각할 수 있다. 학생들은 역사와 과학이라는 과목에 대해서는 배우지만 실제로 역사가나 과학자처럼 사고하고 학문에 접근할 기회는 얻지 못한다. 따라서 그들은 그 학문을 제대로 이해하지도 못하고 전문적으로 학문한다는 것이 어떤 것인지도 감을 잡지 못한다.

실제적인(authentic) 교육과정에서는 다르다. 학생들은 그저 작문법에 대해 배운다든지 규정대로 꽉 짜인 과정에 따라 글을 써보는 게 아니라 적어도 수업시간 중 실제로 작가가 되어보는 경험을 한다. 또한 생태학이나 경제학을 단지 교과서로만 공부하는 게 아니라, 아직 정답이 나와 있지 않은 환경 문제나 경제 이슈에 대해 스스로 해결책을 제안해보기도 한다.

이해를 촉진하는 교육과정, 학생을 참여시키는 교육과정, 실제적인 교육과정은 서로 밀접하게 연관되어 있다. 실제적인 교육과정은 학생들의 사고와 이해를 향상시키고 학습내용을 현실 세계와 확실하게 연관지어주기 때문에 학생들의 참여를 이끌어낸다. 그러나 실제적인 교육과정이 이해와 참여를 북돋울 수는 있지만, 이해와 참여를 촉진하는 교육과정이 모두 실제적인 것은 아니다. 실제적인 교육과정에서 학생들은 단지 지식의 소비자가 아니라 문제해결자나 지식생산자의 역할을 하게 된다. 뇌의 집중과 관심은 이 교육과정의 4가지 핵심적 특징의 조합을 통해 일어나며, 그 각각은 다음과 같다.

1. 학생들은 전문가가 하는 것처럼 지식을 사용해야 한다(현재를 위한 의미 구성).
2. 학생들은 전문가가 다룰 만한 복잡하고 모호한 문제를 해결해야 한다(미래를 위한 의미 구성).
3. 학생들은 전문가가 사용하는 능력이나 기술을 사용해야 한다(관심 증진).
4. 학생들은 전문성을 갖추는 데 필요한 마음가짐과 작업에 집중한다(기존 지식과 연결하고 학습의 전이를 촉진).

다음에 등장하는 〈교실에서〉라는 두 가지 시나리오는 앞에서 말한 실제적인 교육과정의 특징을 생생히 보여준다. 두 가지 사례 모두에서 학생들은 학습자로서의 정체성에 변화를 겪고 내용에 대해 깊은 이해를 하며, 학습이란 삶에 직접적으로 영향을 주는 살아 있는 과정이라는 인식을 갖게 된다. 실제적인 교육과정은 세상에서 이용되는 지식을 학생들이 반드시 경험하게 한다.

| 교실에서 | **다른 나라 학생 초청하기 (초등학교 수준)**

글래스너 선생님은 자신의 초등학교 학생들에게, 다른 나라 학생들을 일주일 동안 초청해 학교에 머물도록 한다는 가정 하에 계획을 세워보도록 했다. 하루 5시간씩을 효과적으로 활용해 초청된 학생들이 학교와 주변 지역을 잘 알 수 있도록 하는 것이 계획의 목표였다. 이 프로젝트는 시간을 주제로 한 단원의 마무리활동으로, 학생들은 다양한 간격으로 시간을 알리고 소요시간을 예상하며 사용해야 했다. 이 활동은 답이 정해져 있지 않아서 학생들은 융통성 있게 사고할 수 있었다. 학생들은 제출한 일정표를 모두 검토한 후, 초청된 학생들이 방문 지역을 경험하는 데 가장 도움이 될 만한 계획을 골라야 했다. 단순히 시간에 대한 연습지를 채우는 수업활동보다 학생들은 이 활동을 통해서 훨씬 깊이 있게 시간의 사용과 목적에 대해 이해하게 되었다.

| 교실에서 | **교통흐름 탐색하기 (중학교 수준)**

해링턴 선생님은 학생들에게 학교 인근에 조성될 새로운 학교 부지에 예상되는 교통 흐름의 패턴을 보여주었다. 학생들이 자동차와 버스가 학교 부지에 어떻게 진입할지를 조사해보니, 예상되는 교통흐름 패턴이 잠재적으로 위험한 상황을 초래할 수도 있었다.

학생들은 정규 교육과정의 수업을 계속하면서도 새로운 학교부지의 교통패턴에 대해 오랫동안 연구해서 마침내 그 지역의 행정기관에 대안을 제시했다. 이 과정에서 학생들은 측량사들의 작업방식을 이해하고, 청사진을 읽어야 했으며, 그들이 생각해낸 대안의 경제적 함의를 고려해야 했고, 어떤 수업에서도 한 번에 등장할 리 없는 갖가지 수학 연산을 풀어야 했다. 학생들은 정부, 공공연설, 외교에 대해서도 많은 것을 배웠다. 한 학생은 "수학이라는 것이 교실 밖에서 이렇게 사용되는지 몰랐어요. 수학은 생활의 일부였군요!"라고 말했다.

이 프로젝트는 확실하게 학생들을 참여시킴으로써 그들이 새로운 차원에서 수학을 생각하고 이해하게 했다. 과거에 학교에서 과목 간 경계를 두고 배우던 학습 분야를 서로 연관짓게 했고, 각 학문에 관한, 그리고 학문을 넘나드는 전문가적 사고를 이해하고 적용하게 했다. 아울러 현재의 사고방식에 의문을 던지고 협동학습을 하며, 새로운 학습자원과 정보가 있는 곳을 찾고, 모호한 상황을 견디는 연습을 하게 했다. 나아가 새로운 해결책을 제안하고, 전문가적 기준에 따라 자신의 과업을 평가하고, 자신의 사고를 논리적으로 변호하는 방법을 가르쳤다.

수준 높은 교육과정 개별화하기

효과적으로 개별화된 교육과정은 일단 '효과적인' 교육과정일 것이다. 즉, 하루, 한 주, 한 단원, 한 해라는 수업단위 끝에 학생들이 무엇을 알고, 이해하고, 할 수 있어야 하는지를 명확히 규정하고 있어야 한다. 교육과정의 모든 요소는 교사와 학생이 핵심적인 학습성과에 집중할 수 있도록 설계되어야 한다. 그러한 교육과정의 중요한 특징은 학생이란 자신이 배우고 있는 것을 진정으로 이해하는 '생각하는 사람'이라는 점을 강조한다는 것이다. 또 수준 높은 교육과정은 학생들의 삶과 깊이 연계되어 있어 학생들의 참여동기를 북돋워준다. 마지막으로 수준 높은 교육과정은 해당 학문 분야에서 전문가가 작업하는 방식과 근접한 실제적인 방식으로 학생들이 학습에 참여하도록 해야 한다. 연습문제 3.1(130쪽)은 교사가 교육과정의 수준에 대해 생각할 때 활용할 수 있는 질문들을 제공해준다.

'효과적으로 개별화된 교육과정'은 여기에 한 가지 특성만 더 추가하면 된다. 학생들의 개인차를 염두에 두고 개발되어야 한다는 것이다. 즉, 서로 다른 수준의 읽기 및 쓰기 능력, 서로 다른 학습준비도와 흥미, 학습양식을 고려해서 계획되어야 한다. 이상적인 것은 먼저 수준 높은 교육과정을 개발하고 나서 그것을 개별화하는 것이 아니라, 교육과정을 개발할 때 학생들의 차이를 미리 예상하고 이러한 차이에 대응하는 방법을 통합시키는 것이다.

카나한 선생님은 새로운 학년을 시작하면서 학생들에게 '문화권 (culture circles)' 활동을 하게 했다. 학생들은 그래픽 오거나이저 (graphic organizer)를 이용해 자기가 속한 문화들을 서로 겹쳐 있는 원으로 나타내고, 그 문화권들이 어떻게 서로 영향을 미치는지 화살표를 이용해 표시했다. 예를 들어, 레이 완은 자신은 중국문화, 가족문화, 학교문화에 속한다고 말했다. 레이 완은 열심히 노력하는 것에 가치를 두는 중국문화의 영향으로 가족들이 자신에게 열심히 공부하기를 기대한다고 설명했다. 그러한 기대 덕분에 학교에서는 자신에 대해 성실한 학생이라는 이미지가 형성되었다고 했다. "우리 가족이 중국인이 아니었으면, 저는 학업에 대해 그렇게까지 성실하지는 않았을지도 몰라요."라고 레이 완은 말했다.

그해 내내 카나한 선생님은 학생들에게 '문화는 민족을 형성하고, 민족은 문화를 형성한다'는 주장에 부합하면서도 배치되는 증거를 찾아보라고 했다. 이를 위해 선생님은 학생들이 지리, 경제, 의사소통, 기술, 사회적 계층, 믿음과 관습, 역할, 이야기, 영웅과 같은 문화적 요소 사이의 상호 관련성을 이해하도록 도왔다. 또한 학생들이 자신의 문화적 경험을 현재 공부하고 있는 문화와 연결짓고, 문화 사이의 유사점과 차이점의 패턴을 찾고, 왜 그런 패턴이 존재하는지에 대해 생각해보도록 했다. 또한 학생들이 대화와 학습에서 핵심 어휘를 사용하도록 늘 격려하는 것도 잊지 않았다.

애쉬람은 "저는 이 수업에서 배운 것들을 대부분 기억해요. 모든 부분이 서로 어떻게 맞물려 있는지를 알거든요."라고 말했다. 브릿은 "집에서 부모님과 뉴스를 보며 이야기하다가 수업시간에 배운 것을 말씀드렸더니 부모님은 제가 많은 것을 사회수업과 연관시키고 있다는 사실에 놀라워하셨어요."라고 말했다.

교육과정 단원의 수준을 높이기 위한 질문

다음 질문에 답하세요. 답을 끝낸 후, 작성한 답안을 다시 살펴보면서 모든 학생의 필요를 충족시키기 위해 교육과정 단원에 변화를 줘야 할지 생각해보세요. 교장이나 교감은 교무회의에서 이 활동지를 사용하여, 모든 학생에게 수준 높은 교육과정을 제공하기 위해 학교가 할 일은 무엇인지 논의할 수 있을 것입니다. 또한 학교 내 다양한 학생들의 필요를 다루기 위해서도 수준 높은 교육과정을 정착시키는 것이 얼마나 중요한지에 대해서도 논의할 수 있을 것입니다.

1   대단원과 소단원을 계획할 때, 대단원 전체의 학습과 각 소단원의 학습을 통해 학생들이 알고, 이해하고, 할 수 있는 것들에 대해 일관되게 진술하고 있습니까?

2   각 과업 단위의 학습과 대단원 전체의 학습을 통해 학생들이 알고, 이해하고, 할 수 있는 것들에 대해 그들이 일관되게 인식할 수 있도록 단원을 구성했습니까?

3   학생들의 사전지식과 경험 위에 새로운 지식을 쌓을 수 있도록 그들의 삶과 경험에 긴밀하게 연계시켜 단원을 구성했습니까?

4   단원에서 제시하는 많은 부분을 통해 학생들은 그들이 학습하는 내용에서 의미를 찾을 수 있습니까?

5   단원에서 수행하는 많은 과업을 통해 학생들은 그들이 학습하는 내용에서 의미를 찾을 수 있습니까?

6   단원의 많은 부분을 통해 학생들은 해당 교과의 학문 분야가 어떻게 움직이는지 이해할 수 있습니까?

7   단원 내용은 학생들로 하여금 핵심 지식 및 기술을 규칙적으로 사용하여 핵심 이해를 탐색하고 적용하고 확장시키도록 합니까?

8   수업시간의 발표, 학생과제, 학생평가는 단원의 목표(핵심 지식·이해·기술)와 밀접하게 연계되어 있습니까?

9   학생들은 수행하는 과제를 통해 해당 학문의 전문가들이 문제를 해결하기 위해 주요내용을 어떻게 활용하는지, 그리고 그러한 내용이 세상을 어떻게 변화시키는지 이해할 수 있습니까?

10   학생들은 과제를 수행하면서 때로는 해당 학문의 전문가들이 쓰는 방식과 활동을 따라하며 깊이 사고하고 스스로 문제를 해결하게 되었습니까?

4

수업에서의
학생평가와 개별화지도

결코 입 밖에 내어 말하진 않지만, 대개 아이들은 성적이 나쁘면 자신을 바보 같다고 느낀다. 하지만 이는 사실과 다르다. 마찬가지로 성적이 좋은 아이들은 자신이 잘났다고 생각하는데 이 역시 사실이 아니다. 그렇지만 아이들이 이렇게 생각하는 순간 모두가 서로 경쟁하고 비교하기 시작한다. 똑똑한 아이들은 자신이 더 똑똑하고 잘났다고 느끼면서 거드름을 피우게 되고, 평범한 아이들은 자신이 멍청해서 똑똑한 아이들을 따라잡지 못한다고 느끼게 된다. 교사들은 이런 아이들을 도와주고 지원해야 하지만…그렇게 하지 않는다.

앤드루 클레먼츠(Andrew Clements)
『The Report Card(성적표)』

교사가 학생들을 평가하는 주된 이유는 가르친 것을 '이해한' 학생과 그렇지 않은 학생을 구분하기 위한 것이다. 그리고 성적표의 긴 열에 성적을 기록해 각 평가항목을 채운다. 평가는 성적과 거의 동의어가 되고, 교사들은 "과제에 성적을 매기지 않으면 학생들은 숙제를 하지 않을 거예요."라며 볼멘소리를 한다. 교사는 물론 학생들까지도 평가를 보상과 처벌을 위한 시스템으로 보기 시작하며, 몇몇 학생은 지속적인 보상에 익숙해지면서 보상이 제공되지 않으면 공부하려 들지 않는다. 또 어떤 학생은 평가 결과를 놓고 자신은 결코 공부를 잘할 수 없으리라는 증거로 받아들인 나머지 열심히 노력하려는 학습동기를 점점 잃어가다 결국에는 포기하고 만다.

과거부터 내려오는 낡은 생각: 평가에 대한 부정적인 이미지

선천적으로 우리의 뇌는 아동기와 청소년기에 배우고 습득한 것을 장기기억으로 통합하도록 프로그래밍되어 있다(Squire & Kandel, 1999). 이 시기의 젊은 뇌는 신경회로를 형성하며 세상이 돌아가는 대원리가 어떻고 이 속에서 생존하려면 어떻게 해야 하는지에 대한 세계관을 발달시킨다. 이러한 인지적 신념체계는 인격을 형성하고, 주변 사람과 상황에 어떻게 반응할지에 영향을 미친다. 이 시기에 만들어진 신념체계와 태도는 쉽게 변하지 않는다. 감수성이 아주 예민한 시기에 형성된데다 부모님이나 주변 사람들에 의해 반복적으로 확인되고 강화되기때문이다. 이렇게 만들어진 신념체계가 얼마나 강력한지는 어릴 때 배워서 평생 지속되는 편견과 선입견을 통해서도 알 수 있다.

| 관련 사례 |

다리우스는 좋은 성적을 받으려고 열심히 공부한다. 저녁에 어린 남동생을 돌봐야 하기 때문에 숙제하기가 쉽지 않지만, 밤늦게까지 잠을 못 자더라도 숙제는 꼭 하려고 한다.

하지만 다리우스가 듣는 수업 중 특히 두 과목은 따라가기가 버겁다. 한 과목은 시험에 무엇이 출제될지 도대체 알 수가 없다. 수업을 같이 듣는 몇몇 학생은 선생님이 무엇을 출제할지 용케도 알아내지만, 다리우스에게는 그런 능력이 없다. 적어도 아직은 그렇다. 수업시간에 선생님이 설명하신 내용과 교과서 내용을 다 이해한 줄 알았는데 시험에는 항상 다른 것이 출제되는 것이다. 나머지 한 과목은 수업내용 자체가 이해하기 어렵다.

다리우스의 학기말 시험 성적은 대개 B학점 이상이다. 선생님은 다리우스에게 쪽지시험과 학기 초에 본 다른 시험의 점수가 낮아서 안타깝다고 말한다. 왜냐 하면 그것 때문에 다리우스의 평균점수가 낮아졌기 때문이다. 다리우스는 실망한 나머지 자신은 공부 잘하는 학생이 될 수도 없고 선생님들도 자신을 좋아하지 않을 것이라고 짐작한다.

모든 신참교사들은 저명한 교육학자이자 사회학자인 댄 로티(Dan Lortie)가 말한 '관찰견습(apprenticeship of observation)'에 오랫동안 참여한 후 교직에 들어서게 된다(Lortie, 2002, p. 61). 댄 로티에 따르면 이러한 관찰견습을 통해 형성된 수업이미지는 교사의 뇌리에서 좀처럼 사라지지 않는다. 이 관찰견습이란 대학에서의 강의나 교생실습을 말하는 것이 아니다. 예비교사들이 초·중등학교 학생으로 보냈던 약 13,000시간에 육박하는 기간을 가리키는 것이다. 그 기간 동안 예비교사들은 학생으로서 수학, 문학, 미술, 그 외 많은 과목을 공부했을 뿐만 아니라 학교가 어떻게 돌아가는지에 대해서 뼛속 깊이 각인된, 뭔가 말로 표현할 수 없는 인상을 받았을 것이다. 교사연수 프로그램 등을 통해서 수업 운영에 대한 신참교사들의 생각을 바꿔주려 노력하고는 있지만, 수업에 대해 그들이 이미 갖게 된 강력하고 견고한 이미지를 바꾸기는 쉽지 않다. 이 젊은 교사들이 평가의 본질과 목적에 대해 갖고 있는 지배적인 생각이야말로, 교사들이 학창시절 경험한 지도방식을 내면화했다는 확연한 증거라 할 것이다.

교직에 첫발을 내딛는 많은 교사들이 평가란 가차 없고 엄한 잣대로 이루어져야 한다는 관점을 가지고 있다. 그들은 평가는 시험일 뿐이고 시험은 성적 산출을 위한 것이며 성적은 승자와 패자를 구별하기 위한 것이라는 논리를 자신의 경험으로부터 끌어낸다. 로티(Lortie, 2002)에 의하면 교사들은 관찰견습을 통해서 '성적표는 점수로 채워져야 한다' 는 결론을 이끌어내는데 그 주된 이유는 다음과 같다. 첫째, 학생이나 학부모, 나아가 교장선생님에게까지 점수로 보고하는 것이 객관적으로 정당하다는 것이고, 둘째, 학생들에게 과제를 수행하도록 하는 데 점수만한 좋은 도구(혹은 무기)가 없다는 것이다.

또한 교사들은 평가에는 응당 "거봐, 걸려들었지!"라고 말할 만한 함정이 있어야 한다고 믿는데, 이런 믿음은 학창시절에 경험했던 '고양이-생쥐 게임'에 근거한다. 즉, 교사는 시험에 무엇을 낼지를 숨기고 학생들은 그것을 찾아내야 하는 것이다. 이른바 '우수한 학생'은 교사의 의중을 노련하게 알아채는 반면, 그렇지 못한 학생은 교사의 출제방식을 파악하지 못해 시험을 어떻게 대비해야 할지도 모른다. 그런데 교사가 의도적으로 어느 누구도 예상할 수 없는 애매한 문제를 출제한다면 아무리 공부를 잘하는 학생이라도 걸려들 수밖에 없다. 그러면 교사는 내심 '거봐, 걸려들었지! 내가 이 교실에서 제일 똑똑한 사람이야.'라고 생각하며 의기양양해 하는 것이다.

성적을 매기는 일도 교사들이 맹목적으로 받아들인 과거의 경험으로부터 영향을 받는다. 흔히 학교의 '사명'에는 '우리는 모든 학생이 학습할 능력이 있다고 믿는다.'라고 기술되어 있지만, 실제로는 마치 많은 학생이 좋은 성적을 받지 못해야 자신이 왠지 더 유능한 교사인 듯 착각하는 교사들이 많다. 몇몇 우수한 학생에게는 성적이 동기부여가 될 수도 있지만, 이는 더 좋은 성적을 받기 위한 것일 뿐 심도 깊은 학습을 위한 동기부여는 되지 않는다. 학습이란 더 많은 앎을 갈구하게 하는 마약처럼 되어버린다. 한편 다른 많은 학생에게는 성적이란 그들이 충분히 똑똑하지 못하다는 것을 반복적으로 상기시키는 증거가 될 뿐이며 그렇게 고정관점의 사고방식을 점점 더 공고화하게 된다(Earl, 2003; O'Connor, 2007). 이처럼 성적을 매기는 일은 학교교육의 본질적 사명으로부터 학생들을 소외시키고 있다.

수업에서의 평가 및 성적과 관련해 교사가 흔히 갖는 잘못된 인식 중에는 십중팔구 평가(assessment)와 판정(judgement)이 서로 뗄 수 없을 만큼 밀접하다는 생각도 포함되어 있을 것이다. 심판관 역할을 좋아하는 교사도 있다. 또 다른 교사들은 학생들의 멘토이자 지지자가 되어주려는 자신의 목표와 심판관 역할이 상충된다고 느낀다. 어떤 경우든, 학생과 교사 누구에게도 도움이 되지 않으며 당연히 뇌친화적이지도 않은 부정적 이미지가 평가라는 개념 주위를 맴돌고 있다.

시험과 스트레스

학생들은 대개 시험을 자신의 지능에 대한 판단으로 인식하기 때문에 어떤 종류의 시험도 학생들에게는 스트레스를 유발한다. 학생들은 형성평가(formative assessment)보다 총괄평가에 더 많은 스트레스를 받는데 그 이유는 총괄평가(summative assessment)가 성적과 수행점수를 결정하는 데 더 큰 비중을 차지하기 때문이다.

스트레스와 회상

스트레스를 받으면 뇌에서 스트레스의 원인에 집중하는 호르몬인 코르티솔이 생성된다는 것을 앞서 2장에서 살펴보았다. 즉, 시험을 볼 때 우리의 뇌는 문제가 요구하는 인지적 정보를 제공하는 데 모든 노력을 쏟지 못하고 시험성적과 그 파장을 걱정하는 정서적 과제에 일부 노력을 집중하게 된다. 결과적으로 시험성적은 스트레스가 없었더라면 받았을 점수보다 낮아질 가능성이 크다.

학생들이 열심히 공부했어도 막상 시험에서는 실력을 충분히 발휘하지 못하는 중요한 이유가 또 하나 있다. 분명 몇 주 전에 본 시험에서는 학생 대부분이 좋은 성적을 받았는데, 시험이 끝난 지금은 학생들이 그 내용을 전혀 기억하지 못하는 황당한 상황을 교사라면 누구나 겪어봤을 것이다. 장기기억에서 정보를 회상할 때마다 그 내용을 '다시 학습' 하게 된다는 증거들이 상당히 많이 제시되고 있음에도 불구하고(Chan, 2009; Karpicke & Zaromb, 2010) 왜 그런 일이 일어나는 것일까? 시험 볼 때 일어나는 이같은 회상(recall)과 시연(rehearsal)은 '시험효과(testing effect)'로 알려져 있는데, 이것은 정보가 이미 장기기억에 저장되어 있는 경우에만 가능하다. 현재까지 알려진 바에 의하면 실제 작업기억(단기기억)은 우리가 생각하는 것보다 더 길게, 어쩌면 거의 몇 주까지도 정보를 유지할 수 있고 더 이상 필요하지 않게 되면 그 정보를 지워버린다. 그러니까 시험 대비만을 위해 진도만 나가는 수업에서는 학생들이 시험을 볼 때까지만 정보가 작업기억(단기기억)에 남아 있다가 시험이 끝나면 그 즉시 사라져버리는 것이다. 장기기억에 파지

(retention)되지 않은 것은 회상할 수 없기 때문에 학생들이 시험이 끝난 후 그 전에 학습했던 내용을 기억하지 못한다는 사실은 전혀 놀랄 일이 아니다.

시간제한이 있는 시험

시간제한이 있는 시험 또한 많은 학생에게 스트레스를 유발한다. 학생의 뇌가 제한된 시간에 과도한 부담을 느끼면, 이를테면 논술문을 작성하거나(Petersen, 2009) 간단한 수학연산(Tsui & Mazzocco, 2007)을 하는 것 같은 단순한 회상작업도 방해를 받을 만큼 코르티솔 수치가 올라간다. 뇌에 대해 알수록 우리는 교실에서 일상적으로 치러지는 시간제한 시험의 효과에 의문을 품을 수밖에 없다. 물론, 시험 볼 때 시간을 무한정 허용해야 한다고 주장할 사람은 없겠지만 제한시간 내에 재빨리 답을 찾아야 한다는 생각은 인간의 뇌에 대한 우리의 이해와 상충된다.

어떤 학생들은 기억체계가 잘 조직되어 있고 상호 연결도 잘 되어 있어서 응답속도가 매우 빠르다. 하지만 기억체계가 견고하지도 않고 약하게 연결되어 있는 학생들도 있다. 물론, 기억체계 연결망이 약하다고 해서 정확한 응답을 하지 못하는 것은 아니다. 다만, 기억을 되살리는 인출(retrieval, 장기기억에서 정보를 탐색해 작업기억으로 불러오는 과정-옮긴이)에 시간이 더 걸리고 스트레스가 없는 상황에서도 같은 결과를 보일 뿐이다. 평가의 목적이 학생들이 무엇을 알고 있는지를 파악하는 데 있다면, 코르티솔을 기억체계에 펌프질해서 이미 느린 인출과정을 더 방해하기만 한다면 시간제한 시험의 타당성이 과연 어디에 있을까? 시간제한이 있는 시험은 선발이나 표준화시험에는 적합할 수 있겠지만, 일상적인 교육환경에서는 그 목적을 재고할 필요가 있다.

평가에 대한 좀 더 생산적인 관점

효과적인 평가방법에 정통하기 위해 많은 노력을 하고 있는 전문가들(Earl, 2003; Reeves, 2007; Stiggins, 2001; Wiggins, 1993, 1998)은 앞에서 설명한 것과는 조금 다른 평가방법을 제시한다. 그들은 평가를 학생의 우수 여부를 판단하기 위한 도구이기보다는 성찰을 위한 기회로 본다. 또 안개에 싸인 모호한 뭔가로 제시하는 대신, 학생을 향상시키기 위한 명확한 연습문제로 홍보한다. 전적으로 교사의 영역에 가두기보다는, 학생이 중심적인 역할을 해야 한다는 점을 강조하기도 한다. 평가의 진정한 목적은 학생들의 수행을 향상시키는 것이지 단순히 시험을 보는 것이 아니다(Wiggins, 1998).

이들 평가전문가들은 모두 '교사의 역할이란 학생 모두가 학습자로서 성공하도록 열정적이고 일관성 있게 지원하는 것'이라는 전제에서 출발한다. 실제로 교실 내 모든 요소는 이러한 목표를 촉진하는 수단이 되어야 한다. 그들에 따르면 긍정적 교실환경이 그렇듯이 수준 높은 교육과정도 이러한 목적을 위해 존재해야 한다. 마찬가지로 평가의 올바른 역할도 학생들이 학업에서 성공하도록 돕는 것이어야 한다. 효과적인 평가도구 여부를 판단하는 기준을 학생의 성공을 지원하는지 여부에 둔다면, 많은 교사들이 학창시절 스스로 경험했던 평가의 모호함, 엄격한 판정, 외적 동기, 속임수 같은 것들은 그 기준에 미치지 못한다는 것을 즉시 알 것이다. 평가는 학생들을 판단하고 분류하기 위해서가 아니라 그들의 학습이 계속 나아가도록 하기 위해 사용되어야 한다(Earl, 2003).

효과적인 평가의 속성은 무엇일까? 평가전문가 대부분이 동의하는 바에 따르면 평가는 최소한 다음의 원칙을 반영해야 한다.

■ 평가하려는 학습목표를 교사들이 확실하게 알아야 한다. 평가는 수준 높은 교육과정에 자세히 기술된 핵심 지식·이해·기술에 연계되어 있어야 한다. 또 뛰어난 수행에 대한 교사들의 명확한 기대감을 반영해 설계되어야 한다. 스티긴스(Stiggins, 2001)는 다음과 같이 조언한다.

당신의 역할이 학생들의 작문 실력을 향상시키는 것이라면 먼저 좋은 글에 대한 매우 정교한 비전을 학생들에게 제시해줘야 하며, 학생들이 그 수준에 이르게 할 방법을 명확히 알고 있어야 한다. 만약 당신의 임무가 수학적 문제해결 실력을 향상시키는 것이라면 당신은 그 분야에서 확실하고도 유능한 전문가가 되어야 한다. 당신이 최종 목표에 대한 이해가 부족하거나 학생들의 향상 정도를 확인할 기준을 모른다면, 유능한 교사가 되는 데 어려움을 겪을 것이다(p. 19).

■ 평가하려는 학습목표는 학생들에게도 분명하게 제시되어야 한다. 효과적인 지도가 이루어지는 교실에서라면 학생들은 어떤 것을 평가받아도 당황하지 않을 것이다. 제대로 설정된 지식·이해·기술에 집중해 공부하면서 평가도 마땅히 거기에 맞춰져 이루어질 것으로 생각할 것이다. 만약 학생들은 열심히 공부했는데 교사가 예상에서 벗어난 문제를 출제한다면, 그들은 두 가지 '교훈'만을 얻게 될 것이다. 즉, 노력은 보상받지 못한다는 것과 교사는 신뢰할 수 없다는 것이다(Guskey, 2007). 둘 중 어떤 것도 학생의 성공에 유익하지 않으며 긍정적인 수업 분위기 조성에 도움이 되지 않는다.

■ 효과적인 평가는 의도한 목적에 맞아야 한다.

• 측정할 필요가 있는 것을 측정해야 올바른 평가다. 예를 들어, 선다형 시험은 지식을 평가할 때는 적절한 방법이지만 이해도를 측정하는 데는 효과적이지 않다.

• 평가항목은 평가할 내용을 골고루 다뤄야 한다. 예를 들어, 교사가 선호하는 단편적인 내용만 강조해서는 안 되며, 해당 주제의 중요한 다른 내용도 골고루 다루어 학생의 숙달도를 측정하도록 해야 한다.

• 평가는 학습 주제에서 가장 중요한 점을 강조해야 한다. 앞 장에서 살펴봤듯이 학습은 이해를 전제로 하므로, 평가의 초점은 단순히 정보를 기억해내거나 맥락과 무관한 기술을 보여주는 것이 아니라 학생이 이해하고 있는 바를 측정하는 데 있어야 한다.

• 평가는 학생의 특수한 상태를 배려해야 한다. 예를 들어, 어떤 평

가가 문화적 편견을 반영하면 그 편견에 예민한 학생들은 여러모로 불편할 것이다. 또한 글쓰기를 통해 과학적 지식을 증명하라고 하면, 비록 과학지식을 갖추고 있더라도 글쓰기에 어려움을 겪거나 영어가 모국어가 아닌 학생은 평가에서 좋은 점수를 받지 못할 것이다. 따라서 효과적인 평가라면 학생들이 알고, 이해하고, 할 수 있는 것들을 충분히 증명할 수 있도록 그들의 특수한 상황을 배려해야 한다.

■ 효과적인 평가는 의사소통도 명확해야 한다. 교사는 평가하려는 학습목표가 수업시간에 분명하게 제시되었는지뿐만 아니라 평가 그 자체도 정확한 언어로 소통하고 있는지 확인해야 한다. 서면 및 구두 지시사항이 모두 학생들에게 명확하게 전달될 때에야 평가의 질을 결정하는 변수와 예상은 명백해진다. 평가 후 명확한 피드백을 제공하는 것 또한 중요하다. 그래야 평가가 학습에 도움이 된다. 시험지 위에 '86점' 혹은 'D'라는 표시는 학생의 수행을 향상시키는 데 전혀 도움이 되지 않는다. "잘했어요." 같은 모호한 말도 학습에 도움을 주지 못한다. 하지만 다음과 같은 피드백은 학생이 학습목표의 어디쯤 도달했는지, 부족한 부분은 어디인지 이해하는 데 도움을 줄 수 있다. "주제문이 명확해서 독자가 글에 몰입할 수 있게 합니다. 문단 처음에 제시된 세 개의 논거와 주제문은 논리적으로 매끄럽게 연결되어 있는데, 문단의 마지막 논거는 주제문의 생각을 어떻게 뒷받침하는지 다소 명확하지 않습니다. 한 문장을 추가한다면 독자가 명확하게 이해할 것입니다."

■ 효과적인 평가는 수업의 질을 향상시킨다. 거스키(Guskey, 2007)는 "평가는 무엇을 잘 가르쳤고 어떤 부분에 대한 설명이 더 필요한지를 확인하게 해 수업의 질 향상을 위해 교사가 무엇을 해야 할지 구체적으로 알려준다."(p.18)라고 말한다. 지속적으로 자신의 수업을 보완하는 교사는 평가에서 점수를 매기거나 피드백을 주는 데 그치지 않는다. 학생들이 핵심 지식·이해·기술을 숙지했는지 평가를 통해 파악해 다음 학기 수업계획을 가다듬고 수정한다(Guskey, 2007). 효과적으로 실행하기만 하면 평가는 더 이상 한 경주의 끝이 아니라 교사와 학생 모두가 지속적으로 새롭게 출발할 수 있는 계기가 된다.

■ 효과적인 평가의 핵심 수혜자는 학생이다. 2장에서 우리는 학생의 정의적 욕구를 돌보는 것의 중요성에 대해 논했다. 효과적인 평가는 시간이 지남에 따라 학생의 정서적 안정감을 실제로 높여줄 것이다 (Earl, 2003). 다음과 같은 까닭에서다.

- 교사가 효과적으로 평가를 하면 학생들은 단원을 처음 배울 때부터 무엇이 중요하고 어떤 수준으로 공부해야 하는지를 명확히 이해해 성공적으로 학습할 수 있다.

- 교사가 평가를 통해 적시에 피드백을 하면 학생들은 자신이 무엇을 잘했는지, 어떤 점을 더 잘해야 하는지 지속적으로 파악할 수 있다. 이러한 피드백은 학생들이 학습하는 내내 자신이 어떤 부분에 능숙한지 또 어떻게 나아질 수 있는지를 알게 해준다.

- 교사가 효과적인 평가를 실행하면 학생들은 '꾸준한 노력은 지속

적인 성공을 낳는다'는 사실을 체감하고, 유동적 혹은 성장관점의
사고방식을 갖게 된다.

- 교사가 효과적으로 평가를 하면 학습에 대한 학생들의 주인의식
과 자주성이 높아진다. 그들은 명확한 평가기준에 따라 자신의 학
습을 스스로 분석하게 되고, 친구들의 우수한 샘플과 자신의 것을
비교하며, 더 높은 학습목표를 설정함으로써 다양한 방식으로 배
운다.

평가는 교수학습 과정의 맨 마지막에 오는 것이 아니라 수업에서
지금 일어나는 모든 것을 실제 성공으로 이끌어주는 중요한 요소이
다. 효과적인 평가를 실행하면 결국에는 수업과 학습이 모두 향상된다
(Guskey, 2007). 연습문제 4.1(168쪽)의 질문을 통해 교사는 자신이 하
는 평가가 위의 관점에 비추어 볼 때 과연 효과적인지 확인할 수 있을
것이다.

평가의 목적

최근 교육학자들은 평가의 목적을 '학습의 평가', '학습을 위한 평가',
'학습으로서의 평가'로 구분하기 시작했다(Earl, 2003; Stiggins, 2001).
세 가지 모두 타당하지만 각각의 의도는 다르다.

학습의 평가

학습의 평가(assessment OF learning)는 본질적으로 총괄적이다. 다시 말해서, 장기간 교수학습한 후 중요한 시점에서 수업의 핵심 내용을 제대로 숙지했는지 평가하는 것이다. 요컨대, 학습의 평가는 다음과 같은 물음이다. "학생들은 시카고에 도착하기로 되어 있다. 그들은 거기에 도착했나?" 총괄평가는 학생들의 성적에 큰 영향을 주기 때문에 무엇보다 평가 내에 판단의 요소를 가지고 있다. 하지만 교사가 분명한 목표, 적절한 평가항목 구성, 명확한 의사소통, 편견 배제 등과 같은 앞서 언급한 효과적인 평가의 원칙을 따르면, 학생들은 교사의 판단을 적절하고 공정하다고 인식하며 결과적으로 부담을 덜 느낄 가능성이 높아진다. 총괄평가는 단답형, 서술형, 쓰기과제, 실제적인 문제해결, 포트폴리오, 발표 등과 같이 다양한 형태를 띨 수 있다. 수행평가는 학생들의 이해도를 측정하는 데 특히 중요하다. 수행평가는 학생들이 배운 것을 적용해보도록, 즉 그들의 지식·이해·기술을 낯설고 의미 있는 맥락에서 상황을 예측해 응용하고 시연해보도록 한다.

| 총괄평가의 유형 |

총괄평가(summative assessment)는 크게 기계적 암기지식을 평가하는 것과 고차원적 집행기능을 평가하는 것, 두 가지 범주로 나뉜다. 대부분의 학교는 기계적 암기를 통한 지식을 평가하는데 그런 평가야말로 IQ와 관련된 모든 인지능력을 측정한다는 전통적 인식 때문이다 (Jensen, 1998). 이런 평가는 성적을 내기에도 더 쉽다. 하지만 1990년

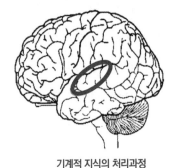

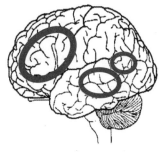

기계적 지식의 처리과정   고차원적 처리과정

출처: Carter, 1998; Fink et al., 2007; Moore et al., 2009에 근거

대 후반 이래로 신경과학 분야의 신경영상연구가 강력히 시사하는 바는 기계적 암기지식을 처리하는 뇌의 부위는 창의성이나 복잡한 문제해결능력과 같은 고차원적 인지기능을 수행하는 부위와는 다르다는 것이다. 답이 오직 하나인 폐쇄형 질문은 '수렴적 사고(convergent thinking)' 과정인 기계적 학습에 의한 지식의 회상만 불러일으킨다. 이러한 활동은 집행기능이 위치한 전두엽이 관여하지 않고 일어나는 경우가 많다. 하지만 해결책이 다양한 개방형 질문은 고차원적 처리를 일으킨다. 도표 4.1은 기계적 지식의 처리과정과 고차원적 처리과정은 활성화되는 뇌의 부위가 각각 다르다는 것을 보여준다. 개방형 질문에 답할 때 얼마나 더 많은 뇌 부위가 개입되는지 주목해보라(Carter, 1998; Fink et al., 2007; Moore et al., 2009).

대부분의 주(州)에서는 고부담시험(high-stakes testing)인 총괄평가를 4학년에 시작한다. 일부 연구자는 특히 청소년기 이전의 학생들에게 수렴적 평가를 너무 많이 강조하면 고차원적 집행기능을 발달시키는 대신 기계적 암기지식을 회상하는 데에만 뇌가 조건화된다고 주장한다(Delis et al., 2007). 어휘·독해·수학과 같이 기계적으로 활용할 수 있는 기술이 학업 및 직업에서의 성공을 비롯해 삶의 모든 면의 성취에 있어서 중요한 인지능력이라는 사실을 부정할 사람은 없을 것이다. 하지만 학령기 어린이나 청소년은 고차원적 집행기능에 대해 정기적인 평가를 지속적으로 받을 필요가 있다. 현대 사회는 심각한 난제들을 해결하기 위해 추상적이고 창의적인 사고력에 특별한 강점이 있는 사람을 필요로 하고 그들을 요구하는 직업의 수도 점점 더 증가하고 있다. 고차원적 인지능력을 평가하는 도구가 학교에 충분하지 않으면 최고의 학생들을 이러한 전문적인 직업군으로 이끄는 데 어려움을 겪을 것이다. 고차원적 사고에 대한 평가를 더 많이 포함시킬 때, 학생들 각각에게서 집행기능 상의 강점이나 약점을 좀 더 정확하게 파악하고 그들 각자의 필요와 능력에 가장 적합한 교육프로그램과 진로지도를 할 수 있을 것이다.

고차원적 사고 평가에 대한 또 다른 주장은 시험과 스트레스에 관해 앞서 언급한 내용과 관련 있다. 초반부에서 설명했듯이 스트레스 상황에서 뇌는 스트레스 신호에 대응하려는 계획을 세우느라 시험문제에 답하기 위한 정보의 회상을 '억제'한다. 이러한 억제는 학생들이 폐쇄형 질문에 답하는 경우와 같이(149쪽 도표 4.1의 왼쪽 그림 참조) 뇌의 제한된 부위만 개입될 때 훨씬 쉽게 일어난다. 반대로 학생들이 개방형 질문에 답하는 경우와 같이(도표 4.1의 오른쪽 그림 참조) 많은 뇌 부위가 개입되면 이러한 억제가 일어나기는 더 어려워진다. 최근 신경영상연구에 의하면, 긍정적인 감정이 개입되면 코르티솔이 차단되어 정보 회상을 억제하기가 훨씬 어려워진다(Buchanan & Tranel, 2008; Sandi & Pinelo-Nava, 2007; Wolf 2009). 이는 긍정적인 감정과 관련된 엔도르핀이 분비되면서 코르티솔의 효과가 한층 더 꺾이기 때문으로 보인다. 다시 말해, 학생들이 총괄평가 때문에 스트레스를 받는 건 불가피하다 해도, 단지 기계적인 회상만 불러일으키는 평가문항보다 고차원적 사고 및 감정적 처리를 요하며 뇌의 많은 부위를 개입시키는 문항을 많이 출제한다면, 스트레스의 영향을 충분히 줄일 수 있다는 것이다.

'평가되는 것만 가르칠 수 있다'는 말이 있다. 이 말이 사실이라면 교육과정을 계획할 때 고차원적인 사고 평가를 포함시킴으로써 교사는 학생들에게 고차원적 사고 기술을 가르칠 수 있을 것이다. 고차원적 사고 기술은 빠르면 6학년부터 교육과정 일부에 정식으로 도입할 수 있으며, 이를 배운 학생들은 그렇지 않은 학생들보다 고차원적 사고를 요구하는 평가에서 좋은 성과를 낸다는 연구 결과가 있다(Burke & Williams, 2008; Glassner & Schwarz, 2007).

학습을 위한 평가

학습을 위한 평가(assessment FOR learning)는 총괄평가보다는 형성평가(formative assessment)에 속한다. 다시 말해, 평가의 목적이 오랜 기간 교수학습을 거친 뒤 누가 성공했고 누가 성공하지 못했는지 혹은 어느 정도로 성공했는지를 판단하는 데 있지 않다. 학습을 위한 평가는 학생과 교사 모두가 정해진 목적지에 도착하도록 단계적으로 검토하는 데 초점을 맞춘다. 이 평가의 방식은 "우리의 목적지는 시카고다. 오늘 하루 동안 학생들은 시카고에 가까이 갔는가? 혹은 잘못된 방향으로 가지는 않았나?"라고 묻는 것이다. 형성평가는 교사의 구체적이고 상세한 피드백을 통해 학생들에게 어떻게 정상궤도에 올라설지, 또 앞으로 나아갈지에 대한 지침을 제공한다. 교사는 형성평가를 통해서 다양한 진척 수준을 보이는 학생들을 제 궤도에 올려놓거나 앞으로 나아가도록 수업을 계획할 수 있다. 새 단원이 시작되기 전에 교사는 사전평가나 진단평가를 활용해 학생들이 각각 어떤 수준에서 새로운 학습내용을 배울 것인지와 해당 단원을 이해하는 데 핵심이 되는 사전지식이 부족한 학생이 있는지를 파악한다. 수업이 진행되면 교사는 체계적이고 지속적으로 평가를 실시해 학습목표를 향해 학생들이 얼마나 진전을 보이고 있는지를 모니터한다.

　형성평가도 총괄평가와 같이 앞에서 언급한 효과적인 평가의 특징을 갖추고 있어야 한다. 하지만 총괄평가와는 달리 형성평가는 일반적으로 성적 산출을 하지 않는다. 형성평가는 성적 산출보다 학습을 강조한다. 형성평가의 목적은 교사와 학생들이 성공적인 학습을 위해 노력하는 데 도움이 될 수 있는 정보를 제공하는 것이고, 이후 치러야 할 총괄평가를 위해 무엇을 알고, 이해하고, 할 수 있어야 하는지를 학생들이 더 잘 파악할 수 있게 하는 것이다. 궁극적으로 형성평가는 학생들로 하여금 총괄평가를 잘 볼 수 있게 할 뿐만 아니라 배운 것들을 다양한 상황에 활용할 수 있게 해준다. 형성평가와 총괄평가는 서로 다른 기능을 가지고 있다. 학생들의 성적을 산출할 때는 형성평가보다 총괄평가를 활용해야 한다.

학습으로서의 평가

학습으로서의 평가(assessment AS learning)도 기본적으로는 형성평가적인 측면을 강조하지만, 특히 더 강조하는 것은 학습자로서 성공할 수 있도록 하는 학생 자신의 역할이다(Earl, 2003). 평가가 학습으로서 사용될 때, 그 평가의 목적은 학생들이 다음과 같은 것들을 하도록 돕는 데 있다.

- 자신이 학습하고 있는 것을 모니터하는 데 필요한 자기인식 및 기술을 개발한다.
- 자신의 학습을 지원하기 위해 스스로에게 중요한 질문을 한다.
- 의미를 구성한다.
- 교사가 제공하는 구체적인 피드백을 활용해 학습에 도움이 될 만한 전략을 선택하고 수정한다.
- 자신이 학습하고 있는 것을 경험과 연결한다.
- 다양한 생각들을 서로 연결해 학습을 확장한다.
- 각각의 생각이 얼마나 중요한지를 평가한다.
- 장기기억에 어떤 정보를 저장하고 어떤 정보를 저장하지 않을지 결정한다.

'학습을 위한 평가'와 '학습으로서의 평가'는 서로 중첩되지만, '학습으로서의 평가' 접근법에서는 정해진 시간에 주어진 주제에서 학생들이 성공할 수 있도록 도울 뿐 아니라 더욱 자신감 있고 유능하며 자기주도적인 학습자를 형성하는 목적으로 평가를 활용한다. 특히 고등학교에서의 형성평가는 학생들의 성취도 수준을 올려주는 강력한 도구가 될 수 있다는 것이 여러 연구 결과 밝혀졌다(Tierney & Charland, 2007). '학습을 위한 평가'와 '학습으로서의 평가'는 모두 다음과 같은 것을 축으로 삼는다.

- 핵심 지식·이해·기술에 대한 명확한 설명
- 핵심 지식·이해·기술과 철저히 연계된 교육과정
- 핵심 지식·이해·기술에 견고하게 초점이 맞춰진 수업과 평가
- 핵심 지식·이해·기술에 대한 학생들의 수행과 관련해 교사가 주는 명확하고 자세한 피드백

평가와 개별화

우리가 지금까지 지적해 왔듯이 수준 높고 합리적인 개별화지도는 수업환경이나 교육과정 같은 특정 영역에서 모범적 사례를 만드는 데서 출발하고, 이는 교사로 하여금 학급 전체뿐 아니라 학생 각자의 필요에 따라 자신이 하는 일들을 조정할 수 있게 해준다. 개별화지도의 이러한

측면은 평가 실행에서도 다르지 않다. 다시 말해, 앞서 언급한 효과적인 평가의 원칙들은 합리적인 개별화지도(혹은 연구 결과 학생들의 학습을 지원하는 데 가장 강력한 체제로 제시되는 개별화지도)에도 그대로 적용된다. 교사들은 이 원칙들을 실행에 옮겨 학급 내 모든 학생을 성공으로 이끌 수 있다. 표 4.1(156쪽)은 평가의 종류와 목적을 요약하고 각 종류에 대한 다양한 예를 제시함으로써 평가의 개별화 가능성을 보여준다. 무엇보다 주목할 것은 많은 평가전략이 다양한 평가에 모두 사용될 수 있다는 사실이다. 표 4.1에 제시된 전략들을 평가의 어떤 한 측면을 위해서만 제한적으로 사용할 필요는 없다.

개별화지도를 실천하는 교사는 학생들의 학업 수준 다양성을 다루는 데 있어서 '평가의 역할'에 대한 다음 중요사항을 유념하고 있다.

■ 사전평가와 형성평가를 효과적으로 사용하는 것은 효과적인 개별화수업의 시작점이다. 로나 얼(Lorna Earl)이 지적한 대로(2003), 명확한 학습목표를 설정하고 지속적인 평가를 실시해 학생들이 어느 지점에 도달해 있는지 파악하려는 교사는 틀림없이 어떤 학생들은 배울 내용을 이미 알고 있고, 어떤 학생들은 배울 내용에 대한 개념이나 정보를 알긴 알되 일부는 바르게 일부는 틀리게 알고 있으며, 어떤 학생들은 기대보다 뒤처져 있고, 또 어떤 학생은 적절한 수준에 있는 상황을 확인하게 될 것이다. 즉, 개별화수업은 교사의 선택사항이 아니라 현 상황에서 논리적으로 취할 수밖에 없는 다음 단계라는 것이다.

표 4.1 개별화수업에서 실시되는 평가의 종류·목적·예시

종류	목적	예시
진단/사전평가 (학습을 위한 평가)	• 해당 단원의 학습목표(그 단원에서 성취하도록 설정된 학습결과) 대비 각 학생의 현재 위치를 판단한다. • 학생들의 흥미와 학습양식을 이해하는 데 중요하다. • 학생들의 필요에 맞게 일찌감치 수업방향을 조정할 수 있도록 도와준다. • 성적 산출을 하지 않는다.	• 구조화된 관찰법 (guided observations) • 프레이어 다이어그램 (Frayer diagrams) • 학습일지 • 단답형 질의 응답 • 학습기술 설문조사 (skills surveys) • 읽기샘플 • 쓰기샘플 • 흥미목록 • 학습선호도 체크리스트
형성평가 (학습을 위한 평가, 학습으로서의 평가)	• 단원 내에서 단계적으로 학생의 진도에 대한 정보를 제공해 학생의 현재 상태(지식·이해·기술)와 학습목표(성취하도록 그 단원에서 설정한 학습결과) 사이의 격차를 줄이기 위해 교사가 수업계획을 조정할 수 있게 해준다. • 학생들에게 목표와 관련한 각자의 학습상태 정보를 제공해 학생들이 스스로 효과적인 조치를 취할 수 있게 한다. • 성적 산출을 거의 하지 않는다.	• 출구카드 • 프레이어 다이어그램 • 그래픽 오거나이저 • 학습일지 • 구조화된 관찰법 • 손가락 신호로 이해도 표시하기(ex. 엄지손가락 위로, 아래로, 옆으로) • 실험보고서 • 학습조건에 관한 학생들의 의견
총괄평가 (학습의 평가)	• 학습주기의 주요 시점에 실시한다. 설정된 학습목표를 학생들이 얼마나 성취했는지 측정한다. 설정된 학습결과를 위해 많은 연습을 거친 뒤 치른다. • 성적 산출의 목적으로 사용된다.	• 수행평가 • 과제물 • 포트폴리오 • 공공전시 • 에세이 • 시험

■ 사전평가, 형성평가, 총괄평가를 효과적으로 사용하면 교사와 학생 모두가 '성공을 결정짓는 열쇠는 노력'이라는 사실을 믿는 성장관점 속에서 협력할 수 있다. 이러한 형태의 평가는 학생이 중요한 학습 내용에 집중하고 그 집중을 유지하며, 목표가 분명한 평가와 명확한 피드백으로 학생이 확실하게 성장하도록 돕는 강력한 도구이다. 평가는 이런 식으로 학생들의 성공을 견인한다(Earl, 2003).

■ 사전평가를 효과적으로 시행하면 평가 결과를 통해 교사는 학생을 알게 되고 그들의 성장을 돕게 되며, 그 덕분에 교사와 학생 사이의 유대관계가 강화된다. 결과적으로 학생들도 교사가 자기들을 알고 싶어 하며 적극 도와주려 한다는 것을 알게 된다. 교사와 학생의 이런 관계는 성공을 향해가는 설렘과 긍정적인 감정들이 신경화학물질인 도파민을 분비해 뇌의 보상회로를 자극하고, 학생이 직면한 과제가 한껏 어려워져도 학습을 계속 해나갈 수 있게 해준다는 점에서 뇌친화적이다. 이 도파민과 보상회로에 대해서는 다음 장에서 좀 더 자세히 살펴볼 것이다.

■ 사전평가와 형성평가의 효과적인 시행을 통해 교사는 학생의 학습 준비도, 흥미, 학습양식 등 수업에 유용한 정보를 얻게 되어, 이 세 가지 영역을 적절한 지점에서 다룰 수 있는 수업계획을 개발할 수 있다. 뿐만 아니라 이러한 평가는 새로운 학습을 통해 학생들의 뇌에 인지와 기술에 관한 더 큰 연결망이 구축될 때 접합점 노릇을 할 사전지식의 수준에 대한 정보를 교사에게 제공한다.

■ 각 단원의 핵심으로 설정된 지식·이해·기술에 초점을 둔다면 학생

들이 하는 어떤 작업도 형성평가가 될 수 있다. 형성평가를 효과적으로 시행한다는 것은 새로운 시험·활동·프로젝트를 많이 만들어내는 것이 아니다. 그보다는 수업 중에 학생들이 하는 활동을 살펴보며 학생들의 현재 학습상태를 이해하고 이를 통해 모든 학생이 앞으로 나아갈 수 있는 수업을 기획하는 것이다.

■ 효과적인 사전평가, 형성평가, 총괄평가는 다양한 표상·표현·참여수단을 제공함으로써 학생들의 개인차를 고려할 수 있는 길을 열어준다. 다양한 표상수단을 제공하는 예는 지시문에 글과 그림을 모두 사용하는 것, 학생들의 모국어로 지시문을 작성하거나 녹음해 들려주는 것, 학생들의 언어이해 수준에 따라 다양한 어휘와 문장구조를 사용하는 것 등이 있다. 다양한 표현수단을 제공하는 예로는 학생들로 하여금 다이어그램, 스토리보드, 구두 발표 등을 통해 자신이 아는 것을 표현하게 하는 것을 들 수 있을 것이다. 다양한 참여수단을 제공하는 예로는 평가요소가 학생들의 경험과 연관되도록 하는 것, 혹은 주의력이 쉽게 분산되는 학생들을 위해 시험 볼 때 집중을 방해하는 요소를 줄여주는 것 등을 들 수 있다(CAST, 2008). 남과는 다른 학습목표와 기준을 명시한 개인별교육계획(individual educational plans, IEP)의 특수교육 대상 학생을 제외하면 평가에서의 도달기준은 모든 학생에게 똑같이 적용되는 것이 보통이다. 하지만 학생들의 필요에 맞게 평가의 형태와 지시문 제시방식, 수행조건들을 다양화할 수 있다면 모든 학생이 핵심 지식·이해·기술을 표현할 기회를 충분히 갖게 될 것이다(Tomlison & McTighe, 2006).

■ 형성평가에서는 성적이 아니라 피드백을 제공해야 한다. 그래야 학습내용에 어려움을 느끼는 학생들도 충분한 연습시간을 갖고 나서 최종평가를 받을 수 있다. 이러한 전략은 학생들이 도전 앞에서 긍정적인 마음을 유지하고 현재 학습하는 내용에 충분히 몰입할 수 있도록 도와준다. 이는 상위권 학생들에게도 도움을 주어 성적이 떨어지거나 상위권에서 밀려날지 모른다는 두려움 없이 기꺼이 도전을 받아들이게 한다. 피드백을 통해 연습함으로써 학생들은 실수에 대해서도 새로운 인식을 갖게 된다. 즉, 실수를 반드시 피해야 하는 죄악으로 여기기보다는 학습과정에서 당연히 발생하는 자연스러운 일이자 유익한 부분으로 받아들이게 된다.

■ 학습을 위한 평가는 학습에 대한 주인의식, 수행역량, 학습효능감을 향상시킨다. 학생들이 채점기준표(rubrics)를 만드는 데 기여하고, 학습 및 학습결과물에 대한 개인적인 목표를 설정하고, 채점기준표나 모델에 따라 자신 혹은 친구의 학습을 분석하고, 수업 및 평가에서 자신에게 효과적인 것과 그렇지 않은 것에 대한 피드백을 교사에게 제공하고, 의미 있는 방식으로 자신의 학업진도를 되돌아볼 때, 학습은 더 만족스럽고 학생은 좀 더 자주적이 된다.

축구감독에 관한 비유는 개별화수업에서의 평가를 이해하는 데 도움이 된다. 감독이 할 일은 팀이 다음 경기에서 이기도록 대비하는 것이다. 이를 위해서는 상대팀이 어떻게 경기하는지, 상대를 이기기 위해 필요한 기술은 무엇인지를 명확히 알고 있어야 한다. 경기를 이기는 것은 팀 전체의 노력이지만 유능한 감독은 결코 팀 단위로만 지도하지 않는다. 그 대신 개별 선수에 대해 연구하고 평가하며 다음 경기에서 각자의 장점을 극대화하기 위해 무엇을 해야 하는지 각 선수에게 피드백을 해준다. 감독은 전체적으로 지도할 때도 많지만 절대로 팀 전체를 향해 "전반적으로 꽤 괜찮았어. 집에 가도 좋아."라는 식으로 말하지는 않는다. 팀원 각자가 잠재력을 최대로 발휘해 경기할 수 있을 때라야 평가와 피드백의 순환도 그 빈도가 줄어든다. 감독은 평가를 통해 팀 단위와 개인 단위의 훈련방법 개발을 위한 지침을 얻고, 선수들은 자세하고 개별화된 맞춤 피드백을 통해 각자 최선의 경기를 펼치는 데 필요한 정보를 얻을 수 있다.

성적 산출과 개별화교육

교사들은 종종 '성적 산출(grading)'과 '평가(assessment)'를 동의어처럼 사용한다. 하지만 이 둘은 동의어가 아니다. 평가는 앞서 언급했듯이 각 단원이 시작될 때 같이 시행되어야 하는 절차이다. 단원이 진행되는 동안에도 수업의 한 부분으로서 지속적으로 시행되어야 한다. 이때는 진단평가와 형성평가가 시행되는데 그 목적은 교사와 학생 모두가 더 효과적이고 효율적으로 가르치고 배워나갈 수 있도록 지침을 제공하는 것이다. 그리고 단원이 끝나는 시점에서 총괄평가를 실시하는데, 이로써 교사와 학생은 그들의 노력이 어떤 성과를 이뤄냈는지를 확인하게 된다.

진단평가나 사전평가에 성적을 매겨서는 절대 안 된다. 학생들은 아직 평가가 측정하는 내용을 배울 기회를 갖지 못했기 때문이다. 형성평가에도 성적을 매겨서는 안 된다. 형성평가는 연습의 일부일 뿐인데 그에 대해 학생에게 벌칙을 주는 것은 무익한 일이기 때문이다. 성적 산출은 총괄평가에서 이루어져야 한다. 총괄평가는 학습목표와 그 목표를 위해 교사와 학생이 함께 해온 작업과 정확히 연계되어 있어야 한다. 총괄평가는 학습목표와 관련해 자신이 도달한 현재의 좌표를 확인할 수 있는 기회이며, 특히 성공을 위한 목표와 기준은 일정하게 유지하되 평가의 표현과 참여 등에 있어서는 개인차를 고려해 학생 각자의 지식·이해·기술을 공정하게 평가할 수 있어야 한다. 교사가 학습목표와 관련된 학생의 진척 상태를 부모와 학생 본인, 여타 이해 당사자에게 알리는 때는 바로 이 시점이다.

성적 산출에서 성적표의 가치

성적을 보고하는 일은 긴 학습과정의 마지막 단계로, 학생들의 진척상황을 요약적으로 진술하는 일이다(O'Connor, 2007). 성적표는 교수학습 과정을 지배하거나 좌우해서는 안 되며 다만 이를 반영해야 한다. 교사와 학생과 학부모는 성적표가 '부검'보다는 '신체검사'에 가깝다고 이해해야 한다(Reeves, 2000). 다시 말해, 성적표는 계속 성장하고 있는 학생의 한 단면만을 제시할 뿐이다. 성적표는 다차원적인 학생을 제대로 반영하지도 못하며 학습자로서의 여정에 대한 최종적인 판단이라고 할 수도 없다.

성적표의 점수가 학생이 전혀 예상치 못한 것이어서는 안 된다. 물론, 그때까지 학생이 기울여온 노력보다 성적표의 숫자를 더 신뢰할 수는 없을 것이다. 교사가 다음과 같은 노력을 한다면 학생은 성적표를 제대로 이해하고 그 가치를 알게 될 것이다.

■ 교사가 성장관점의 사고방식을 갖고 있다.
■ 교사가 긍정적인 학습환경을 조성한다.
■ 교사가 이해에 초점을 맞춰 학습목표를 설정한다.
■ 교사가 학습목표에 대해 학생과 명확한 의사소통을 한다.
■ 교사가 학습목표를 수업의 중심에 두고 가르친다.
■ 교사가 효과적인 평가를 실시해 학생과 교사가 교수학습에 필요한 정보를 얻는다.
■ 교사가 수업계획을 수정해 학생들의 현재 상태와 학습목표 사이의 차이를 좁힌다.

이와 같은 원칙을 지키지 않는 수업에서 산출된 성적이라면 학생들도 그 성적표를 당연히 신뢰하지 않을 것이다.

일부는 이미 교사들에게 익숙한 내용이겠지만, 다음과 같은 실행을 통해 산출된 성적표는 타당하고 신뢰할 만한 것으로 여겨질 것이다 (National Research Council, 2001; O'Connor, 2007, 2009; Tomlinson & McTighe, 2006).

■ 성적과 성적표는 학습 단원 및 주기뿐만 아니라 성적 산출 기간을 포함한 모든 영역에 있어서 교사와 학생 모두가 명확하고 구체적으로 인식하고 있는 학습목표를 토대로 해야 한다. 성적 산출은 학생들을 서로 비교하기보다는 설정된 학습목표와 관련해 각 학생이 서 있는 위치를 보여주어야 한다.

■ 성적 산출에 사용된 증거들은 명시된 학습목표와 직접적으로 연관되어 있어야 한다. 예를 들어, 학생이 시험지에 이름을 쓰지 않았거나 수업시간에 교과서를 가져오지 않았다는 이유로 감점을 준다면 성적의 타당도는 떨어진다.

■ 학생의 모든 활동에 성적이 매겨져야 하는 것은 아니다. 형성평가는 최종 성적으로 산정되지 않는다는 점을 기억하라. 숙제를 포함해 모든 연습활동도 점수로 계산되지 않는다. 성적의 부담이 없는 연습활동은 학습자의 성공에 극적으로 기여한다.

■ 필수 학습목표와 그 목표에 부합하는 성취기준은 일관성 있게 유지하되, 성적에 반영하는 평가 및 성적 산출까지의 수업내용은 학생들의 차이를 고려해 개별화될 수 있어야 한다. 그래야 각 학생의 성공 가능성이 극대화될 수 있다.

■ 일반적으로 학습주기 후반의 성적은 초반의 성적보다 강조되어야 한다. 좀 더 최근의 증거에 무게를 둠으로써 학생들에게는 끈기 있는 학습의 중요성을, 교사에게는 효과적인 수업의 영향력을 인지시킬 수 있다.

■ 성적표는 다른 요인들과는 별도로 학업 성적에 대해서만 보고해야

한다. 성적표가 출석, 수업태도, 기타 요소의 평균으로 산출된다면 학생이 정확히 무엇을 알고, 이해하며, 할 수 있는지 파악할 수 없을 것이다. 모든 교실에 적용하기는 힘들겠지만, 적어도 개별화된 수업에서는 '분리되어 있지만 서로 연관된' 다음의 세 가지 성적을 보고하는 것이 좋다. 첫 번째는 '수행점수', 즉 설정된 목표와 관련해 학생의 현재 상태를 자세히 진술하는 것이다. 두 번째는 학생의 '마음습관과 학습습관'에 대한 점수이다. 가령, 학생은 어려움에 맞닥뜨려도 학습을 지속하며, 필요할 때 도움을 청하고, 다양한 관점에서 문제를 바라보고, 학습향상을 위해 목표를 설정하고 이를 향해 학습하며, 과제를 완수하는가? 이는 대부분 각 분야에서 성공한 사람들이 가진 특징이다. 또한 성장관점의 사고방식에서 중요한 요소들이기도 하다. 세 번째 점수는 학생들의 '진전'을 반영해야 한다. 처음에 학기를 시작해 성적이 산출되는 시기에 이르기까지 학생은 얼마나 성장했는가? 이 세 종류의 성적은 학습과정의 순환을 위해 중요하며 이러한 성적이 말해주는 바는 성적 산출뿐 아니라 효과적인 수업에도 매우 중요하다. 교사가 학생에게 전달해야 하는 메시지는 다음과 같다. "현명한 방법으로 공부하렴. 그러면 너는 학문적으로 성장할 테고 머지않아 학습목표의 기대치를 달성하고 이를 충분히 넘어설 거야."

명확한 학습목표의 중요성

이 책이 지속적으로 강조하는 바, 학생들이 교사의 학습목표를 분명하게 알고 그것이 자신의 개인적인 목표와 어떻게 맞물려 있는지를 명확히 아는 것은 매우 중요하다. 자신의 목표와 부합되는 학습목표를 수용할 가능성이 더 높다는 것은 직감으로도 알 수 있지만, 실제 우리의 뇌가 그렇게 프로그래밍되어 있기 때문이기도 하다.

새로운 학습에서의 성공은 그 학습과 관련한 학습자의 의도와 밀접하게 연결되어 있다. 연구자들은 뇌가 개인의 의도를 어떻게 처리하고 어떤 영향을 미치는지 알아보기 위해 신경영상연구를 시행해왔다. 기능성자기공명영상(functional magnetic resonance imaging, fMRI)을 사용한 한 연구는 피실험자가 어떤 학습과업에 직면했을 때 뇌의 다른 영역이 그 과업의 실행 여부를 결정하기 직전 뇌의 특정 부위가 학습자의 의도를 처리한다는 것을 밝혀냈다. 도표 4.2(166쪽)는 이 두 영역이 어디에 위치하고 있는지를 보여준다. 많은 반복실험을 통해 연구자들은 피실험자가 자신의 의도와 부합되는 것으로 보이는 과업을 더 빨리 처리한다는 점에 주목했다(Haynes et al., 2007). 또 다른 연구 결과에 따르면 개인의 의도는 선택에 직면했을 때 어떤 과업을 실행할지를 결정하는 데뿐만 아니라(Forstmann et al., 2006), 학습과업에 집중하는 데에도 영향을 준다(Lau et al., 2004). 따라서 학생들은 형성평가와 총괄평가가 학습과정 내내 명확히 정의된 학습목표와 연계될 때 그 평가를 더 잘 받아들이고 좋은 수행을 보인다.

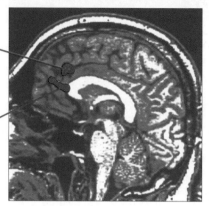

과업 실행을 주도하는 영역

의도가 처리되는 지연(遲延) 영역

출처: Haynes et al., 2007

평가는 올바른 관점에서 보면, 학생 각자에게 높은 수준의 성취를 촉진하는 매개체이다. 평가는 학습과정의 수많은 지점에서 각자가 거둔 성취의 성격과 학습의 진척 상황을 명확하게 보여줌으로써 학생들의 학습과 성공을 돕는다(National Research Council, 2001). 평가를 통해 교사는 각기 다른 학생의 학습을 지원할 수 있다. 학생들은 명시된 학습내용을 숙지할 뿐만 아니라 유능하고 의욕적인 학습자로 성장하는 데 필요한 통찰을 평가를 통해 얻는다. 지정된 시점에 매겨지는 성적은 삶의 특정 단계에서 학생이 수행한 특정 학습을 총괄적으로 진술한 것으로, 이를 간단하고도 명확하게 전달하는 속기록과도 같다. 그래서 효과적인 평가 및 성적 산출은 둘 다—수준 높은 수업의 모든 측면이 그렇듯이—그 절차와 결과 모두가 반드시 학생의 학습을 촉진시킬 수 있도록 높은 수준의 전문가적 판단과 배려를 갖추고 시행되어야 한다.

다리우스는 올해 들어 전보다 자신감이 생겼고 성적도 나아졌다. 집에서 숙제할 수 있는 조용한 시간을 확보하는 데는 여전히 어려움이 있지만, 지금은 그렇게 노력할 가치가 있다고 느낀다. 선생님들은 단원을 시작할 때 명확한 학습목표를 제시한다. 수업시간의 설명과 활동도 학습목표와 잘 연결되어 있다. 선생님은 학습목표를 설정하고 학생들의 진척 상황을 모니터하기 위해 개별적으로 또 전체 학급 단위로 학생들과 지속적으로 작업한다. 학생들은 자신이 어떤 부분을 잘하고, 추가로 공부할 부분은 어디인지에 대해 피드백을 받는다. 또 선생님과 함께 개발한 채점기준표를 사용해 자신의 학습을 평가한다.

다리우스는 평가에서 좋은 점수를 받으려면 무엇을 공부해야 할지를 잘 알고 있다. 또 몇몇 선생님은 학생들에게 2~3가지 평가방법 중 선호하는 것을 선택해서 자신이 배운 것을 표현할 수 있게 해주는데, 다리우스는 이것이 무척 마음에 들었다. 최종 평가는 전체 단원을 통틀어 혹은 한 학기에 걸쳐 무엇을 배웠는지를 보여주는 것이라는 설명도 힘이 되었다. 잘 몰랐던 내용을 숙달했다는 것만 보여주면 이전에 받았던 점수보다 높은 점수를 얻을 수 있는 것이다. 다리우스는 성공적인 학습자가 된다는 것이 무엇을 의미하는지 납득하게 되었다. 더 중요한 것은 자신도 성공할 수 있다는 것을 알게 된 것이다. 다리우스는 노력을 통해 자신이 원하는 곳으로 한 걸음씩 나아가고 있다.

평가가 효과적인지 판단하기 위한 질문

특정 평가를 검토한 후 다음 질문에 답하세요. 답을 끝낸 후 작성한 답안을 다시 살펴보면서 다양한 학생의 필요를 효과적으로 충족시키려면 현재 사용하고 있는 평가에 어떻게 변화를 줘야 할지 생각해보세요. 교장이나 교감이라면 교무회의에서 이 활동지를 활용해보세요. 어떻게 하면 지속적인 평가자료가 개별화수업을 위한 교사의 출발점이자 학생들을 돕는 수단이 되어 성공을 위한 학생들의 책임감을 고취시킬지 논의할 수 있을 것입니다.

1   당신의 평가는 학생들이 달성해야 하는 학습목표를 명확하게 측정하고 있습니까?

2   당신의 평가는 학생들이 예상하는 것을 측정합니까, 아니면 전혀 예상치 못한 것을 측정해 학생들을 놀라게 합니까?

3   당신의 평가는 학습목표를 측정하는 데 적합한 유형입니까?

4   당신의 평가는 학습목표의 요소들을 공평히 취사선택해 측정합니까, 아니면 당신 자신이 선호하는 요소를 측정합니까?

5 당신의 평가는 학습목표에서 가장 중요한 요소를 측정합니까, 아니면 중요하지 않거나 핵심에서 벗어난 요소를 측정합니까?

6 당신의 평가는 평가받는 모든 학생에게 적절합니까?

7 당신의 평가는 학생들이 우수한 답을 내놓으려면 무엇을 해야 하는지를 명확하게 제시합니까?

8 평가 결과는 당신에게 다음 학기의 수업계획을 어떻게 다듬고 수정할지에 대한 정보를 줍니까?

9 평가 결과를 통해 학생들은 자신이 어떤 점에서 능숙하고 어떤 점을 향상시켜야 할지에 대한 정보를 얻습니까?

5

학습준비도에 따른
개별화지도

새로운 학습은 과거의 학습, 이전의 경험, 기존에 갖고 있던 기술을 바탕으로 해야 한다는 것이 교육의 기본 원리이다. 모든 교사가 이 원리를 잘 알고 있고 동의하지만, 실제로 학교현장에서는 일방적인 교육과정과 단일 교과서라는 행정 편의주의에 가려지곤 한다. 모든 학습자가 하나의 언어적·문화적 배경 출신이라고 해도 동일한 교육과정과 수업자료는 충분히 문제가 될 텐데, 매우 다양한 학생들이 모여 있는 오늘날의 교실을 생각할 때 이런 상황은 변명의 여지없이 불합리하다. 이제는 교육과정에 대한 새로운 개념과 수업자료에 대한 완전히 다른 접근이 필요하다. 이러한 맥락에서 개별화수업과 개인별교육은 더 이상 사치가 아니다. 필수인 것이다.

에이다 왈키(Aida Walqui)
『Access and Engagement(접근과 참여)』

'학습준비도'는 학습의 특정 영역에서 핵심적이라 지정된 지식·이해·기술에 학생이 얼마나 근접해 있고 그에 능숙한가를 지칭하는 용어이다. 예를 들어, 2학년 학생이면 핵심 개념과 이를 뒷받침할 세부내용으로 이루어진 단락 단위의 글쓰기가 가능할 것으로 기대하는데, 아직 문장도 제대로 쓸 줄 모르는 학생이라면 단락 단위의 논리적인 글쓰기 준비가 되어 있지 않은 것이다. 반면, 글쓰기를 좋아해서 틈날 때마다 공책에 단편소설을 쓰는 학생이라면, 그 학생은 매우 높은 수준의 학습준비도를 갖춘 채 단락 수준의 논리적인 글쓰기 과제를 마주한 셈이다. 하지만 이러한 학습준비도에도 불구하고 그 학생에게 주어진 과제가 이미 갖추고 있는 작문 수행능력을 충분히 발휘할 수 있게 해주는 것이 아니라면, 그 과제는 무의미한 것이 된다. 교사가 학습준비도 수준의 개인차에 관심을 기울인다면 다음과 같이 자문해봐야 할 것이다. '학생들의 지식·이해·기술의 현 수준과 그들이 오늘, 이번 주 혹은 이 단원에서 학습해야 하는 내용은 어느 정도로 일치하는가?'

특정 시점에서 특정 내용을 학습하는 데 필요한 학습준비도는 많은 요인의 영향을 받는다. 학교에서의 경험, 가정에서의 기회, 지원체계, 감정상태, 개인적 장단점 등은 학생들의 학업을 촉진시키거나 저해할 수 있는 요인들이다. 이러한 요인은 이미 교사의 통제 밖에 있을 수도 있지만, 학생들이 한 학년 교육과정 중에서 어느 지점에 있는지 명확히 파악할 수만 있다면 교사는 어쨌든 그들이 발전하도록 충분히 도울 수 있다. 하지만 교사가 학생들의 학습준비도에 주의를 기울이지 않으면 우수한 학습 성과가 도출될 가능성은 줄어든다.

| 관련 사례 |

앤은 초등학교 때까지만 해도 수학에서 꽤 좋은 성적을 내던 학생이었다. 수학에서 높은 점수를 받기 위해 특별히 열심히 공부할 필요도 없었다. 선생님이 가르쳐주는 것을 눈여겨보기만 해도 이해가 됐다. 하지만 중학교에서 대수(algebra)와 맞닥뜨렸다. 정확히 말하면 대수를 가르치는 파르 선생님을 만난 것이다. 파르 선생님은 대수를 숨돌릴 틈도 없이 계속해서 가르쳤다. 거의 수업시간 내내 칠판에 대수 문제를 쓰고 풀이만 진행했다. 선생님은 학생들보다는 칠판과 대화하는 것 같았다. 한 손으로 문제를 지우면서 다른 손으로는 새로운 문제를 쓰기도 했다. 가끔 뒤돌아보며 학생들에게 "알겠죠?"라고 물어보는 것이 전부였다. 앤은 대수를 이해하지 못했지만 쑥스러워서 질문하지도 못했다. 설상가상으로 몇몇 친구들은 선생님의 설명이 잘 이해된다는 듯이 고개를 끄덕였다. 새로운 내용을 이해하려면 이전 내용을 알아야 했기 때문에 시간이 지날수록 앤은 점점 대수에서 뒤처졌다. 수업내용을 도무지 이해할 수가 없었고 수학에 대한 자신감도 잃어 갔다. 급기야 자신이 수학에 재능이 없다고 단정 짓게 되었다. 앤

은 그 후에도 몇 년 동안 대수를 열심히 공부했지만 예전과 같은 수학 실력과 자신감을 되찾지는 못했다.

학습준비도와 학습능력

'학습준비도(readiness)'는 '학습능력(ability)'과 동의어가 아니다. 언어영역의 능력이 부족한 학생이라도 아버지와 함께 1년에 수 차례씩 남북전쟁을 기리는 행사에 참여했다면 남북전쟁과 관련된 어휘나 지식에서는 높은 수준의 학습준비도를 갖추고 있을 수 있다. 이와는 반대로 표준화시험 언어영역에서는 높은 점수를 받는 학생이라도 자신이 읽는 것 외에 다른 사람의 발음을 들을 기회가 없었거나 외국어로 큰 소리로 말하는 것을 두려워하고 쑥스러워한다면, 그 학생은 스페인어 말하기 수업에서 어려움을 겪을 것이다. 말하자면, 그 학생은 언어영역에서의 학습준비도가 낮은 것이다.

학습준비도와 학습능력을 구분하는 것은 학습에 대해 갖는 관점 측면에서 교사와 학생 모두에게 중요하다. 많은 사람이 학습능력은 고정적인 것, 즉 변하기 어려운 것이라고 생각한다. 사실상 학습능력은 가변적이지만, 이를 불변의 것으로 보는 우리의 경향은 학습능력이 학업적 성공 여부를 결정한다는 믿음 하에서 고정관점(fixed mindset)의 사고방식으로 귀결될 수 있다. 반면, 학습준비도는 학습 주제나 기술(skill)에 따라 변한다. 게다가 교사가 학생의 학습능력을 어떻게 보정할 수 있을지 그 방법을 찾아내기는 어렵지만, 학습준비도의 부족한 면을 보완할 전략만큼은 확실하게 갖고 있어야 한다. 예를 들어, 어떤 학생이 문장 단위의 글쓰기도 제대로 할 수 없는데 문단 단위의 글을 써야 한다면, 교사는 그 학생이 문단쓰기를 하기 전에 먼저 문장쓰기를 할 수 있도록 추가적인 지도와 시범, 연습기회를 지원해줘야 한다. 반대로 어떤 학생이 광범위하고 수준 높은 산문을 이미 쓸 수 있다면 교사는 비유, 치환, 인물묘사와 같은 더 높은 수준의 글쓰기 기술을 가르쳐 그 학생이 어린 작가로 계속 성장할 수 있도록 도와줘야 한다.

이처럼 학생들의 학습능력이 아니라 특정 수업내용에 관한 학습준비도에서 부족한 점들을 살피는 교사는 유동적(fluid) 혹은 성장관점(growth mindset)의 사고방식으로 학생들을 가르칠 수 있다. 그러면 학생들도 유동적 사고방식을 키우거나 그 같은 사고방식으로 계속 생활하게 된다. 또한 학생들은 다음 단계, 즉 그들이 나아가야 할 다음 목표가 있다는 사실도 분명히 알게 된다. 성공은 태어나면서 결정되는 것이 아니라 의지의 발휘를 통해 달성되는 것으로 여겨진다.

학습준비도를 다루는 것이 왜 중요한가

수십 년 동안 심리학자들은 지식·기술·이해·경험 등 인간이 동원하는 맥락의 형태가 무엇이든, 그것이 직면한 과제를 달성 가능한 것으로 만들 때라야 학습이 일어난다고 설명했다. 레프 비고츠키(Lev Vygotsky)

는 근접발달영역(zone of proximal development, ZPD)이라는 용어로, 학생과 과제가 서로 잘 맞아떨어져야 한다고 주장했다(1978). 이 이론에 따르면, 학습을 극대화하려면 과제는 학생의 현 수준보다 약간만 높고, 학생에게는 학습을 도와줄 사회적 지원체계(교사, 친구, 그 외 박식한 사람들)가 있어 이를 발판으로 점진적 지원(scaffolding, '스캐폴딩' 또는 '비계(飛階)'라고 함. 학습자가 자신의 현재 수준을 넘어서 다음 단계의 수준까지 이르도록 돕기 위해 제공되는 한시적 지원-옮긴이)을 받을 수 있고, 과제를 시작하는 시점에서 할 수 있는 일과 과제수행의 결과로 할 수 있는 일 사이의 간극을 메울 수 있어야 한다. 학습준비도의 개인차를 고려해 수업을 개별화하는 교사는 학습준비도를 토대로 평가한 정보를 사용해 각 학생에게 약간 까다로운 과제를 내고, 필요한 지원을 제공함으로써 학업역량과 자신감을 한 차원 높여준다. 이윽고 학생들은 스캐폴딩의 도움 없이도 필요할 때는 '홀로 설' 수 있을 정도로 해당 내용을 효과적으로 학습할 수 있게 된다. 마침내 그 학습내용을 사용하는 일이 학생에게는 자연스러운 일이 된다. 이 시점에서 새로운 학습이 일어나려면 과제의 난이도가 다시금 높아져야 한다. 자신의 능력을 최대한 발휘하려는 노력을 하지 않고도 완수할 수 있는 과제만 주어진다면, 좋은 성적을 받을 수는 있겠지만 학습자로서 성장할 수는 없다.

과제가 자신의 능력치를 훨씬 뛰어넘어도 학습이 일어나지 않기는 마찬가지다. 도표 5.1(178쪽)은 근접발달영역 모형에서 학습단계가 어떻게 순환하는지를 보여준다. 근접발달영역이라는 개념은 오래 전부터 읽기영역에서 학생의 현재 수준에 적절한 읽기자료를 결정하는 데 학생은 다소 익숙하지 않은 개념과 기술을 경험한다.

↓

❶ 학생은 자신보다 지식이 많은 사람으로부터 지원과 지도가 필요하다. ←

↓

❷ 학생은 스스로 학습할 수 있다. 모르는 것을 스스로 궁리해내고 추론할 수 있다.

↓

❸ 기술과 사고에 대한 이해가 깊어지고 익숙해지며 자동화된다.
학생은 거의 생각할 필요 없이 과제를 수행할 수 있다.

↓

❹ 다소 익숙하지 않은 새로운 생각과 기술이 소개되고 새로운 순환이 시작된다. ┘

사용되어 왔다. 예컨대, 어떤 책이 한 학생에게 '독립수준(independent level)'에 해당된다면 학생은 그 책을 쉽게 읽을 수 있다. 하지만 이런 책은 단지 즐거움을 위한 읽기가 될 뿐, 새로운 단어를 습득해 어휘력을 향상시키기에는 적절하지 않다. 반면에 학생에게 '지도수준(instructional level)'에 있는 책은 교사나 읽기능력이 좀 더 뛰어난 친구의 도움을 받아야 텍스트를 이해할 수 있지만, 이 수준에서는 효과적으로 도움을 받으면 학생의 읽기실력이 부쩍 성장한다. 한편, '좌절수준(frustration level)'의 책은 그 명칭이 암시하듯 너무 어려워서 학생이 추가적인 어휘나 읽기능력을 향상시키기 전에는 이해할 수 없다. 다른 영역에서도 마찬가지겠지만, 읽기영역의 목표는 학생이 '지도수준'에서 단계적 지원(스캐폴딩)을 받으며 가장 자주 학습할 수 있도록 보장하는 것에 있다. 그렇게 되면 시간이 지남에 따라 학생의 '독립수준'

과 '좌절수준'에 있던 읽기기술이 '지도수준'으로 수렴될 것이다. 다시 말해서, 교사가 학생의 현재 학습준비도에 맞는 과제를 내주고, 학습을 위한 지원을 제공하며, 숙달을 위해 적절한 연습을 시킨 후 다음 단계의 새로운 내용을 도입할 때라야 진정한 학습이 이루어질 수 있다.

수업에서 근접발달영역 구성의 어려움

물론 어떤 수업에서든 직면하게 되는 문제점은 학습내용에 대한 근접발달영역(ZPD)이 학생마다 제각기 다르다는 점이다. 만약 교사가 교실 내 모든 학생이 동일한 학습준비도를 갖추고 있다는, 다시 말해 동일한 근접발달영역에 있다는 전제 하에 지식·이해·기술을 가르치려 한다면, 어떤 학생은 '학습단계(learning stage)'에 들어서겠지만 어떤 학생은 너무 쉬운 수업에 설렁설렁 임하고 또 다른 학생은 혼란스러워하거나 좌절에 빠질 수 있다.

장기간에 걸친 인지심리학 연구 결과 밝혀진 것은, 교사가 학생의 현재 수준을 진단해 학습준비도에 맞는 과제를 부여하면 전체 성취 스펙트럼상의 학생들 누구나 공부도 더 잘하고 자신에 대해서도 더 긍정적이 된다는 것이다(Csikszentmihalyi et al., 1993; Fisher et al., 1980; Hunt, 1971). 또 학년 구분 없이 다양한 연령대가 섞인, 학생들 간의 학습준비도 차이에 주의를 기울이는 것이 규준이 된 학급이 단일 학년으로만 구성된 학급보다 대체로 성취도가 높으며, 학생들도 더 효과적인 학습습관, 우수한 협업능력, 학교에 대한 긍정적 태도를 발전시킨다는 사실도 여러 연구에서 밝혀졌다(Anderson & Pavan, 1993; Fisher at al.,

1980; Gayfer, 1991; Miller, 1990).

비고츠키가 학습 '지점(point)'이 아니라 학습 '영역(zone)'에 대해 말했다는 점에 주목할 필요가 있다. 다시 말해서, 교사는 과제의 난이도와 관련해 학생이 정확히 어느 수준에 있는지를 알 필요는 없다. 다만 과제가 너무 어려워서 좌절하거나 학습을 진행할 수 없는지, 혹은 더 많은 연습이 필요한지, 과제가 학생에게 딱 맞는지, 혹은 별다른 수고 없이도 완수할 수 있어서 학습 의욕을 불러일으키지 못하는지에 대한 증거는 찾을 수 있다. 그러기 위해서는 학생들이 학습하는 동안 관찰하고, 관찰한 것을 재빨리 메모하고, 그들의 읽기 및 학문어휘 (academic vocabulary) 수준을 파악하며, 학생이 학습자로서 독립된 주체라는 것을 인식하고, 사전평가와 형성평가 정보를 주의 깊게 살펴보고, 토론 중 학생의 반응도 적어둬야 한다. 또한 수업의 난이도를 어느 정도로 느끼고 있는지 물어보는 것도 중요하다. 특정 주제나 내용에서 학생들이 어느 수준의 학습영역에 있는지를 이해하는 것은 학습준비도에 따라 수업을 개별화하는 데 매우 중요하다.

하지만 주의할 점이 있다. 기본적인 학습능력을 갖추지 못해 어려움을 느끼면서도 학습내용을 정확히 이해하거나 예리한 사고력을 가진 학생들이 의외로 많다는 점이다. 이러한 학생들에게는 읽기, 쓰기, 지시사항 따르기 등에 대한 스캐폴딩이 당연히 필요하고 이들은 이러한 지원만 받으면 복잡한 개념도 이해할 수 있다. 따라서 교사는 지식을 이해하고 적용하고 전이하는 학생들의 능력을 단지 시험성적이나 수업시간 발표와 같은 한 가지 요소로만 판단해서는 안 된다.

신경과학이 뒷받침하는 것

지난 수십 년간 뇌의 주의체계(attention system)의 역할을 탐색해 온 신경과학 연구는 근접발달영역에 대한 비고츠키의 기본적인 개념을 뒷받침한다. 뇌의 주된 역할은 주체의 생존을 돕는 일이라, 환경에서 오는 새롭고 낯선 자극에 주의를 사로잡힌다. 중뇌(midbrain)의 특정 구조가 이러한 자극에 반응하고 뇌의 집행센터인 전두엽(도표 5.2 참조)에 경고신호를 보낸다. 뇌는 자극이 위협적인지 아닌지 평가해, 만약 위협적이라면 어떤 행동을 취해야 하는지, 이를테면 싸울 것인지 도망칠 것인지(fight or flight)를 판단해야 한다. 물론, 많은 자극이 생명에 위협적이진 않지만 그럼에도 어떤 자극은 스트레스를 유발한다. 학생들에게 너무 어려운, 즉 근접발달영역 밖에 있는 과제는 실패에 대한 두려움, 혹은 친구들 앞에서 무능해 보이고 싶지 않다는 생각을 일으켜 스트레스를 유발하기도 한다.

도표 5.2 전두엽과 의사소통하는 구조를 가진 중뇌 부위

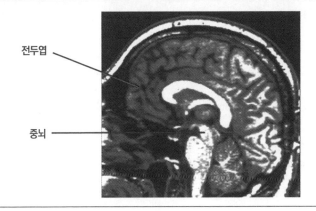

전두엽

중뇌

기능성자기공명영상(fMRI)을 이용한 흥미로운 연구 결과, 새로운 자극에 반응하는 중뇌의 구조가 보상처리를 담당하는 뇌의 인접 구조와 연관되어 있다는 것이 밝혀졌다(Wittmann et al., 2007). 실험 참가자들이 새로운 이미지에 대한 정보를 처리할 때 새로운 자극에 반응하는 부위와 보상처리 관련 부위뿐만 아니라 기억을 부호화하는 부위인 해마도 활성화되었다. 뇌의 이러한 부위에는 즐거운 경험과 관련된 신경전달물질 도파민을 생성하는 뉴런이 많이 분포되어 있다. 도파민의 분비를 촉진하는 활동에 참여할 때 인간의 뇌는 정서적으로 즐겁게 반응할 뿐 아니라 집중력과 기억력, 동기 수준도 높아진다(Storm & Tecott, 2005). 게임 개발자들은 이러한 도파민 보상체계를 누구보다 잘 인식하고 있다. 게이머들이 게임의 목표 달성을 위해 앞으로 나아감에 따라 뇌에서는 도파민 분비가 증가하고 즐거움도 더 커진다. 이런 도파민의 보상이 게이머들로 하여금 더 높은 단계에서도 끈기있게 게임을 해나갈 수 있도록 내적 동기를 지속적으로 강화하는 것이다(Gee, 2007).

이 같은 연구 결과들은 뇌가 새로운 학습경험에 주의를 기울이는 것이 그 잠재적 보상을 인식하기 때문이며, 이후 그 경험을 기억 속에 부호화해서 저장할 것이라는 추론으로 이어진다. 따라서 학습과제를 달성할 수 있다고, 즉 그 과제가 자신의 근접발달영역 내에 있다고 생각하는 학생은 그것을 시도하고 기억할 가능성이 높다. 하지만 너무 쉽다고, 즉 근접발달영역 밖에 있다고 인식한 과제는 해마의 기억체계에 의해서 이미 다 아는 내용이라 더는 새로 배울 것이 없다고 판단된다 (Kumaran & Maguire, 2007). 설상가상으로 학생에게 어떤 의미도 없는 과제라면, 뇌는 새로움이나 기억과 관련된 영역을 활성화하기는커녕 그 과제로 주의조차 돌리지 않을 확률이 높다(Friedman et al., 2009).

다리 놓기

학습준비도에 따라서 수업을 개별화하는 목적은 학생이 과거의 미흡했던 학습경험을 뛰어넘어 현재 요구되는 학습내용을 숙달할 수 있도록 다리를 놓아주는 것이다. 요구되는 학습내용에 이미 충분한 역량을 보이는 학생에게는 실질적인 심화학습으로의 다리를 놓아 그들이 지속적으로 발전할 수 있게 해야 한다. 그러나 많은 경우, 학습준비도에 따른 개별화수업은 다리 놓기보다는 덜 거창한 것을 요구한다. 즉, 어떤 과제를 하는 데 시간을 더 준다든가, 단원을 잘게 쪼개 어려운 내용을 해결하도록 해주는 것, 좀 더 자세한 책과 웹사이트를 참고하게 하는 것 같은 세심한 조정을 통해 학생들이 스스로 배워야 할 것에 대해 단단한 발판을 마련해주는 것이다.

학습준비도에 따른 개별화수업을 계획할 때 학급요소의 역할

교사가 학생들의 다양한 필요를 다루는 수업을 계획하기 시작하면, 그 순간 학급 내 여러 요소의 상호의존적 관계가 명백해진다. 학습환경, 교육과정, 평가, 학급운영, 개별화수업은 서로 긴밀히 연계되어 있다. 이러한 상호연관성에 대해 숙고하는 것은 수업을 계획하는 과정에서 매우 중요한 부분이다. 도표 5.3은 교사가 개별화를 계획하고 실행할 때 학급의 각 요소가 어떻게 서로 연관되는지를 보여준다.

학습환경

수업이 늘 너무 어렵거나 너무 쉽기만 하면 학생이 안정감을 갖고 적절한 지원과 인정을 받는다고 느끼기 불가능하다. 그러나 교사가 학습준비도를 고려해서 수업을 조정하면 학생들은 교사에 대해 자신들을 이해하고 돌보며 성공하도록 도와주는 사람이라는 긍정적인 생각을 갖게 된다. 교사가 모든 학생을 중요하게 여기고 성공을 위해 노력한다는 사실을 알게 되면 학생들도 반 친구들을 존중하고 한 팀이라는, 혹은 하나의 '학습공동체'에 속해 있다는 소속감을 갖게 될 것이다.

도표 5.3 학습준비도에 따른 개별화수업을 형성하는 교실요소들의 상호의존성

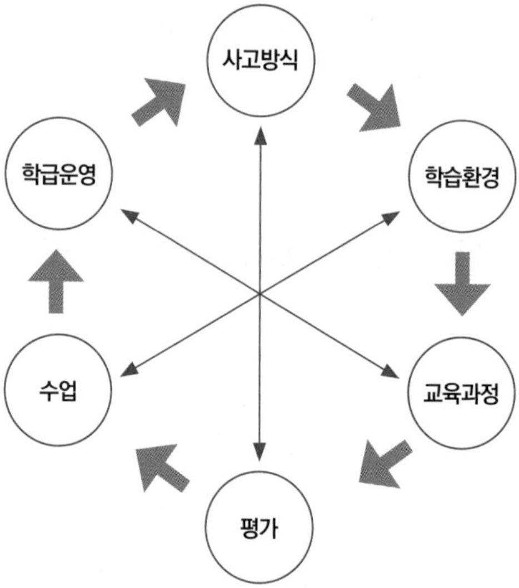

교육과정

교육과정은 수업을 계획할 때 교수학습의 도착점이 어디인지를 알려준다. 학습준비도에 따라 수업을 개별화할 때 교육과정은 각 단원을 학습한 결과로 학생들이 알아야 할 것(know, K), 이해해야 할 것(understand, U), 할 수 있는 것(do, D)을 명확히 보여줘야 한다. 이를 통해 교육과정은 교사들에게 공통적인 목표를 제시해준다. 그러나 교사는 (바라건대, 동료교사나 전문자료의 도움을 받아) 공동의 KUD를 둘러싼 지식·이해·기술의 연속선이 어떤 형태를 띠고 있는지 파악해야 할 것이다. 만약 학생이 현재 교육과정이 요구하는 기술을 배울 준비가 되지 않았다면 원하는 수준에 도달하기 위해 어떤 숙달단계를 거쳐야 할까? 해당 과목에서 쓰이는 기초용어에 대한 이해가 부족하다면 현재 요구되는 어휘수준 혹은 그 이상을 달성하기 위해 먼저 숙달해야 할 핵심 용어는 무엇일까? 지금 배우고 있는 '전력' 단원에서 어떤 학생이 그 내용이나 관련 법칙을 잘 알고 있다면, 그 법칙들을 탐색하고 확장하고 적용할 수 있는 다음 단계는 무엇일까? 규정된 교육과정이 진공 상태에서 기획된 것은 아니다. 앞서 존재했고 앞으로 새로 등장할 지식·이해·기술의 거대한 네트워크의 일부로 존재할 뿐이다. 규정된 학습내용과 이를 포함한 맥락을 모두 명확하게 이해할 때 교사는 학습준비도를 효과적으로 수업에 적용할 준비가 되었다고 할 수 있다.

평가

평가자료는 교사가 각 학생의 학습준비도에 맞춰 수업을 조정하는 데 근거가 될 만한 많은 정보를 제공한다. 사전평가와 형성평가는 모두 해당 단원의 틀 내에서 학생들이 알고, 이해하며, 할 수 있어야 하는 결과물과 긴밀하게 연결되어 있어야 한다. 학습준비도의 사전평가는 교사에게 선행 KUD에서 학생이 미진한 부분을 포함해 핵심 지식·이해·기술에 있어 학생의 현재 위치에 대한 일종의 사전경고가 된다. 이러한 정보로 무장한 교사는 단원 초기에 필요한 조정을 해나갈 수 있고, 학생의 숙달도가 미비해 자신감이 떨어지는 경험이 거듭되는 것을 막을 수 있으며, 무의미한 학습 혹은 효과적이지 않은 학습습관이 고착되는 것을 피할 수 있다.

형성평가는 단원의 KUD와 밀접하게 연계되어, 성공적인 학습 결과를 위해 어느 정도로 학생을 이끌어야 할지에 대한 통찰을 꾸준하고도 새롭게 제공해야 한다. 지속적인 형성평가를 통해 교사는 학습준비도를 고려한 수업계획을 마련할 수 있다. 학생 또한 교사가 지속적으로 평가를 하는 이유는 자신을 판단하기 위해서가 아니라 성공적인 학업성취를 지원하기 위해서라는 점을 이해하고, 명확한 목표를 향해 자신이 얼마나 성장했는지 파악할 수 있을 때, 학생들은 배움의 열정으로 충만하게 되고 교실환경은 학생들에게 안전과 도전과 지원을 균형 있게 제공하는 곳으로 인식될 것이다.

핵심 KUD와 연계된 최근의 평가로 얻은 정보를 통해, 교사는 세밀한 수업계획을 세워 학습준비도에 따른 다양한 학생의 필요를 채워줄 수 있다. 이러한 수업계획은 다음과 같은 특징이 있다(물론 다음에 열거한 것이 특징의 전부는 아니다).

- 능력 면에서 비슷한 필요를 가진 학생들과 소규모 수업을 진행한다.
- 학생에 따라 과제에 대한 지시사항을 좀 더 복잡하게 혹은 더 간명하게 제공한다.
- 숙제를 개별적 혹은 차별적으로 제공한다.
- 다양한 수준의 읽기자료를 사용한다.
- 층위별 활동(tiering)이나 학습계약(learning contracts)과 같은 수업전략을 이용한다.
- 읽기에 어려움을 겪는 학생들을 지원한다.
- 주제와 관련된 어휘나 지식이 부족한 학생들에게 핵심 어휘를 미리 암기시키거나 사전에 가르쳐준다.
- 기술센터(skills centers)에서 다양한 학습기회를 부여한다.

때로는 학습준비도가 동질적인 모둠 대신 이질적인 모둠을 구성해 학생들이 서로에게서 배우고 그들 자신을 다양한 맥락에서 볼 수 있게 하는 것도 중요하다.

학급운영

개별화지도란 한 학급 내의 학생들이 일정한 시간 동안 서로 다른 과제나 자료로 학습하는 것을 의미한다. 그러한 수업체계에서 학생들이 편안하고 효율적으로 학습할 수 있게 하려면, 교사는 학생들과 협력해 융통성 있는 수업의 루틴을 정해야 한다. 이러한 협력과정은 학생들로 하여금 교사의 생각을 온전히 이해하고 학급 내에서 주인의식을 가지며 좀 더 수월하게 성공에 도달하고 팀워크 감각이나 파트너십을 기를 수 있게 해준다. 교사가 학습준비도에 따라 학생들의 필요에 맞춰 수업을 진행하려면, 학생들도 교실 여기저기를 어떻게 옮겨다니면 좋은지, 그렇게 다녀선 안 되는 때는 언제인지, 필요한 자료를 어떻게 찾는지, 다른 학생들을 방해하지 않고 어떻게 자신의 과제를 수행할지, 자신의 학습이 진척되는 상황을 어떻게 모니터할지 등을 알고 있어야 한다. 학급을 융통성 있게 운영해야만 개별화수업이 가능하며, 학생 각자가 중요한 학습목표에 성공적으로 도달할 수 있고, 다양한 학습자 전부를 포용할 수 있는 우호적인 교실환경도 조성될 수 있다. 개별화수업을 구체적으로 어떻게 운영할지에 대해서는 8장에서 자세히 살펴볼 것이다.

수업지도

잘 설계된 교육과정, 수업 구성에 힌트를 제공할 평가 계획, 효과적이고 융통성 있는 수업의 루틴이 갖춰졌다면, 학생들의 다양한 필요를 채워줄 기본적인 수업요소는 준비된 셈이다. 단원에 따라서는 학급 전체가 하나의 모둠으로 활동하는 것이 적절할 때도 있다. 하지만 대개는 학습준비도와 흥미, 학습양식의 차이를 고려하는 것이 학생들의 성공 가능성을 높인다. 바로 이때가 다섯 번째 요소인 '지도(instruction)'가 핵심적인 위치를 차지하는 순간이다. 이때 교사는 지속적인 평가를 통해 알게 된 정보를 토대로 학생들에게 핵심 내용을 숙지시키기 위해 다양한 방법을 제공한다. 이 장에서는 학습준비도에 대응해 수업지도를 개별화하는 지침과 전략에 대해 집중적으로 다룰 것이다.

학습준비도에 대응하여 수업을 개별화하기 위한 지침

다른 모든 중요한 결정도 마찬가지겠지만, 교사가 학생들의 다양한 학습준비도에 기반을 두고 내리는 결정은 반드시 체계적이어야 한다. 또한 효과적인 수업 및 성공적인 학습에 대한 지식을 토대로 한 결정이어야 한다. 학생들의 학습준비도에 대한 필요를 다루는 일은 효과적인 수업의 일환이지, 시간이 남았을 때나 추가적으로 해도 되는 일이 아니라는 사실을 아래 지침을 통해 상기하기 바란다.

- 개별화수업으로 한 단원이 끝났을 때 학생들이 알고, 이해하고, 할 수 있어야 하는 것을 학생의 언어로 확인하고 명확히 설명하라. 이러한 정보를 공유할 때 교사와 학생 모두 도달해야 할 학습의 종착점에 대해 좀 더 분명하게 이해할 수 있다.
- 핵심적인 KUD와 연계된 사전평가를 개발해 해당 단원에 대한 필수적인 사전지식을 점검하라.
- 어떤 학년, 어떤 과목을 가르치든 학년 초반에, 그리고 가능하면 중반에 다시 한 번, 읽기·쓰기·듣기에 대한 사전평가를 실시해 학생들의 학습준비도를 확인하라. 간단한 지시사항을 몇 개 쓰게 하는 것만으로도 대개 충분한 글쓰기 샘플을 얻을 수 있다. 먼저 학생들에게 텍스트 일부를 읽게 하고 독해문제에 답하게 하라. 그 다음엔 교사가 읽어주는 것을 듣고 독해문제에 답하게 하라. 이러한 방식은 텍스트를 읽을 때 더 잘 이해하는 학생이 누구인지, 들을 때 더 잘

이해하는 학생은 누구인지, 읽거나 듣거나 두 경우 모두 잘 이해하는 학생은 누구인지, 두 경우에서 다 고전하는 학생은 누구인지 파악할 수 있는 적절한 사전평가 방식이다. 고등학생이라도 읽기를 힘들어하거나 듣기능력이 떨어지는 학생이 있을 수 있기 때문에 교사는 학습준비도에 대한 사전평가를 시행하는 것이 좋다. 만약 읽기 및 듣기 능력 외에 해당 학년이나 과목에 핵심적인 또 다른 기초능력이 필요하다면 이것도 사전에 파악해야 한다.

■ 학습단원 KUD와 필수적인 사전지식에 대한 사전평가는 새로운 단원을 시작하기 며칠 전에 실시하라. 그래야 사전평가에서 얻은 학생들의 학습준비도를 확실히 파악할 시간을 확보할 수 있다.

■ 사전평가를 통한 정보와 학생에 대해 알고 있는 지식을 바탕으로, 보충학습과 선행학습이 모두 필요한 학생들을 초기에 지원할 수 있는 방안을 생각해보라. 학생들을 뒤처지게 놔두지 말고 학습의 기본기를 탄탄히 다질 수 있도록 그들을 지도하고 지원할 시간을 가능한 많이 확보하라.

■ 사전평가를 통한 정보와 학생에 대해 알고 있는 지식을 바탕으로, 단원의 학습목표를 이미 성취한 학생들이 의미 있게 학업을 앞서 나갈 수 있는 방안을 생각하라. 중요하지도 않은 사소한 과제를 많이 내기보다는 특정 영역에서 깊이 있고 수준 높게 학습할 수 있는 좀 더 장기적인 숙제나 과제를 고려하라.

■ 그간 경험에 비추어 볼 때 학생들이 내용을 잘못 이해할 가능성이 크거나, 중요한 기술 면에서 앞지르거나 뒤처질 기미를 보이거나,

교과서나 보충자료를 너무 어렵게 혹은 쉽게 여길 수 있을 것 같으면, 먼저 해당 단원의 요점을 찾으라.

- 바로 그 요점들을 기준으로 학습준비도에 대응할 전략을 수업설계에 포함시켜라. 예를 들어, 영어가 모국어가 아닌 학습자에게는 영어로 된 자료를 읽기 전에 먼저 모국어로 된 자료를 제공하는 수업계획을 세울 수 있다. 학생의 특정 필요에 근거한 과제를 부여하는 학습계약이나 학습양식을 사용할 수도 있고, 텍스트 읽기를 너무 힘들어하는 학생을 위해서는 요약본을 제공할 수도 있다. 또 추상적인 생각을 좀 더 쉽게 이해할 수 있도록 예시나 시범을 보여줄 수도 있다. 학생들은 틈틈이 자신의 읽기준비도 수준에 맞는 읽기자료를 제공받아야 한다. 이런 식의 접근법으로 학습준비도에 따른 개별화수업을 하는 방식은 전략을 짜는 데에도 시간이 많이 필요하지 않고 수업시간을 효율적으로 사용할 수 있게도 해준다. 교사들은 많은 수고를 하지 않고도 학생들의 필요를 잘 다룰 수 있게 된다.

- 모둠을 융통성 있게 구성하라. 먼저 어떤 지점에서 학생들이 비슷한 학습준비도를 가진 친구들과 짝이나 모둠을 이뤄 활동하는 것이 필요할지 판단하라. 다음으로는 학습준비도가 서로 다른 친구들과 짝이나 모둠으로 함께 학습할 시간을 배정하라. 혼합모둠은 브레인스토밍으로 아이디어를 낼 때나 핵심 내용을 복습하는 데 특히 유용하다. 이어서 학생들의 흥미와 학습양식을 토대로 모둠을 구성하라.

- 학생들이 스스로 자신의 학습준비도에 관해 현명한 선택을 할 수 있도록 별도의 지도를 받아야 한다는 점에 유념하라. 학생들이 학습

준비도에 따른 모둠이나 과제수준을 스스로 선택할 때는 이러한 선택을 위한 기준표, 선택의 근거, 선택의 적절성 등에 대해 돌아볼 브리핑 기회를 제공하라. 학생이 학습준비도를 스스로 판단할 준비가 되어 있지 않으면, 교사가 나서서 학습준비도를 진단해주거나 이와 관련된 결정을 해줘야 한다.

■ 개별화된 과제가 계획대로 효과를 발휘하기 위해 정착되어야 하는 절차나 수업의 루틴이 무엇인지 생각해보라. 그리고 학생들이 이러한 루틴에 성공적으로 참여할 수 있도록 준비시켜라(8장 참조).

■ 학생이 개별적으로 혹은 소규모 모둠에서 학습하는 동안, 교사는 그 시간을 활용해 모둠의 구성원들을 만나고 교실을 둘러보며 학생들의 진도를 살펴보고, 학생과 개별적으로 이야기를 나누고, 관찰한 것을 간단히 메모해야 한다. 이러한 모니터링 과정을 통해 학생들에게 중요한 학습기회를 제공할 수 있고, 각 학생과 그들의 학업적 진척상황에 대해서도 잘 이해하게 된다.

■ 핵심 지식·이해·기술을 습득했는지 파악하기 위해, 한 단원의 수업이 진행되는 내내 학생의 학습활동을 포함한 형성평가를 자주 실시하라. 그리고 형성평가를 통해 알게 된 정보를 사용해 다음 날 혹은 그다음 날의 수업계획을 마련하라.

■ 학생들의 학습활동을 그 단원의 핵심 지식·이해·기술과 밀접하게 연계시켜라. 학습활동 대부분을 수행을 위한 기회로 보고, 성적을 산출하기 위한 파편적인 활동이 아닌 형성평가로 보아야 한다. 학습 필요와 성장패턴을 이해하기 위해 학생들의 학습결과물을 살펴보

라. 미리 작성해둔 학습성공 기준표에 근거해 학생 스스로 학습결과물을 살펴보게 함으로써, 학습방식을 더 현명하게 선택하고 노력과 성공 사이의 직접적인 관련성도 인식하게 하라.

■ 수업계획을 정교하게 짜라. 학생들이 기술을 향상시키는 데 집중해야 할 때가 있고, 지식을 복습하고 명확히 이해하는 데 집중해야 할 때가 있다. 하지만 이때 확실히 해야 할 점은, 모든 학생의 학습은 학습내용이 어떤 의미가 있고, 세상 사람들은 그 내용을 어떻게 사용하며, 자신의 삶과는 어떤 관련성이 있는지 이해하는 데 초점을 두어야 한다는 점이다. 이를 위해 어떤 학생들에게는 아이디어를 적용, 분석, 지지, 비판하고 핵심 내용을 전이할 수 있도록 추가적으로 스캐폴딩을 제공해줄 필요가 있을 것이다. 그러나 이해는 사실상 모든 학생에게 가능한 일이며, 학생이 자신이 배우고 있는 것에서 의미를 만들 수 있을 때 학습은 좀 더 목적이 뚜렷해지며 더 오래 지속된다.

■ 어떤 학생에게는 학습과제를 더 많이 내주고 또 어떤 학생에게는 더 적게 내주는 것을 학습준비도에 따른 개별화라고 착각해서는 안 된다. 학생이 과제를 제대로 이해하지도 못한 채 반쯤 하고 포기해버리는 것이나, 이미 알고 있는 내용을 계속 연습하게 하는 일이나 둘 다 쓸모없고 동기부여도 되지 않는다. 학습준비도에 맞춰 '기술' 습득을 개별화하는 것은 기술 발달의 연속선상에서 학생의 현재 수준을 파악하고 더 높은 수준으로 끌어올리는 일이다. 학습준비도에 맞춰 배울 '지식'을 개별화하는 것 또한 주어진 주제에 관한 지식 중

어떤 지식이 가장 기본적이고 무엇이 핵심적이며 무엇이 좀 더 정교한 지식인지를 이해하고, 학생들이 현재 자신의 위치에서 점차 상위지식을 습득하도록 돕는 것이다. 또 학생의 학습준비도에 근거해 '이해'를 개별화하는 일은, 좀 더 근본적이고 구체적이며 단면적이고 스캐폴딩이 제공되는 방식의 이해를 다루는 과제와 그 적용으로부터, 좀 더 높은 수준의 추상성, 이질성, 다면성, 개방성 등을 요하는 과제와 그 적용까지의 연속선상에서 학생들이 학습하는 것을 돕는 것을 의미한다(학습준비도에 근거해 이해를 개별화하는 방식에 대해서는 이번 장 후반부의 층위별 활동 부분에서 더 살펴본다). 요컨대, 수업계획이란 사실상 모든 학생이 지금 배우고 있는 지식과 기술을 이용해 자신의 이해를 탐색하고 확장할 수 있도록 보장하는 것이어야 한다.

■ 정서는 주의집중에 핵심적인 역할을 한다. 따라서 학생이 핵심 내용에 대한 자신의 능숙도 수준에 어떤 감정을 느끼는지 파악하고, 교수학습 계획을 어떻게 변경하면 좋을지 학생들에게서 제안을 받아야 그들의 성장에 도움이 될 수 있다.

■ 학습내용을 계속 연구해 그 내용이 어떻게 조직되어 의미를 만드는지, 학생들을 학습내용의 '스토리'에 어떻게 몰입시킬지, 그 내용이 대변하는 학과목에서 정말로 중요한 지식·이해·기술은 무엇인지를 교사 스스로가 보다 깊이 이해할 수 있어야 한다. 학생들에 대해서도 지속적으로 탐구하라. 그러면 학생들이 어떤 지점에서 자연스럽게 앞으로 나아가고 또 어떤 지점에서 혼란에 빠지는지, 어떻게 하

면 학생들과 학습내용을 효과적이고 효율적으로 연결시킬 수 있을지 명확해질 것이다. 연습문제 5.1(210쪽)은 학생들의 학습준비도를 다루는 교사의 수업을 검토해볼 수 있는 체크리스트를 제공한다.

학습준비도를 토대로
학습내용·학습과정·학습결과물 개별화하기

학생들의 학습준비도 필요에 기반해 교육과정의 세 가지 핵심 요소를 개별화할 방법을 생각해보는 것은 유용한 일이다. 그 세 가지 요소란 학습내용·학습과정·학습결과물을 말하며, 이들은 우리가 의식하든 안 하든 모든 수업현장을 구성한다. 이 요소들을 어떻게 개별화할지 생각해보는 과정에서 학습준비도가 저마다 다른 학생들의 성장을 지원하기 위한 다양한 선택사항을 고려해볼 수 있을 것이다.

학습내용

학습내용(content)은 교사가 가르치기 위해 계획하는 내용, 즉 학생들이 배워야 할 내용을 말한다. 학습내용은 단원이나 주제를 구성하는 서사·사건·예시뿐만 아니라 학생이 알고(know, K), 이해하고(understand, U), 할 수(do, D) 있어야 하는 것도 포함한다. 학습내용을 어떻게 개별화할 것인가에 대해서는 두 가지 방법으로 생각해볼 수 있다. 첫째, 교사는 학습내용의 실제 '요소들', 즉 KUD(알고, 이해하고, 할 수 있어야 하는 것)를 개별화할 수 있다. 둘째, 교사는 학생이 학습내용에 접근하는 '방법'을 개별화할 수 있다. 교사는 모든 학생이 동일한 KUD로 학습하기를 원하기 때문에 이 두 가지 방법 중 더 선호하거나 적어도 더 자주 사용하는 접근법은 두 번째 것, 즉 학생이 학습내용에 접근하는 '방법'을 개별화하는 것이다. 예를 들면, 교사는 책의 내용을 녹음해서 읽기에 어려움이 있는 학생들이 읽기 대신 듣기를 통해 책의 내용을 알게 할 수 있다. 학습내용에 접근하는 방법을 개별화하기 위해 교사는 다음과 같이 할 수 있다.

■ 복잡한 텍스트에 대한 이해를 돕기 위해 영상 이미지 활용하기
■ 강의 중 예시를 제시함으로써 추상적인 생각이 어떻게 구체적으로 적용될 수 있는지 보여주기
■ 영어가 모국어가 아닌 학생들의 소규모 모둠과 함께 앉아 당일의 수업을 시작하기 전에 핵심 개념을 요약해주기
■ 해당 주제에 대해 깊이 있는 지식이 있고 전문가 수준의 논쟁을 할 만한 학생이 있다면, 그들에게는 현재 학년의 교재를 읽히는 대신 참고할 만한 대학 홈페이지 주소를 알려주기
■ 주의집중에 어려움을 겪는 학생에게는 수업 중에 좀 더 쉽게 필기할 수 있도록 일부만 빈칸이 있고 나머지는 내용이 채워진 인쇄물 제공하기

앞서 언급했듯이, 학습내용을 개별화하는 것이 그 내용에의 접근방

법을 개별화하는 것보다 더 적합할 때도 있다. 7학년 학생인데 단어의 철자를 인식하는 능력은 고작 2학년 수준인 학생에게는 학년 초에 7학년 어휘목록을 주는 것이 전혀 도움되지 않는다. 철자의 조합을 보고 어떤 어휘인지 인식하는 능력은 오랜 시간에 걸쳐 습득되는 것이다. 만약 어떤 학생이 3학년에서 6학년까지 어휘의 철자인식을 제대로 배우지 못했다면 그 학생에게는 7학년 수준의 어휘를 공부하는 것이 마치 외국어로 된 전화번호부를 암기하는 것과도 같을 것이다. 이 학생은 먼저 2학년 수준의 어휘목록을 집중적으로 공부해 가능한 빨리 다음 수준의 준비도를 갖추게 하는 게 낫다. 그리스·로마신화를 잘 알고 있는 학생이라면 이미 알고 있는 내용을 복습하는 것보다는 다른 문화의 신화를 읽는 것이 더 유익할 것이다. 또 분수의 곱셈을 배워야 하는데 아직 자연수의 곱셈도 서툰 학생이라면 곱셈 자체를 KUD의 일부로 설정할 필요가 있다. 그렇게 하지 않고서는 이 학생이 분수를 익힐 가능성은 낮을 것이다.

그러나 높은 단계의 개념을 이해하기 위해서 반드시 기초기술 훈련을 계속해야 하는 것은 아니다. 블룸의 개정된 교육목표분류(Bloom's Revised Taxonomy)가 학생들이 한 계단씩 올라가야 하는 일종의 사다리라고 생각한다면 이는 착각이다. 이러한 생각은 불필요하게 오랜 시간 동안 학생들을 낮은 단계에만 머무르게 한다(Tomlinson & McTighe, 2006). 물론 학생들은 기본적인 지식과 이해를 갖추고 있어야 한다 하지만 많은 경우에 교사는 학생들이 기본적인 기술과 개념을 풍부하고 실제적인 맥락에 적용하는 법을 배우게 하거나, 학생들이 개별 활동이나 소모둠 활동을 통해, 학습센터에서, 맞춤형 과제를 통해, 혹은 미니수업에서 기본적인 개념을 숙지할 수 있도록 도울 수 있다.

학습과정

학습이 일어나는 과정은 학생이 정보를 받아들이는 것을 멈추고 그 정보에 대해 능동적으로 생각하고 분석하는 등 정보를 처리하는 작업이 시작될 때 이루어진다. 학습과정(process)은 학교에서 '활동 (activities)'이라고도 불린다. 그러나 활동보다는 '이해를 위한 활동 (sense-making activities)'이 더 적합한 용어다. 학습과정은 학생이 '알고, 이해하며, 할 수 있는(KUD) 능력'을 갖게 되는 방식을 말한다. 학습과정이 시작되면 학습자는 다른 출처에서 정보를 '빌려오는' 것을 그만두고 그 정보를 자기 것으로 만들기 시작한다. 다시 말해, 이 순간이 학습자가 개념을 시험적으로 활용해보고 이를 이미 알고 있는 것과 비교하며 새로운 상황에 적용하는 지점이다. 활동은 지식·이해·기술에 각각 초점을 맞출 수 있지만, 지식·이해·기술을 통합하는 것을 요하는 활동이야말로 가장 강력한 수업활동이 된다. 학습준비도에 기반을 두고 학습과정을 개별화할 수 있는 방법에는 다음과 같은 것들이 있다.

- 기대하는 학습 결과는 그대로 유지한 채 과제의 복잡성을 늘리거나 줄인다.
- 과제의 구체적 측면, 즉 특정 요소나 변수의 수를 늘리거나 줄인다.
- 짝과 함께 문제를 해결하거나 혼자 학습하도록 한다.

- 과제에의 접근성을 높이기 위해 추가적인 모델이나 다른 스캐폴딩을 제공한다.
- 전문가 수준의 채점기준표를 사용해 상위권 학생을 지도한다.

학습결과물

학습결과물(product)은 학생들이 일정 기간 학습한 결과로 무엇을 알고, 이해하며, 할 수 있게 되었는지를 보여주는 결과물이다. 이 책에서 논하는 개별화모형에서는 학습결과물을 총괄평가와 동의어로 사용한다. 좀 더 전형적인 시험이 학습을 총괄하는 장치로서 존재하기는 하지만, 대개 지식과 기술을 측정하는 데 그친다. 이 책의 개별화모형은 총괄적인 측정 혹은 학습결과물로서 보다 실제적인 수행과제를 더 많이 사용하도록 권하는데, 그런 과제야말로 학생들에게 자신이 이해하고 있는 것을 입증하고 이미 학습한 것을 다른 상황에 전이하는 능력을 요구하기 때문이다. 학생들의 학습준비도에 기반해 학습결과물을 개별화하기 위한 전략에는 다음과 같은 것이 있다.

- 시간이 오래 걸리는 과제를 지속하는 데 어려움을 겪는 학생을 위해 중간 점검을 더 자주 한다.
- 학생의 읽기수준을 토대로 더 복잡하거나 덜 복잡한 읽기자료를 제공한다.
- 단원의 KUD에 기초한 공통목표뿐 아니라 학생의 현재 실력으로 도달할 다음 단계에 근거해 개인적인 목표를 세우게 한다.

■ 지역사회 멘토를 초빙해 학생들의 이해를 돕거나 확장시킨다.

연습문제 5.2(214쪽)는 학습준비도에 기초해 학습내용·학습과정·학습결과물을 개별화할 수 있는 추가적인 방법을 제공한다.

학습계약과 층위별 활동을 통해 개별화하기

이번 장은 학생들의 학습준비도에 대응하기 위한 전략을 많이 다루고 있다. 여기서는 가장 흔하게 사용되는 두 가지 전략인 학습계약과 층위별 활동에 대해 좀 더 자세히 살펴볼 것이다.

학습계약

학습계약(learning contracts)은 학습메뉴, 학습티켓, 학습목록표, 생각방놀이(think-tac-toes) 같은 다양한 형태를 취한다. 형태가 어떻든, 학습준비도의 개인차를 다루기 위해 사용되는 계약 혹은 이와 유사한 전략들은 다음과 같은 공통적 요소를 갖는다.

■ 교사는 학생들과 학습계약을 맺는데 그 계약은 첫째, 특정 단원 혹은 주제에 대한 핵심 지식·이해·기술을 반영하고, 둘째, 해당 학생이 가장 필요로 하는 영역에 초점을 두어야 한다. 때때로 학습계약은 학생의 강점과 연계되거나 이를 부각시키기도 한다.

- 형성평가 자료는 교사가 학생들 각각에 대한 학습계약 항목을 선택하는 데 도움이 된다.
- 학습계약은 대개 형태도 비슷하고 항목의 개수도 같아서 매우 비슷한 모습을 띠지만, 항목 자체는 학생별로 다르다. 대다수 혹은 모든 학생이 공유하는 항목도 있지만 어떤 항목은 단지 일부 학생만이 공유한다.
- 학습계약은 필수항목만 포함할 수도 있고 선택항목을 동시에 포함할 수도 있다.
- 학생에게는 학습계약에 따른 과제 중에서 무엇부터 완료할지 선택할 수 있는 권한이 있다. 교실에서 어디에 앉을지, 학습계약 중 어떤 부분을 집에서 할지 학교에서 할지 선택할 수도 있다. 하지만 이러한 선택권을 효과적으로 사용하지 못하는 경우, 교사가 학생에게 과제를 부과해 학생이 성공적으로 학습활동을 마무리하도록 진행할 수도 있다.
- 학생마다 각자 계획에 맞춘 일정진행표를 기록함으로써 마감기한 내에 모든 과제가 적절하게 완료될 수 있게 한다. 학습계약을 이행할 때는 언제라도 교사가 살펴볼 수 있도록 진행표는 학생의 책상에 게시되어 있어야 한다.
- 학생은 각각의 과제를 완수할 때마다 그 정확도와 내용 이해도를 평가받기 위해 교사 혹은 교사가 지정한 '검토자'로부터 과제를 검토받아야 한다, 미흡한 부분을 지적받으면 학생은 과제를 수정해야 한다.

학습계약은 학생의 필요에 맞춘 학습활동을 하게 한다는 점에서 교사에게 유용하다. 이는 학생들에게도 매력적인 학습법인데, 학생 스스로 선택하는 요소가 있고 대체로 학생들의 학습준비도에 잘 부합해서 성취를 돕기 때문이다. 한 마디로 뇌친화적인 상황을 조성한다.

도표 5.4는 초등학교 1학년 학급의 담임교사가 간단하게 작성한 학습계약서의 예다. 원의 각 부분을 차지하는 여덟 개의 과제는 이 시기에 학생이 습득해야 할 가장 중요한 특정 수학 기술과 문해력 기술을 나타낸다. 여덟 가지 과제 모두 교실의 어디에서나 동시에 활용할 수 있다. 이 계약서는 케이티라는 학생을 위해 작성된 것이다. 케이티가 학습의 각 항목을 완료하면 교사는 그 과제를 살펴보고 완료된 날짜를 기록하며(이를 통해 교사는 케이티가 과제를 완료하는 속도를 모니터할 수 있다), 체크(만족스러움) 혹은 체크 플러스(매우 우수함) 중 하나로 평가점수를 매긴다. 만약 어떤 부분에서 하나의 체크도 받지 못하면 케이티는 충분히 만족스러운 수준이 될 때까지 그 과제를 완수해야만 한다. 원의 아래에 있는 표는 케이티가 과제를 일찍 마치면 할 선택활동들을 보여준다. 많은 학생이 동시에 같은 활동을 고르지 않도록 학생들은 자신이 흥미가 있는 다른 선택사항도 요구할 수 있다. 학생들은 각 선택사항의 학습센터로 가서 표의 해당 부분에 구멍을 뚫는다. 선택사항에 구멍이 뚫린 학습센터로는 다시 돌아갈 수 없다. 학생들의 필요를 반영해 그들에게 특별히 필요했던 기술을 4차시에 걸쳐 집중적으로 학습하게 했더니 대부분의 학생이 해당 분야에서 눈에 띌 정도로 발전을 보였다.

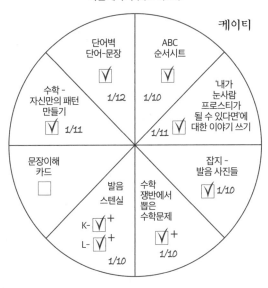

학생의 선택/속도에 따른 개별화
학습계약서 (1/9-1/12)

위의 과제들을 끝낸 후 선택활동

기하판	레고	퍼즐	책
컴퓨터	그림그리기	칠판	

층위별 활동

층위별 활동(tiering)은 모든 학생이 같은 내용을 배우지만 각자 난이도를 달리해 학습하는 전략이다. 이는 학생들이 공통의 목표를 향해 달려가지만 자신의 근접발달영역(ZPD), 즉 자신이 수행할 수 있는 적절한 수준의 도전적 상황에서 학습하도록 하는 것이다. 학생들은 학습센터, 학습일지, 학습결과물, 문제, 실험실, 숙제, 평가 등 다양한 분야에서 층위로 구분될 수 있다.

층위별로 제공되는 과제는 다음과 같은 특징을 지닌다.

- 층위별로 제공되는 과제는 동일한 핵심 지식·이해·기술에 초점을 두어야 한다.
- 층위별로 제공되는 과제를 완성하려면 학생들은 사고하고 추론해야 한다.
- 층위별로 제공되는 과제는 학생들에게 똑같이 흥미를 유발하고 참여를 유도해야 한다.
- 비록 어떤 시기에 교사가 보기에 학생 스스로 층위별 과제를 선택하는 것이 유익하고 이러한 선택이 학생의 필요에 근거했더라도, 층위별 과제에서 학생들의 과제는 지속적인 평가 및 학습준비도에 대한 관찰을 통해 설정되어야 한다.

다음에 제시되는 두 가지 시나리오는 층위별로 제공되는 과제가 실제로 어떻게 운영되는지를 보여준다. 첫 번째 시나리오는 중학교 과학 수업이다. 교사는 두 개의 층위별 과제를 만들었다. 두 과제 모두 학생들은 실험에서 어떤 일이 일어났는지뿐만 아니라 일어난 일의 의미에 대해서도 생각해야 한다. 또한 명확한 언어로 실험의 중요성에 대해 소통해야 한다. 하지만 두 번째 층위별 과제는 첫 번째 과제보다 조금 더 추상적이고 복잡하며 개방적이다. 두 번째 과제는 해당 학습내용에 대해 이미 확실하게 이해하고 있고 더 추상적으로 생각할 수 있는 학생에게 적합하다. 두 번째 시나리오는 초등학교 수업이다. 교사는 세 개의 층위별 과제를 만들었다. 늘 그렇듯 과제는 학생의 필요에 맞게 다양한 난이도를 반영하지만 해당 과제의 주제인 '좋은 친구의 특징'만큼은 모든 학생이 고려해야 한다.

| 교실에서 |　**과학실 실험에 대한 성찰 (중학교)**

중학교 과학교사인 맹 선생님은 학생들이 방금 과학실에서 마친 실험에 대해 성찰하기를 원했다. 맹 선생님은 이에 대해 두 개의 층위별 과제를 만들어서 각 학생에게 둘 중 하나가 담긴 쪽지를 건넸다. 선생님은 학생들에게 성찰 길잡이를 주의 깊게 따르며 실험에 대해 자신이 이룰 수 있는 가장 높은 수준의 통찰과 이해를 보여달라고 했다. 성찰 길잡이의 두 가지 층위별 과제는 다음과 같이 적혀 있었다.

층위별 과제 1
오늘 반 친구 한 명이 실험의 결론에 도달하기 직전 과학실을 떠나야 했습니다. 그 친구에게 과학실험에서 무슨 일이 일어났는지, 왜 일어났는지, 그리고 그 실험이 보여준 것이 실생활에서 어떻게 적용될 수 있는지에 대해 알려줄 말을 써보세요. 그 친구에게 설명할 수 있는 유일한 사람이라고 가정하고, 가능한 한 많은 도움을 주세요.

층위별 과제 2
오늘 실험에서 있었던 핵심적이고 중요한 요소 하나를 선택하세요. 그리고 어떤 방식으로든 그 요소에 변화를 주세요. 그 변화로 인해 실험은 어떻게 바뀌게 될까요? 그 이유는 무엇일까요? 이에 대해 어떤 원칙을 추론할 수 있습니까? 자신이 선택한 내용이 유용하고 통찰력 있으며 지적으로나 과학적으로 의미 있는 것임을 설명해보세요.

좋은 친구의 특징 (초등학교)

초등학교에서 우정에 대해 공부하는 동안, 우 선생님은 학생들이 좋은 친구의 특징에 대해 생각해보기를 원했다. 비록 학생들의 언어사용능력은 서로 달랐지만 선생님은 모두가 이 문제에 대해 생각해보기를 바랐다. 선생님은 모든 학생에게 우정의 특징에 대해 설명하라고 하면서도 언어능력에 대한 개인차를 고려해 과제를 층위별로 달리했다. 학생들은 모두 '좋은 친구의 특징'이라는 주제로 과제를 받았다. 우 선생님은 층위별 과제마다 지시사항을 녹음해 학생들이 자신의 과제를 시작할 때 들을 수 있게 했다.

층위별 과제 1

좋은 친구들은 서로의 이야기에 귀 기울입니다. 그들은 서로 관심을 가져줍니다. 또 친구가 행복하면 자신도 행복하고, 친구가 슬프면 자신도 슬픕니다. 좋은 친구들은 가능하면 서로를 도와주려고 노력합니다. 그들은 서로가 서로를 믿고 있다는 것을 잘 압니다. 자, 이제 좋은 친구의 특징을 보여주는 그림을 그리고, 그 특징을 보여주는 단어를 오려 그림 옆에 붙여서 그 친구가 어떤 특징을 가진 좋은 친구인지 알려주세요. 그런 다음 모둠친구들과 생각을 나눠보세요. 좋은 친구란 어떤 친구인지 그림을 통해 명확히 설명할 수 있도록 서로 도와주세요.

층위별 과제 2

폴더 안에 있는 두 개의 그림을 보세요. 둘 중 어느 쪽이 좋은 친구를 묘사하고 있는지, 어느 쪽이 그렇지 않은지 판단하세요. 책상 위의 단어스티커를 골라 해당하는 그림에 붙이세요. 좋은 친구 그림에는 단어스티커 옆에 V표시를 하고, 그렇지 않은 그림에는 단어스티커 옆에 X표시를 하세요.

층위별 과제 3

폴더 안에 있는 그림을 보고, 그림 속의 인물들이 좋은 친구의 예인지 아닌지를 판단하세요. 좋은 친구의 특징 목록을 활용하면 도움이 될 것입니다. 그런 다음, 그림 속 인물들이 좋은 친구 같은지 그렇지 않은지에 대해 각각의 인물에게 보내는 편지를 써보세요. 좋은 친구의 특징 목록을 활용하면 그림 속 인물들이 왜 좋은 친구로 보이는지 그렇지 않은지 그들이 이해하기 쉽게 설명해줄 수 있을 겁니다.

도표 5.5는 교사가 학생들이 적합한 난이도에서 학습하도록 통상 2~4개의 다양한 층위별 과제를 만들 때 점진적 지원을 제공하는 유용한 도구가 될 것이다. 이 도구는 이퀄라이저(equalizer)라고 불리는데

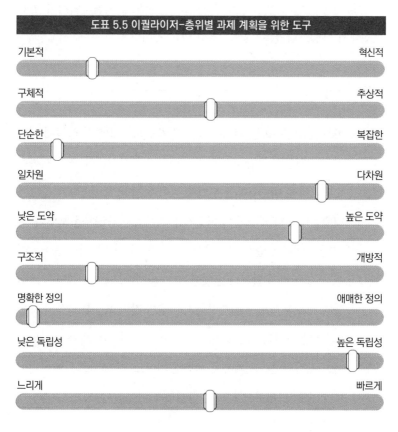

도표 5.5 이퀄라이저-층위별 과제 계획을 위한 도구

기본적	혁신적
구체적	추상적
단순한	복잡한
일차원	다차원
낮은 도약	높은 도약
구조적	개방적
명확한 정의	애매한 정의
낮은 독립성	높은 독립성
느리게	빠르게

출처: 『교실현장에서 가져온 개별화수업 1 – 실천편』
ASCD(미국교육과정개발 및 장학협회)에 대한 자세한 내용은 www.ascd.org 참조.

CD플레이어에 있는 음량, 톤, 베이스 등의 조절버튼처럼 보이도록 고안되었다. 같은 원리로 이 도구는 교사가 다양한 층위별 과제를 마련할 때 그 난이도를 조절할 수 있게 되어 있다. 교사는 한 개 혹은 그 이상의 버튼을 왼쪽으로 움직여 좀 더 기초적인 수준의 과제를 만들 수 있으며, 오른쪽으로 움직여 난이도 높은 과제를 만들 수도 있다. 앞의 두 가지 〈교실에서〉 시나리오로 다시 돌아가면, 중학교 과학수업의 과제와 초등학교 수업의 우정에 대한 과제의 난이도가 이퀄라이저의 어떤 요소에서 다양화되었는지 판단할 수 있을 것이다.

| 개선 사례 |

파르 선생님은 대수과목을 듣는 학생들의 기초수학 실력에 어떤 약점이 있는지 알아내기 위해 사전평가를 실시했다. 또 이제까지 수업시간에 대수과목을 다뤄본 적이 없지만, 학생들에게 간단한 대수문제를 내고 그들이 어떻게 문제에 접근하는지를 보았다. 선생님은 앤이 전반적인 수학실력은 좋지만 대수문제를 풀어보려는 시도는 하지 않는다는 것을 알게 되었다. 파르 선생님은 학생들과 새로운 학년을 시작하면서 다음과 같이 포부를 밝혔다.

"선생님은 너희들의 향상도를 자주 확인하고 너희가 준비되었다고 생각되면 도전과제를 제공할 거야. 그리고 새로운 아이디어나 기술을 이해하지 못하면 확실하게 이해할 수 있도록 여러 기회를 줄게."

파르 선생님은 출구카드(exit card, 교실을 나가도 좋다는 허락카드-

옮긴이)와 같은 형태의 형성평가를 자주 사용하면서 특정 기술 및 적용에 관해 학생들이 '앞으로 나아갈' 준비가 되었는지, '예행연습' 중인지, '재시동'을 걸어야 하는지를 그들 스스로 표시하게 했다. 그 표시와 평가자료에 근거해서, 학생들이 교사와 함께하는 소모둠 활동을 포함해 일주일에 적어도 두 번은 다양한 난이도의 과제를 하도록 했다. 또 각자 현재의 수준에서 이해와 수행을 향상시킬 수 있도록 개별화된 숙제와 학습계약을 제공했다. 파르 선생님은 학생들이 집에서 혼자 문제를 풀기 전에 먼저 교실에서 문제풀이 3인조에 가담해서 친구들과 함께 몇 개의 문제를 풀어보게 했다.

앤은 대수는 정말 어렵다고 예전부터 들어왔고 자신도 잘할 수 없을까 봐 두려워했다. 하지만 파르 선생님의 수업에서는 일부러라도 뒤처지는 게 더 어려운 일이었다! 이제 앤은 다른 학생들에게 대수가 흔히 듣는 말처럼 그렇게 어려운 과목은 아니라고 이야기한다.

학습준비도를 토대로 수업을 개별화하기 위한 체크리스트

다음 질문에 답한 후, 작성한 답안을 살펴보면서 학생들의 다양한 학습준비도 필요를 충족시키기 위해 수업에 변화를 줘야 할지 생각해보세요. 교장이나 교감이라면 교무회의에서 이 활동지를 활용하여, 학습준비도에 따라 개별화수업을 시행하기 위해서 학교가 나아갈 바를 논의할 수 있을 것입니다. 아래 질문들은 교사연수를 계획하거나 학습준비도에 근거하여 좀 더 철저히 수업을 개별화하려는 교사에게 도움이 될 것입니다.

1   당신은 학습준비도와 학습능력의 차이를 명확히 이해합니까?

2   대단원과 소단원의 KUD를 명확하게 인지하고 있습니까?

3   학생들은 학습목표에 대해 명확히 이해하고 있습니까?

4   당신은 KUD와 긴밀하게 연계된 사전평가를 실시하고 있습니까?

5   사전평가는 필수적인 사전지식을 확인합니까?

6 당신은 읽기, 쓰기 및 해당 주제에 필수적인 기초능력 면에서의 학습준비도를 확인합니까?

7 단원을 시작하기 전에 충분한 시간을 두고 사전평가를 실시해, 거기에서 파악된 학습준비도를 토대로 수업을 계획합니까?

8 기초지식, 필수적인 사전지식, KUD의 부족한 점을 확실하게 다루기 위한 계획을 미리 작성했습니까?

9 필수적인 KUD를 전부 혹은 대부분 이미 숙달한 채로 수업에 들어온 학생의 학습을 위한 계획을 미리 작성했습니까?

10 단원에서 학생들이 진도를 따라오지 못하거나, 잘못 이해하거나, 빠르게 다음 단계로 나아갈 가능성이 높은 각각의 핵심 지점을 파악했습니까?

11 그러한 핵심 지점에서 학습준비도의 필요를 다루는 수업전략 및 접근법을 단원에 적용했습니까?

12 단원이 진행되는 동안 학습준비도 면에서 동질적인 모둠과 이질적인 모둠 모두를 위한 학습계획을 작성했습니까?

13 학생들이 자신의 필요에 부합하는 학습준비도 과제를 선택할 경우 현명하게 선택할 수 있도록 준비시켰습니까?

14 학생들이 다양한 모둠에서 다양한 과제로 학습할 수 있도록 수업의 루틴과 절차를 개발했습니까?

15 학생들이 이러한 루틴과 절차를 통해 효과적으로 학습하고 이를 정교화하도록 준비시켰습니까?

16 학생들의 학습시간을 활용해 소규모 모둠과 만나거나 그들을 가르치고 그들의 학습 및 진행상황을 모니터합니까?

17 학생들의 활동 및 정기적인 형성평가를 통해 다양한 학습준비도를 다루기 위한 수업계획을 세웁니까?

18 개별화된 활동은 단원의 KUD와 밀접하게 연관되어 있습니까?

19 모든 학생은 각자 학습준비도에 맞게 스캐폴딩을 지원받고 학습내용을 이해합니까?

20 학습내용과 학생들을 꾸준히 연구합니까? 또한 학습준비도에 맞게 각각의 학생과 필수적인 학습내용을 연계시켜 학생의 성장에 도움이 될 방법을 깊이 생각합니까?

학습준비도를 토대로
학습내용·학습과정·학습결과물 개별화하기

다음은 학생들의 학습준비도를 토대로 학습내용·학습과정·학습결과물을 개별화하는 데 도움이 될 만한 활동들입니다. 여기에 적절하다고 생각하는 다른 활동들도 추가해보세요. 만약 교장이나 교감이라면 교무회의에서 이 활동지를 활용하여, 학습준비도를 토대로 위 세 가지 요소를 개별화하기 위해 학교가 나아갈 바를 논의할 수 있을 것입니다.

학습준비도를 토대로 학습내용 개별화하기

1   과학과목의 추상적인 개념을 이해할 수 있도록 학생들의 삶에서 끌어온 비유를 사용하세요.

2   텍스트에서 가장 핵심적인 부분을 표시해둔 읽기자료를 제공하여 읽기 및 언어 능력에 어려움이 있는 학생들도 핵심 내용을 성공적으로 학습할 수 있게 하세요.

3   각자 학습준비도 수준에 맞는 소규모 모둠학습을 실시하세요.

4   읽기능력이 떨어지는 학생은 날마다 두 개의 읽기모임에 참여하게 하세요.

5 학생이 핵심 내용의 이해에 어려움을 느끼면 소규모 워크숍을 개최하세요.

6 교재나 강의를 이해하는 데 도움이 되도록 핵심 단어의 정의와 그림이 포함된 단어목록을 제공하세요.

추가활동 →

학습준비도를 토대로 학습과정 개별화하기

1 학생들이 분수를 이해할 수 있도록 손으로 조작이 가능한 교구를 이용하세요(이미 분수의 개념을 완벽하게 이해하고 있는 학생에게는 사용하지 마세요).

2 온라인 수학보충프로그램을 사용해 학생들의 학습준비도를 평가하고 적절한 수준의 과제 및 피드백을 제공하세요.

3 다양한 길이의 시간 동안 머물 수 있는 학습정거장에 학생들을 배정해 각 정거장에서 학습내용을 습득하려면 그만큼의 시간이 필요하다는 것을 설명하세요.

4 여러 단계로 이루어진 과제를 어려워하는 학생에게는 한 번에 하나씩 지시사항을 제시하세요.

5 영어가 모국어가 아닌 학습자가 지시문을 이해할 수 있도록 과제수행의 시범을 보여주세요.

6 학습준비도를 토대로 해당 기술의 연습기회를 늘리거나 줄이세요.

추가활동 → _____

학습준비도를 토대로 학습결과물 개별화하기

1 개념이나 기술을 익숙한 상황에 적용하게 하고, 상급학습자의 경우는 낯선 상황에 적용하게 하세요.

2 학습결과물을 영어로 제출하는 경우에도 참고자료는 학생의 모국어로 제공하세요.

3 어휘 및 언어 관련 학습장애가 있는 학생에게는 철자확인프로그램을 제공하세요.

4 어떤 학생에게는 최종 학습결과물 제출 마감일 1주일 전에 초안을 제출하게 하세요. 그 결과물을 만들기 위해 매우 복잡한 작업과정을 거친 학생이 이 과정에서 실수한 것에 대해 벌점을 받을까 봐 걱정할 수 있기 때문입니다(먼저 제출하면 미리 피드백을 줄 수 있음).

5 정해진 시간표에 따라 학습하는 것이 어려운 학생에게는 계획표를 제공해 최종 결과물의 단계별 과제를 언제까지 완성할지 계획을 세우게 하세요. 그러면 마감기한 내에 제출할 수 있게 됩니다.

6 학습준비도에 따라 다양한 수준으로 정교하게 만든 효과적인 과제 모형들을 제공하세요.

추가활동→ _____

6

흥미에 따른
개별화지도

대부분 교사들은 학생이 학습에 흥미를 느끼는지에 상관없이 가능한 많은 내용을 다루려고만 한다. … 정부는 교육에 상대적으로 많은 투자를 하고 있지만, 학생을 최우선에 두지 않는 교육은 무용지물이란 것을 아직 깨닫지 못한 듯하다. 배움에 흥미가 없고 배우려는 의욕도 없는 학생을 가르치는 것은 낭비다. … 학습내용을 명확하고 합리적으로 전달했다고 해서 교사의 할 일이 끝난 것은 아니다. 학습내용은 흥미롭기도 해야 한다. 학습은 배우고자 하는 학생들에게 매력적이고 보상이 주어지는 일이어야 한다.

미하이 칙센트미하이(Mihaly Csikszentmihalyi),
케빈 래선드(Kevin Rathunde), 새뮤얼 웰런(Samuel Whalen)
『Teenagers: The Roots of Success and Failure
(십대의 재능은 어떻게 발달하고 어떻게 감소하는가)』

가르치는 일이 곧 표준화시험(standardized tests)을 준비하는 것과 동일시되던 시기에는, 학생들이 수업내용에 우연히 흥미를 갖지 않는 이상 학생들의 흥미는 수업에서 전혀 중요한 요소가 아니었다. 하지만 저자들의 개인적인 경험이나 수업관찰 등을 통한 연구에 따르면, 학생들의 흥미는 학습에서 부차적인 것이 결코 아니다. 흥미는 학습동기, 실제 삶과의 관련성, 이해와 밀접하게 연관된, 일종의 학습으로의 연결통로이다. 심지어 흥미는 공부를 힘들어하는 학생이 학교를 계속 다닐지 아니면 최근 증가하고 있는 자퇴 행렬에 동참할 것인지를 결정하는 데에도 영향을 준다. 미국의 25개 대도시, 도시 근교, 소도시 학교의 학생 약 500명에게 자퇴 이유를 물어본 연구 결과(Bridgeland et al., 2006), 응답 학생의 47퍼센트가 수업에서 어떤 흥미도 느끼지 못했음을 자퇴의 주된 이유로 꼽았다(222쪽 도표 6.1 참조). 이 연구 결과는 교사들에게 결코 무시할 수 없는 강력한 메시지를 던진다. 그런데도 대부분의 교사는 여전히 학생들의 흥미를 등한시하며, 학생들이 관심있어 하는 것과 그들이 가르쳐야 한다고 생각하는 교육과정을 연결시키지 못하고 있다.

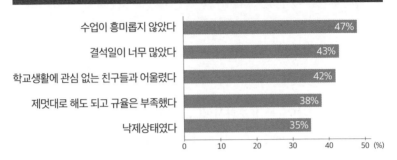

도표 6.1 자퇴의 이유 상위 5가지

이유	비율
수업이 흥미롭지 않았다	47%
결석일이 너무 많았다	43%
학교생활에 관심 없는 친구들과 어울렸다	42%
제멋대로 해도 되고 규율은 부족했다	38%
낙제상태였다	35%

출처: Bridgeland et al., 2006, p.3. Civic Enterprises의 허가에 의한 인용

| 관련 사례 |

웨이머 선생님은 학년말시험에서 학생들의 성적을 올려야 한다는 압박에 시달렸다. 그에게 이런 상황은 마치 엄청난 속도로 다가오는 결승점을 향해 질주하는 것만 같았다. 선생님은 가능한 한 효과적으로 가르치기 위해 열심히 노력했다. 수학시간에는 고난도 문제를 제한시간 내에 푸는 것을 목표로 했고 대부분 달성했다. 학생들도 대체로 협조적이었다. 그러나 수업시간에 활기라고는 찾아볼 수 없었다. 필립은 최소한 C학점은 받을 수 있게 노력했다. 그 이하를 받으면 집에서 끝도 없이 잔소리를 듣거나 외출금지를 당할 수 있기 때문이다. 수재너는 수업에 집중하려고 했지만 자꾸 시계에만 눈이 갔다. 안드레는 맥없이 앉아 있다. 그는 수업시간에 하는 과제도 집에서 해오는 숙제도 제대로 마치지 못하는 경우가 많다. 어느 날 웨이머 선생님은 새로운 주제로

학생들의 주의를 끌기 위해 이렇게 말했다. "자, 여러분, 잘 들어보세요. 이건 좀 까다롭긴 해도 반드시! 꼭! 알고 넘어가야 해요." 그때 교실 오른쪽 구석에서 누군가 나직한 목소리로 말했다. "그렇겠지. 우리 모두 엄청 똑똑해지겠는걸."

학생의 흥미에 관심 갖기

'흥미(interest)'란 자신에게 중요한 무엇인가에 집중하거나 관심을 갖게 하는 느낌이나 감정을 말한다. 자신에게 흥미로운 주제나 사건, 사례는 관심을 끌어당기고 주의를 붙잡으며 호기심을 불러일으키거나 매료시킨다. 또 기분 좋게 마음을 사로잡기도 하지만 때로는 근심을 유발하기도 한다. 이렇게 우리는 흥미로운 것에는 집중하고 그렇지 않은 것에는 주의를 차단한다.

교사가 수업시간에 학생의 흥미에 관심을 갖는 것은 그러한 흥미를 이용해 학습을 촉진시키려는 것이다. 주요 학습내용을 학생들의 흥미와 연관시키면 학생과 핵심 지식·이해·기술 사이에 연결고리가 생기게 된다. 학생의 흥미에 따라 효과적으로 개별화한 수업은 다음 4가지 핵심 원칙에 근거한다.

1. 흥미는 뇌의 주의체계를 동원해 인지적 참여를 촉진한다.
2. 수업시간에 어떤 모둠으로 구성하든 학생들끼리는 공통의 흥미도

있고 서로 다른 관심사도 있기 마련이다.

3. 교사가 교육과정과 수업의 맥락을 고려하면서 학생들의 흥미를 잘 다루면 학생들이 수업에 몰입할 가능성은 높아진다.

4. 학생들의 흥미에 관심을 갖더라도 핵심 지식·이해·기술에 초점을 맞춰야 하며, 학생들의 주의를 거기에서 벗어나게 해서는 안 된다.

학생의 흥미를 토대로 수업을 개별화한다는 것은 교사가 항상 모든 학생의 흥미에 관심을 기울이며 교안을 개발해야 한다는 뜻이 아니다. 또한 학생의 흥미가 변하지 않는다는 것도 아니며, 모든 수업이 흥미에 초점을 맞춰야 한다는 것도 아니다. 물론, 핵심적인 학습내용이 학생의 흥미에 밀려 뒷전으로 밀려나야 한다는 것도 아니다. 흥미 기반의 개별화수업이 시사하는 바는, 교사가 학생들과 학습내용에 대해 잘 알고 있으면, 학습주제와 과목에서 가장 중요한 것을 학생들에게 가장 중요한 것(흥미)과 연결시킴으로써 교수와 학습을 향상시킬 기회를 더 많이 갖게 된다는 것이다. 학생의 흥미에 기반을 둔 개별화수업은 학습자로서의 유능감(learner efficacy)과 학업적 성취를 향상시킬 가능성을 높인다.

왜 학생의 흥미에 대응하는 것이 중요한가

다수의 이론과 연구에 따르면, 흥미에 기반을 둔 학습은 장·단기적으로 학습동기 증진과 성취도 향상에 기여한다(Hébert, 1993; Renninger, 1990, 1998; Tobias, 1994). 다양한 이론가와 연구자들은 흥미에 기반을 둔 학습이 다음과 같은 효과를 낼 수 있다고 주장한다.

■ 학습자들의 더 높은 참여와 생산성 및 성취도 향상을 낳는다 (Amabile, 1996; Torrance, 1995).

■ 학습활동에 대한 보상과 만족감을 느끼게 해준다(Amabile, 1983; Bruner, 1961; Collins & Amabile, 1999; Sharan & Sharan, 1992).

■ 유능하다는 느낌, 스스로 선택하고 결정한다는 느낌, 자율감을 갖 게 해준다(Amabile, 1983; Bruner, 1961; Collins & Amabile, 1999; Sharan & Sharan, 1992).

■ 어려움에 직면했을 때 이를 기꺼이 감내하고, 포기하지 않고 끈기 있게 일을 진행시킬 수 있게 독려해준다(Csikszentmihalyi et al., 1993; Fulk & Montgomery-Grimes, 1994).

■ 긍정적이고 학습자 중심인 환경을 조성한다(National Research Council, 1999)

■ 소수계 가정환경 출신의 학생들도 자신의 경험에서 의미를 찾을 수 있게 함으로써 그들도 존중받는 포용적 학습환경을 만들어준다 (National Research Council, 1999).

■ 학생과 교사가 긍정적인 관계를 맺게 해준다(Willingham, 2009).

이 분야의 전문가들은 특정 학습맥락에서 선택의 여지와 새로움을 부여하거나 사전지식을 끌어들이면 학습에 흥미를 못 느끼던 학생들도 중요한 학습내용에 쉽게 접근할 수 있다는 점에 주목한다(Hidi, 1990; Hidi & Anderson, 1992; Hidi & Berndorff, 1998). 예를 들면, 학생들 스스로 흥미로운 읽기자료를 선택했을 때 학습에의 참여도와 성취도가 향상되는 식이다(Carbonaro & Gamoran, 2002).

연구자들은 학습자가 어릴 때 수행한 인지과제에서 흥미와 만족을 느꼈다면, 성장하는 동안에도 계속 인지적인 자극을 추구할 가능성이 높다는 점에도 주목한다(Gottfried & Gottfried, 1996; Neitzel et al., 2008). 무언가에 대한 강한 흥미를 갖고 청소년기에 진입하는 아이들이 그렇지 않은 아이보다 성공적으로 청소년기를 지낼 가능성이 높다는 연구 결과도 있다(Csikszentmihalyi et al., 1993).

더 나아가 '몰입(flow)', 즉 특정 영역을 공부하는 동안 시간이 훌쩍 지나버린 것처럼 느낄 만큼 완전히 몰두한 상태를 경험한 학습자는 해당 영역에서 연달아 더 복잡한 기술을 발달시킬 가능성이 높다. 그 과정이 지속적인 만족감을 만들어내기 때문이다(Csikszentmihalyi et al., 1993). 교사가 명확한 기준으로 학습에 대한 높은 기대치를 전달하고, 학생의 노력을 지원하며, 학습내용을 더 열정적으로 가르치고, 학생의 흥미와 재능을 활용하는 데 많은 시간을 투자해 수업계획을 세운다면, 학생들이 수업에 몰입할 수 있도록 더 효과적으로 도움을 줄 수 있을 것이다(Whalen, 1998). 또한 학습준비도와 흥미를 어떻게 연결할 것인가에 관심을 갖는 것도 중요하다. 학습이 학생들이 이해할 수 있는 범위를 넘어서거나 그들이 이미 알고 있는 것이라면 학생들에게 지속적으로 흥미를 일으킬 가능성은 줄어든다. 학생들의 흥미를 불러 일으키는 학습은 반드시 적절한 수준에서 도전할 만한 것이어야 한다 (Csikszentmihalyi et al., 1993; National Research Council, 1999).

신경과학과 흥미

인지심리학자들은 학습에서의 흥미를 '개인이 학습활동에 참여할 때 나타나는 일련의 행동'이라는 관점으로 설명하곤 한다. 이러한 행동에 는 높은 관심, 고조된 집중력, 노력을 기울이는 데서 오는 즐거움, 학습 의욕의 충만, 끈기·활력·전력을 다하며 자유롭게 학습활동에 참여 하려는 태도 등이 포함된다. 심리학자들은 다음과 같은 두 가지 유형의 흥미에 대해 설명한다.

1. 개인적 흥미(individual interest)는 개인이 특정 주제와 활동에 대해 갖는 지속적인 선호를 말한다. 이러한 흥미는 시간이 흐르면서 천천 히 발달하고, 지식과 기술의 향상, 안목의 발달, 긍정적 감정으로 이 어진다. 악기연주를 좋아하는 것, 천문학 연구에 매료되는 것 등이 이에 속한다.
2. 상황적 흥미(situational interest)는 긍정적인 감정을 이끌어내는 특 정한 환경조건에 의해 촉발된다. 간혹 부정적인 감정이 촉발되는 상 황에서도 야기된다. 상황적 흥미는 지속될 수도 있고 그렇지 않을 수

도 있는 좀 더 즉각적인 반응이다. 실내에 어떻게 밤하늘을 재현할지 알아보기 위해 천문과학관을 방문하는 것을 예로 들 수 있다.

두 가지 유형의 흥미 모두 긍정적인 정의적(affective) 요소를 포함한다. 둘 다 특정 주제나 활동 등 내용과 관련이 있으며, 개인과 환경의 상호작용으로 나타난다. 상황적 흥미와 개인적 흥미 간에 상호작용도 가능하다. 예를 들어, 어떤 주제에 대해 개인적 흥미가 있다면 그 학생은 지겨운 발표도 끝까지 들을 수 있다. 그 주제에 대해 어떤 특별한 개인적 동기가 없더라도, 주제가 제시되는 방법이 신선해서 상황적 흥미가 생긴다면 학생은 학습동기를 유지할 수 있다. 또 상황적 흥미가 시간에 걸쳐 개인적 흥미로 발달할 수도 있다. 예를 들어, 독서교사는 학생들이 특정한 이야기에 대해 갖고 있는 상황적 흥미를 이용해 읽기에 대한 장기적인 개인적 흥미를 발달시킬 수도 있다.

그렇다면 우리는 다음과 같이 질문할 수 있다. 흥미란 독립된 하나의 정신적 실체인가? 아니면 한 개인이 어떤 주제나 기술에 대해 더 배우고 싶은 의욕이 생길 때 일어나는 행동의 결과인가? 현재의 신경과학적 연구에 의하면, '흥미'라고 정의되는 단일한 실체에 분명하게 연관될 수 있는 신경망이 별도로 존재하지는 않는다. 그럼에도 불구하고 연구자들이 흥미(특히 동기)를 설명할 때 언급하는 많은 행동은 인지신경과학 연구를 통해 상당한 지지를 받고 있다. 이러한 연구 결과가 보여주는 것은, 높은 동기는 집중력과 학습의욕을 높이고(Engelmann & Pessoa, 2007; Goldberg, 2001; Raymond, 2009) 학습을 오래 지속하

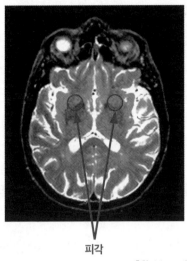

피각

출처: Johnson & Becker (2010). 허가된 사용

게 한다는 것이다(Vansteenkiste et al., 2004; Vollmeyer & Rheinberg, 2000). 또 높은 동기는 더 큰 흥미로 이어지고 높은 흥미는 본질적으로 동기를 불러일으킨다.

'학습을 위한 동기'와 '금전적 이익을 위한 동기'의 비교에 초점을 맞춘 신경영상연구는 동기에 관한 놀라운 사실을 드러냈다(Mizuno et al., 2008). 이 연구에서 학습을 위한 동기는 피각(被殼, putamen, 도파민이 이동하는 선조체의 일부로 조가비핵이라고도 불리며, 운동과 학습에 영향을 미치는 뇌 부위-옮긴이)이라는 뇌의 영역을 활성화시키는데(도표 6.2 참조), 동기가 높을수록 피각 내 신호 변화는 더욱 커졌다. 금전적 동기도 피각을 활성화시켰지만, 그 강도는 금전적 액수와는 관련이 없었다.

연구자들의 결론은 첫째, 피각은 다양한 영역에서 동기부여에 중요하며, 둘째, 피각의 활동 범위는 학문적 성취와 그에 따른 학문적 성공을 이끄는 동기에 결정적으로 중요하다는 것이다. 따라서 학생들이 흥미로운 것을 배울 때 경험하는 동기는 잠재적인 금전적 이익보다 더 만족스럽다고 추론할 수 있다.

수업에서 학생들의 흥미를 다루기 위한 7가지 테마

학생들의 흥미에 관심을 갖는 것이 수업에 유익한 이유는 다면적이고 상호 연관되어 있다. 일단, 주요 학습내용을 학생들의 흥미와 연관시키는 것은 학습환경을 향상시킨다. 이는 또 학생들의 주의력과 참여도를 높이며, 복잡한 사고와 기술을 계발할 수 있는 토대를 마련해준다. 나아가 도전에 직면해서도 학습을 지속하도록 지원하며, 학습에 대한 성취감과 만족감을 주고, 학생의 행위주체성과 독립심을 길러준다. 결국 이와 같은 요인들은 따로따로든 결합해서든 학생들의 학습을 의미 있게 향상시킬 수 있다.

다음은 교사가 학생들의 흥미를 고려해 수업을 계획하는 데 도움이 될 만한 7가지 테마이다. 각 테마는 학생들의 흥미를 불러일으키고 그 특징적 요소, 즉 의미 생성, 참여, 끈기, 주인의식 발달에 기여할 수 있다. 또한 각 테마는 학생들의 필요와 차이에 대응하는 교육과정과 수업을 계획하는 데도 역할을 한다.

1. "어, 나 그거 전에 들어본 적 있어!"

학생들에게 익숙한 예시나 응용 사례로 수업을 시작하면 수업이 더욱 흥미로워진다. 또 학생들이 이해와 기술 면에서 구체적인 쪽에서 추상적인 쪽으로, 단순한 쪽에서 복잡한 쪽으로 나아가도록 도움을 줄 수 있다.

2. "그거 우리집 같은데!"

수업시간에 배우는 내용에서 학생들 모두가 자신의 모습을 발견한다면 효과적이다. 하지만 이러한 경험은 교실의 주류문화에 속하는 학생들에게서 더 흔하다. 학교의 행정가들과 교사는 문화적 · 경제적 맥락을 묘사하는 상황들, 이를테면 책이나 영웅, 기념행사, 작업방식, 사례 같은 것을 제시할 때도 그들이 자랐거나 교육받아온 주류문화의 환경에 의존하는 경향이 있다. 하지만 한 교실 안에 있는 모든 학생에게 문화적인 관련성, 적합성, 친밀감을 보장해주는 것이야말로 학생들의 흥미와 성공을 거둘 더 넓은 그물을 던지는 일이다.

3. "이거 멋진데!"

교사가 수업내용을 심도 있게 파악하고 있으면, 분절적인 지식이나 기술이 아닌, 의미와 놀라움과 줄거리와 일화가 풍부하게 살아 있는 하나의 이야기로서 교육과정을 정교하게 만들 수 있다. 당연한 말이지만 교육과정이 흥미롭게 설계되었을 때 더 많은 학생이 보다 많은 것을 기억할 수 있다.

4. "맞아, 그 선생님 정말 재미있게 가르치셔."

교사가 필수 학습내용과 학생들의 흥미에 따라 자신의 교수 방식이나 학생들의 발표 방식을 체계적으로 다양화하면 수업은 더 생기 있고 흥미로운 것이 된다. 그러면 더 많은 학생이 학습에 성공하게 되고, 당연히 더 많은 학생이 공부에 흥미를 느낄 것이다.

5. "그거 알아? 그 선생님 진짜 재미있는 분이야!"

교사가 수업내용에 대한 흥미를 넘어 평소에 갖고 있는 흥미에 대해서까지 공유하면, 학생들은 다양한 흥미를 갖고 살아가는 사람의 좋은 본보기를 보며, 학습이 삶의 모든 측면을 풍요롭게 할 수 있다는 점을 더 잘 이해하게 된다. 또한 이러한 흥미를 어떻게 학습내용과 연관시키고 명확하게 설명하는지 보여준다면 학생들에게는 이중으로 이롭다.

6. "나는 이 과목에서 내 자신을 발견해요."

모든 아이가 수학, 역사, 미술 혹은 학교에서 가르치는 그 외 다른 과목에 흥미가 있는 것은 아니다. 하지만 모든 학생은 자신만의 흥미를 지닌 채 교실에 온다. 더욱이 학습내용은 학교에서 배우는 것처럼 따로따로 나뉘어 있지 않고, 현실세계에서는 상호 연관되어 있다. 수학은 스포츠, 미술, 정치와도 밀접하게 관련되어 있다. 역사는 거리 곳곳을 비추는 거울이다. 시는 음악의 선율이 입혀지기를 기다리는 가사이며 모든 이의 삶에 감동을 준다. 학생들의 흥미가 갖는 힘을 알고 있는 교사는 "여기 우리가 오늘 연습할 중요한 기술이 있어. 이것을 학교 안의 문제와 연관시킬지, 국내의 골치 아픈 문제와 연관시킬지, 아니면 미래에 벌어질 어떤 일과 연결시켜 사용할지는 너희가 선택하렴."이라고 말하는 것이 얼마나 중요한지 알 것이다. 이러한 교사는 또한 이렇게 말할 것이다. "좋은 전기문의 특징을 이해하려면 전기를 읽어야 한다. 여기 여러 시대에 걸쳐 다양한 나라 출신의 운동선수, 배우, 과학자, 악당, 영웅, 지도자, 발명가의 전기가 있어. 이 중에서 너희가 흥미를 느끼는 책을 찾기 바란다. 하지만 다른 인물의 전기를 원한다면 그것을 읽어도 돼."

7. "내가 ~에 대해 배울 수 있는 방법이 있지 않을까?"

가끔 학생들은 교육과정에는 반영되어 있지 않은 어떤 주제에 강한 흥미를 갖기도 한다. 이 경우 학생들은 그 주제에 대해 더 많이 알고 싶은 깊은 갈증을 느끼고, 학교는 이러한 갈증을 채울 수 있는 유일한 혹은 최상의 장소일 수 있다. 학생들의 호기심과 학습과정을 확장하고 싶은 교사는 그 같은 학습을 위한 특별한 공간을 만들어주거나 배울 기회를 학생에게 허용하고, 학습에 도움을 줄 방법을 찾는다. 간혹 학생들은 답을 찾고 싶어 안달하며 더 간단한 문제를 갖고 오기도 한다(혹은 수업 중에 발견하기도 한다). 이를 기회로 삼아 교사는 교실에 학생들의 흥미를 위한 공간을 만들 수 있고, 학교교육의 특징이라고 할 수 있는, 인위적으로 분리된 지식 사이의 경계를 허물 수 있다. 이러한 두 가지 예에서, 닻활동(anchor activity, 반 전체가 하고 있는 과제를 먼저 마친 학생이 독립적으로 학습할 수 있도록 부여한 과제. 배를 고정시키는 닻처럼 학생이 전체 과제에서 벗어나지 못하게 한다는 의미로 이런 이름이 붙었음–옮긴이), 탐구센터, 심화학습센터, 독립연구 같은 전략을 이용해 학생들이 개인적으로 흥미를 느끼는 영역과 질문들을 조사하도록 할 수 있다.

흥미기반 개별화수업을 계획할 때 학급 요소의 역할

학습준비도에 따른 개별화수업과 마찬가지로, 흥미에 따른 개별화수업도 학습환경, 교육과정, 평가, 학급운영, 수업지도 등 5가지 핵심 요소와 밀접한 관계가 있다. 각각의 시사점, 그리고 효과적인 개별화수업 안에서 각 요소가 어떻게 상호작용하는지를 이해하면, 좀 더 효과적으로 수업을 계획하고 더 효율적으로 실행에 옮길 수 있을 것이다.

학습환경

앞에서 계속 강조했듯이, 학습이 잘 일어날 수 있는 여건은 모든 학생이 안전하다고 느끼며 확신과 도전의식, 지지받는 느낌을 가질 수 있을 때다. 교사가 학생의 가치와 잠재력을 믿으면 그 믿음이 교사와 학생 사이의 관계에 기폭제가 되고, 궁극적으로는 하나의 목표를 향해 나아가는 학습공동체를 이루게 된다. 즉, 서로의 장점을 이끌어내며 함께 힘을 합쳐 발전과 성공을 향해 나아가는 한 팀이 되는 것이다. 이 같은 학습환경 요소들은 교사가 학생의 흥미를 이해하고, 이를 실제적인 교육과정과 수업에 포함시킬 때 향상된다. 이러한 학습환경 속에서 학생들은 자신이 교사에게 중요한 존재이며 자신의 흥미와 경험은 가치 있는 것이라고 믿게 되고, 공통의 흥미든 고유의 흥미든 둘 다 학습에 도움이 되며 각자의 다양한 개인적 배경도 수업을 더 넓은 관점으로 바라보게 해준다는 것을 알게 된다. 더 나아가 학습자료와 학습기회가 풍부하게 제공되는 환경은 — 학생의 흥미를 개별화의 한 측면으로 다루는 수업에서 보기 쉬운 특성이겠지만 ─ 학생들의 학문적·정의적·사회적 성장을 지원한다.

교육과정

교육과정은 대부분 규정된 성취기준에 따라 구성되지만, 식재료를 모아둔다고 식사가 될 수 없는 것처럼 성취기준이 그대로 교육과정이 되는 것은 아니다. 필수적인 내용지식을 교사가 어떻게 개념화하고 조직하고 공유하느냐가 바로 교육과정 설계의 기술이다. 분명 교육과정의 핵심 목표는 학생들이 핵심 지식·이해·기술을 숙지해 배운 것을 기억할 뿐 아니라 응용 및 전이할 수 있도록 하는 것이다. 그러나 그러한 목표 안에 학생들의 흥미를 고려할 여지는 충분히 있고, 무엇보다 학생의 흥미를 염두에 두고 교육과정을 설계해야 의미 있는 방식으로 학습목표를 이룰 수 있다. 핵심적인 이해는 다양한 방식으로 서술될 수 있지만, 특히 학생들의 경험과 연관된 언어로 서술하는 것이 현명할 것이다. 더 나아가 비유를 사용하면 장기기억에 있는 정보들을 활성화시켜, 학생들이 익숙하지 않거나 복잡한 개념을 이해하는 데 도움이 된다. 학생들이 흥미를 느끼는 다양한 영역에서 비유를 끌어오면, 교사가 만든 것이든 학생들이 직접 만든 것이든 그 비유의 설명 효과는 높아진다.

수준 높은 교육과정은 학생들이 핵심 지식·이해·기술을 시험해보고 이해하며 '자기 것으로 만들' 수 있는 기회를 준다. 학생들이 새로 배운 것을 자신에게 흥미로운 분야에서 시도해볼 수 있을 때 학습은 강화된다. 마지막으로, 양질의 교육과정은 하나의 서사(narrative), 즉 원인과 결과, 시간적 흐름, 주제와 예시 등과 같은 개념을 학생들이 이해할 수 있도록 돕는 한 편의 일관된 '이야기'를 구성한다. 그러한 이야기는 때때로 학생 자신의 경험이나 그들의 관심을 사로잡은 인물, 장소, 사건, 시대의 이야기와 병치되거나 거기서 가져올 때 더 의미 있게 된다. 레비(Levy, 1996)는 '학생들의 열정이라는 해류'를 '교육과정이라는 해변가'로 이끌어오는 것이 얼마나 중요한지에 대해 이야기한다. 그것이야말로 수준 높은 교육과정이 성취하는 균형이다. 그 같은 교육과정에서는 학생들의 흥미가 핵심 학습내용을 옆길로 새게 하는 게 아니라 오히려 학습에 도움을 주는 것이 된다.

평가

흥미와 평가는 다음과 같이 적어도 3가지 방식으로 연계되어 있다.

1. 사전평가는 학생들이 어떠한 흥미를 갖고 학교에 오는지를 이해하기 위한 중요한 수단이다. 간단한 조사만으로도 학생이 여가시간에 즐겨 하는 것, 가장 흥미롭게 생각하는 과목, 혹은 한 해 동안 배우기 원하는 주제 등을 공유할 기회를 가질 수 있다.
2. 사전평가와 마찬가지로, 형성평가는 공식적인 것이든 비공식적인 것이든 학습 전반과 특정 부분 모두에서 학생들이 흥미로워하는 것이 무엇인지 교사가 이해할 수 있도록 정보를 지속적으로 제공한다.
3. 형성평가와 총괄평가 모두 학생들의 흥미를 염두에 두고 개발할 수 있다. 단원의 핵심 지식·이해·기술이 평가의 명확한 초점으로 유지

되는 한, 이러한 요소들을 다양한 분야의 흥미에 적용하는 것은 타당할 뿐만 아니라 학생들을 평가에 적극 참여시키고 사고와 기술을 다양한 맥락에 전이시킬 수 있다는 점에서 유익하다.

학급운영

학습준비도에 따른 개별화수업에서와 마찬가지로, 융통성 있는 학급운영은 흥미에 기반을 둔 개별화수업에서도 핵심적인 특징 중 하나이다. 교사와 학생이 모두 시간, 장소, 자료, 학생모둠, 과제 등을 융통성 있게 사용하게 되면, 학생들은 적절한 시기에 다양한 흥미를 촉매로 삼고, 추구하고, 공유하는 것이 가능해진다. 이와 같이 융통성 있게 학급을 운영할 때, 교사는 흥미에 초점을 맞춘 수업과 그 응용과제에 대해 학생들을 개별적으로 혹은 소규모 모둠으로 상대할 수 있다. 또 그렇게 함으로써 필수적인 학습내용뿐만 아니라 학습계획, 자료사용, 진도평가, 협동, 수정과 같은 학습기술에 대해서도 지도할 수 있게 된다. 이번 장의 나머지 부분에서는 학생들의 다양한 흥미를 다루는 데 있어 다섯 번째 요소인 '수업지도'의 역할을 집중적으로 논할 것이다.

학생의 흥미에 대응하여 수업을 개별화하기 위한 몇 가지 지침

학생의 흥미에 따라 수업을 개별화하기 위한 지침 중 몇 가지가 앞서 5장에서 논의된 '학습준비도에 따라 수업을 개별화하는 지침'과 비슷한 것은 놀라운 일이 아니다. 아래의 지침은 효과적인 수업은 비교적 일관된 원칙과 실천에서 나온다는 점을 다시 한번 상기시킨다.

■ 개별화수업을 계획할 때, 해당 단원에서 학생들이 알고, 이해하고, 할 수 있어야 하는 것을 학생의 언어로 확인하고 자세히 설명하라. 이러한 정보를 전달하는 과정은 교사와 학생 모두에게 그들이 도달해야 할 종착점에 대해 명확히 인지시킨다. 교수학습을 계획할 때 학생들의 흥미를 고려하면, 더 많은 학생이 보다 쉽게 학습의 종착점에 도달할 수 있을 것이다.

■ 학생들의 흥미에 대해 사전평가를 실시하라. 그 형태는 체크리스트나 설문지가 될 수 있다. 어린 학생 혹은 읽기나 쓰기에 어려움이 있는 학생에게는 문자 대신 아이콘이나 이미지에 응답하게 할 수도 있다. 음성녹음으로 대답하게 할 수도 있고, 학생이 말로 대답한 것을 다른 사람이 글로 써서 제출하게 할 수도 있다. 사전평가는 학년 초나 새로운 단원을 학습하기 직전에 실시하는 것이 좋다. 사전평가는 학생들의 개인적인 관심에 초점을 맞출 수도 있고, 주제의 어떤 부분이 가장 흥미로운지를 물을 수도 있으며, 이 두 가지 모두를 포함할 수도 있다. 도표 6.3은 흥미에 관한 조사 양식의 예시이다.

■ 학생들과 관계를 강화하기 위한 방법으로, 짤막한 시간 단위로 학생 개개인 혹은 반 전체와 교사 자신의 흥미에 대해 말하는 것도 좋다. 훌륭한 학습자가 삶의 다양한 측면을 배우는 과정에서 어떤 즐거움을 얻는지를 본보기로 보여주는 것이다.

■ 학년이 진행될수록 학생들이 자신의 흥미나 학습내용과 관련된 흥미에 대해 말하고 공유할 기회를 더 많이 주도록 해야 한다. 학생들

여러분을 더 잘 가르치기 위하여 …

선생님은 여러분 모두가 성공할 수 있도록 최선을 다해 도울 것입니다. 그러려면 여러분에 대해 더 자세히 알아야 합니다. 아래에 제시하는 몇 가지 질문에 솔직하게 답해주기 바랍니다. 답안을 통해 선생님은 여러분과 함께하는 시간을 더 잘 계획할 수 있을 것입니다.

1. 여가시간에 가장 즐겨하거나 배우는 것은 무엇인가요?

2. 무언가를 하거나 배울 때 시간이 너무 빨리 지나갔다고 느낀 적이 있나요? 언제 그랬는지 설명해보세요.

3. 학교에서 배운 내용 중(어떤 과목에서든) 가장 흥미로웠던 주제는 무엇인가요? 그 이유도 설명해주세요.

4. 이전 학년에서는 어떤 주제나 영역이 가장 흥미로웠나요? 올해에는 어떤 주제나 영역이 흥미로울 것 같나요?

5. 수업이 재밌으려면 어떻게 해야 할까요?

의 흥미에 대해 기록할 체계를 만들고, 수업을 계획하거나 모둠을 구성할 때 그 정보를 참고하게 하라. 예를 들어, 어떤 교사는 학생들의 흥미가 시간에 따라 어떻게 변화하는지를 기록하기 위해 분류카드(index card)를 사용한다(도표 6.4 참조). 그 교사는 발표, 활동, 학습결과물 등을 계획할 때, 학생들의 흥미에 대해 기억하기 위해 이 카드를 재빨리 훑어보곤 한다. 과제의 성격과 요구사항에 따라 학생들을 비슷한 흥미를 가진 모둠 혹은 각기 다른 흥미를 가진 모둠으로 구성할 때도 카드를 기준으로 손쉽게 분류할 수 있다.

도표 6.4 학생들의 흥미를 기록하기 위한 분류카드 앞면과 뒷면

학생 이름:

재시 랜드리

학기: 4

음악	취미	인물	기타
스포츠	책	사건	

■ 교육과정을 계획할 때 학생들의 흥미에 대해 알고 있는 정보를 동원해 (1)수업의 핵심 내용을 학생의 배경, 경험, 흥미와 연관시켜 서술하고, (2)학생의 흥미를 활용할 수 있는 활동을 구성하고, (3)흥미가 유사하거나 이질적인 다양한 모둠을 구성하고, (4)닻활동과 학생들의 흥미를 탐구하는 심화활동을 통합하고, (5)다양한 흥미를 지닌 학생들의 주의를 끌 수 있는 수업전략을 준비하고, (6)학생들이 중요한 개념과 기술에 몰입할 수 있도록 그들의 흥미를 반영한 평가를 개발하고, (7)다른 교과영역과 의미 있게 연결하면 좋다.

■ 사전평가를 통한 정보와 학급 학생들에 관한 기타 정보를 토대로 많은 학생이 흥미를 느낄 만한 예시, 비유, 이야기, 적용 사례 등을 수업에 포함시킬 수 있는 방법을 생각하라.

■ 사전평가를 통한 정보와 학생 개개인에 관한 기타 정보를 토대로 학생 각자의 흥미에 맞춘 활동, 학습결과물, 심화활동, 모둠 등을 정교하게 계획하라.

■ 학습준비도와 흥미 사이의 관계를 염두에 두라. 학생들은 흥미를 크게 느끼는 분야에서는 과제의 수준이 다소 복잡하고 어려워도 해낼수 있지만, 그럼에도 과제가 학생의 현재 능력수준보다 너무 높거나 낮으면 학습효과를 기대할 수 없는 것은 분명하다. 처음에는 흥미롭게 보이는 과제도 학생의 현재 학습지대(learning zone)를 벗어나 있으면 좌절감을 주거나 지겨워질 수 있다. 따라서 수업자료, 지시사항, 모형, 기대수준은 학생의 현재 능력수준보다 약간만 높아야한다. 또한, 학생들이 새로운 수준의 도전에서 성공하려면 지원과

스캐폴딩(scaffolding)이 여전히 필요하다.

■ 융통성 있는 모둠 구성을 계획할 때는 흥미에 기반을 둔 모둠도 반드시 포함시킨다. 비슷한 흥미를 가진 학생 모둠도 있어야 하고(학생들은 핵심 학습내용과 흥미를 연결시킬 수 있다), 서로 다른 흥미를 가진 학생 모둠도 있어야 한다. 이들 모둠을 오가며 활동하면서 학생들은 중요한 문제에 대한 통찰을 얻을 수 있고, 보다 넓은 시야를 키울 수 있으며, 다양한 상황에서 핵심 이해 및 기술이 어떻게 적용되는지 이해할 수 있다.

■ 학생들이 핵심 학습내용과 자신의 흥미를 어떻게 연계시키는지 공유할 수 있도록 다양한 기회와 형식을 제공하라. 이러한 공유활동이 적절히 구조화되었을 때 학생들은 핵심 개념·기술을 강화하거나 확장할 수 있고, 자기 자신과 타인 모두를 학습공동체에 기여하는 구성원으로 보게 되며, 타인의 흥미뿐만 아니라 자신의 흥미가 갖는 진가를 인식하게 된다. 학생의 학습을 지원하는 지시사항, 채점기준표, 모형은 학생이 흥미 영역의 맥락을 놓치지 않으면서도 대단원 및 소단원의 핵심 지식·이해·기술에 지속적으로 집중할 수 있게 해줘야 한다. 흥미에 기반을 둔 과제는 대단원과 소단원의 KUD와 밀접하게 연계되어 있어야 한다.

■ 흥미에 기반을 둔 수업 요소들이 계획대로 효과를 발휘하기 위해 정착시켜야 할 학급의 절차나 루틴을 생각해보라. 그런 다음, 학생들이 이러한 루틴에 성공적으로 참여할 수 있도록 준비시키도록 하라(8장 참조).

■ 학생들이 흥미기반 과제와 그 응용과제를 독자적으로 해결해가는 동안, 교사는 그 시간에 개인별로 또는 소규모 모둠으로 학생들과 만나는 게 좋다. 이때 학생들의 진척상황을 살펴보고, 학업성공을 위해 지도하고, 학생에 대해 알게 된 것을 기록해두면 학생들의 강점과 필요에 대해 더 잘 이해할 수 있을 것이다.

■ 지속적으로 학생들을 연구하라. 핵심 학습내용을 익히는 데 유용하다고 생각하는 흥미기반 접근법에 대한 의견을 구하고, 현재의 접근법을 더 정교하게 다듬을 수 있는 방법에 대해서도 질문하라. 흥미기반 수업 아이디어를 학생들이 추가적으로 제안할 수 있게 하라.

■ 핵심 지식·이해·기술에 대해 학생들이 스스로 얼마나 능숙하다고 느끼는지 의견을 물어보라.

■ 학습내용을 지속적으로 연구하라. 무엇이 학습내용을 흥미롭고 역동적으로 만드는지, 다양한 인간의 노력과 어떻게 연관시킬 수 있을지를 온전히 이해하라. 그러면 학습내용을 학생들의 흥미에 연계시키는 것이 더 편안해지고 능숙해질 것이다.

연습문제 6.1(256쪽)은 학생들의 흥미에 대응한 교사의 교수실천을 되돌아보기 위한 체크리스트를 제공한다.

학생의 흥미를 토대로
학습내용 · 학습과정 · 학습결과물 개별화하기

학습준비도에 따른 개별화와 마찬가지로, 교사는 학생들의 흥미를 토대로 학습내용, 학습과정, 학습결과물을 개별화할 수 있다. 각 수업 요소와 학생의 흥미를 연결할 기회에 대해 체계적으로 생각해보면 다양한 교수학습의 기회를 발견할 수 있을 것이다.

학습내용

학습내용을 개별화하는 것은 학생들이 숙지해야 할 '내용(KUD)'을 개별화하거나 학생들이 그 내용에 접근하는 '방법'을 개별화하는 것임을 기억할 것이다. 또 개별화수업의 목표는 학습내용 그 자체를 다양화하기보다 학생들이 학습내용에 접근하는 방법을 다양화하는 것이 더 일반적이라는 점도 기억할 것이다. 이것은 핵심적인 이해에서도 마찬가지다. 흥미에 기반을 둔 학습내용 개별화에서도 핵심 지식·이해·기술은 학생들에게 일관성 있게 전달되어야 한다. 즉, 흥미를 기반으로 한 선택지가 주어지더라도 KUD를 동일하게 유지하는 것이 중요하다는 것이다. 그 이유는, 흥미기반 개별화수업은 학생이 성공적으로 핵심 학습내용을 배울 가능성을 극대화할 수 있는 하나의 방법일 뿐이기 때문이다. 그러므로 흥미에 기반을 둔 선택지들은 기본적인 KUD에 도움을 주기 위한 것이지 이보다 우선시될 수는 없다.

예를 들어, 의학 분야의 선구자에 대한 책을 읽은 학생들과 해저 분야 혹은 인권 분야의 선구자에 대한 책을 읽은 학생들이 있다고 하자. 이들이 학습한 내용은 분명 서로 다르다. 하지만 이 과제가 적절히 구조화된다면 모든 학생은 선구자의 본질과 관련된 '핵심적인' 개념 및 원칙에 주목할 것이다. 예컨대, 여행자나 탐험가와 선구자를 구분 짓는 것은 무엇일까? 더 나아가 심화학습이나 독립연구를 할 때에도 학생들은 서로 다른 내용을 공부하게 된다. 하지만 이때에도 학습내용은 KUD를 대체하는 것이 아니라 확장하는 것이다. 학생들의 흥미에 기초해 학습내용을 개별화하기 위해 교사는 다음과 같이 할 수 있다.

- 학생들이 핵심적인 학습내용과 자신의 흥미 영역을 연결하는 데 도움이 될 책, 기사, 웹사이트, 동영상 등 기타 학습자원을 제공한다.
- 학생들의 흥미와 관련된 복잡한 개념에 대해서는 예시를 제시해 학생들이 익숙하고 잘 아는 맥락에서 덜 익숙하고 좀 더 어려운 맥락으로 이동하는 데 도움을 준다.
- 기술이 학생의 흥미 영역에서 적용되는 예시를 제시하고, 그러한 기술이 다양하고 실제적인 상황에 어떻게 적용되는지를 이해시킨다.
- 학급 내 모든 학생의 문화·언어·경험을 반영하는 예시와 비유, 응용 사례를 활용한다.
- 핵심 개념을 효과적으로 나타내는, 해당 과목에서 가장 흥미로운 실례를 강조한다.
- 개인적인 경험이 대단원과 소단원의 핵심 지식·이해·기술과 어떻게 연관되는지 그 사례를 공유한다.

학습과정

학습과정은 학생들이 단순히 외부 출처(교사, 텍스트, 미디어 등)로부터 내용을 흡수하는 것에서 적극적으로 그 내용을 이해하고, 시도해 보고, 적용하는 것으로 옮겨갈 때 시작된다고 앞 장에서 언급했다. 우리는 이 학습과정을 종종 '활동(activities)'이나 '의미 만들기(sense-making)'라 부르기도 한다. 학습과정은 학생들이 숙달해야 할 내용을 연습할 시간을 제공하며, 학교에서뿐만 아니라 집에서도 일어날 수 있다. 학생들의 흥미에 기반을 두고 학습과정을 개별화하기 위해 교사는 다음과 같은 것들을 할 수 있다.

■ 학생들이 관련 흥미 영역에서 기술을 적용할 기회를 제공한다.
■ 학생들이 습득한 핵심 이해를 각자의 흥미 분야에서, 그리고 문화적으로 연관성이 높은 영역에서 입증하고, 시험해보고, 확장할 기회를 제공한다.
■ 학생 혹은 전문가가 만든 작업물을 본보기로 제공한다.
■ 서로 같거나 다른 흥미 영역에서 핵심 기술과 이해가 어떻게 드러나고 적용되는지 사례를 들어 학생들이 공유할 기회를 제공한다.

학습결과물

학습결과물은 일종의 총괄평가라고 말한 바 있다. 학습결과물은 학습에서 주요 부분의 마지막에 등장하며(비록 학생들은 학습결과물 작업을 단원 초반에 시작했을 수 있지만), 학생들이 단원을 학습한 결과 알고, 이해하고, 할 수 있게 된 것을 효과적으로 표현할 수 있는 것이어야 한다. 시험은 학습결과물의 일종이지만 대개 지식과 기술을 측정하는 데 국한되어 있고, 의미 있는 맥락 밖에서 측정하는 경우가 대부분이다. 본질적으로 실제적이고, 학생들로 하여금 배운 것을 적용하고 전이하도록 요구하는 학습결과물이라야 지식과 이해와 기술을 통합시킨다. 학생들의 흥미를 토대로 학습결과물을 개별화하기 위해 교사는 다음과 같이 할 수 있다.

- 평가되는 KUD는 동일하게 유지하되 이를 사용해 다양한 흥미 영역과 주제에서 학생들이 문제를 다루고 해결책을 제안하도록 실제적인 학습과제를 개발한다. 다양한 흥미 영역에는 학생들이 제안한 흥미 영역도 포함된다.
- 학생들의 흥미 영역에서 응용 사례를 도출한 시험을 개발한다.
- 학생이 개인적인 흥미 영역에서 핵심 학습내용을 적용하고 확장하도록 독립연구 및 탐구를 권장하고 스캐폴딩을 제공한다.
- 전문가나 멘토와 더불어 공동의 흥미 영역에서 핵심 내용을 적용하고 확장하는 학습을 권장하고 촉진한다.
- 학생이 자신만의 특정 흥미를 토대로 흥미중심 학습결과물에 대한 개인적인 목표를 세우게 한다.

연습문제 6.2(260쪽)는 학생들의 흥미에 대응해 교사가 학습내용·학습과정·학습결과물을 개별화할 수 있는 추가적인 예시를 보여준다.

전문가모둠과 사이드바 학습을 통해 개별화하기

이번 장은 학생들의 흥미를 다루기 위한 많은 전략을 제시하고 있다. 여기서는 가장 흔하게 사용되는 두 가지 전략인 전문가모둠과 사이드 바 학습에 대해 좀 더 자세히 살펴볼 것이다.

전문가모둠

전문가모둠(expert groups)은 공통의 흥미를 가진 학생들이 특정 내용에 대해 보다 심도 있게 학습한 후, 교사가 학생들을 가르치는 데 도움을 주도록 하는 학습전략이다. 전문가모둠 활동을 통해 학생들은 복잡한 인지적 과정에 대해 광범위하고 오래가는 신경망을 발달시키게 된다. 다음은 전문가모둠을 구성해 그들의 작업을 성공적으로 진행시키는 데 효과를 발휘하는 과정이다.

- 교사는 학생들의 흥미를 다룰 수 있고, 그들 스스로 연구해 다른 학생들과도 공유할 수 있는 몇 가지 주제를 정한다. 보통 한 단원에서 2~3개 정도 정하는 것이 적절하다. 어떤 경우에는 전문가모둠의 연구활동에 적절해 보이는 주제가 한 단원에 하나뿐일 수도 있다.
- 교사는 학생들에게 전문가모둠에 속할 기회를 주되 일반적으로 모둠당 학생 수나 단원당 모둠 수에 제한을 둔다. 만약 학생들이 교사가 제안한 주제에 딱히 관심이 없으면, 그들은 교사의 승인 아래 다른 주제를 제안할 수 있다. 전문가모둠 활동 없이 지나가는 단원도

물론 있을 수 있다. 예상 주제를 소개할 때 교사는 학생들의 호기심을 자극하되, 모둠활동의 범위가 어디까지인지 학생들이 설정할 수 있도록 연구주제의 틀을 제시해줘야 한다.

■ 전문가모둠이 구성되면 교사는 단원 초반에 그 모둠을 만나서 활동지침, 활동계획표, 수준 높은 활동을 위한 평가표, 참고할 만한 다른 전문가모둠의 작업 예시 등을 제공한다. 모둠의 구성원들은 자신의 활동에 대한 계획을 교사와 함께 수립하되 여기에는 핵심활동 요소가 완료되었을 때 보고할 날짜까지 포함되어야 한다. 활동 초기에 특히 중요한 것은 학생과 교사 모두가 학급발표 시 제시해야 하는 지식·이해·기술에 대해 명확히 알고 있어야 한다는 것이다.

■ 교사는 일주일에 몇 번씩 비공식적으로 모둠원들을 만나 활동 여부를 확인하고, 지정된 보고일에는 공식적인 피드백을 제공한다.

■ 전문가모둠이 또래를 대상으로 수업을 하기 며칠 전 모둠원들은 교사와 만나 수업에서 사용할 교안을 개발한다. 교안은 수업이 진행되는 동안 해당 단원에서 중요한 개념과 기술을 학습할 방법과, 수업이 끝났을 때 그들이 또래가 이해한 바를 평가할 방법을 포함해야 한다. 교안개발에서는 학생들이 핵심적인 역할을 하고 교사는 조력자나 촉진자의 역할을 한다.

■ 전문가모둠과 교사는 단원학습에서 적절할 때 수업을 진행하도록 하고, 학급 구성원들이 적극적으로 참여할 수 있게 한다. 또한 모둠원들은 형성평가를 실시하고 검토해 수업 전반에 대해 교사에게 보고한다.

이러한 과정들은 생각보다 복잡하지 않다. 전문가모둠과 교사의 만남은 대부분 수업 중 학생들이 다른 과제를 하는 동안 이루어진다. 전문가모둠에 속한 학생들은 해당 주제에 대해 연구하고 그 결과를 공유하기 위해, 학급 단위의 활동이나 일부 숙제를 면제받을 수 있다. 우선 한두 개의 전문가모둠이 교사와 함께 수업을 진행하고 이 활동이 학급 전체에게 익숙해지면, 학년이 진행되는 동안 모든 학생이 참여해 전문가모둠 활동에 일정한 역할을 할 수 있다.

대개 학생들은 오랫동안 관심이 있거나 이미 어느 정도의 지식을 갖고 있는 주제의 전문가모둠에 자원한다. 하지만 이따금 거의 아무것도 알지 못하지만 흥미로운 주제에 대해 더 많이 알고 싶어서 지원하기도 한다. 어떤 경우든지 교사가 제공하는 활동의 구조와 학생들의 자율성 사이에서 적절한 균형이 이루어지면, 전문가모둠 전략은 학생들의 흥미와 독립성을 인정하고 또 확장한다.

다음에 제시되는 첫 번째 시나리오 〈교실에서〉는 초등학교 사회과목에서 전문가모둠 전략을 사용한 예다.

| 교실에서 | 사회과목, 전문가모둠 (초등학교)

리건 선생님의 수업에서 학생들은 미국독립혁명에 대해 막 배우려던 참이었다. 이 단원에서는 독립전쟁이 젊은이들에게 끼친 손실과 혜택에 초점을 맞추려고 한다. 이 단원의 핵심적인 질문 중하나는 '독립혁명의 어떠한 점이 혁명적이며, 이는 누구를 위한 것인가?'이다. 단원을 시작할 때, 리건 선생님은 학생들에게 독

립전쟁이 각자의 마을에 어떠한 영향을 미쳤는지에 대해 아는 것들을 공유해보자고 했다. 몇몇 학생은 이야기할 만한 정보를 어느 정도 갖고 있었지만, 대부분은 그렇지 못했다. 이어서 리건 선생님은 독립혁명은 학생들의 나이 또래에게도 혁명적이었다고 설명하면서, 학생들이 생각하기에 어떤 점에서 독립혁명이 어린 학생들의 삶에 영향을 미쳤을지 물어보았다. 약간의 토론 후에 리건 선생님은 "우리 마을의 청소년들에게 독립혁명은 어떤 점에서 혁명이었을까?"라는 질문을 던지고 전문가모둠을 제안했다. 4명의 학생이 전문가모둠에 자원했고, 다음 날 리건 선생님은 그들을 만나 자신이 지난 몇 년 동안 개발한 '전문가모둠 자료'를 보여주었다. 그 안에는 그들이 조사와 계획을 시작하는 데 필요한 정보와 자료들이 담겨 있었다.

전문가모둠 학생들은 리건 선생님의 질문에 답하기 위해 학교와 지역도서관에서 책을 빌리고, 지역 역사가와 대담하고, 그 역사가가 제안한 웹사이트를 살피고, 지역의 오래된 묘지를 찾고, 법원의 문서를 열람했다. 전문가모둠 학생들은 자신들이 조사한 내용을 발표하면서, 학급친구들에게 독립혁명 당시 청소년의 역할을 맡겨보았다. 그리고 이 수업의 핵심적인 질문에 친구들이 직접 답하게 했다.

이러한 활동의 결과로 전문가모둠 학생들은 보다 심도 있고 개인적인 역사의식을 갖게 되었다. 학급친구들 또한 전문가모둠 수업이 아니었다면 알 수 없었을 역사의 한 국면을 알게 되었다. 이 수업내용은 단원의 나머지 내용이나 그 단원 이후 다른 시대의 역사를 공부할 때도 많은 참조가 되었다. 한 학생은 "이 수업 이전에는 역사가 우리들에게도 영향을 미칠 수 있다고 생각해본 적이 없었던 것 같아요."라고 말했다.

사이드바 학습

사이드바 학습(sidebar studies)은 학습이 학급에서 진행될 때 학생들이 수행하는 하나의 조사연구다. 이 학습전략은 수업 외의 시간에 일어나며 교육과정의 흐름을 방해하지 않기 때문에 사이드바 학습이라고 불린다. 사이드바 학습은 학생들이 정규수업과는 별도로 교육과정과 관련된 주제를 추가로 탐구할 수 있게 해준다. 대개 학생별로 수행하지만, 소모둠 단위로도 사이드바 학습을 할 수 있다. 사이드바 학습 기간에는 교사가 숙제를 적게 내줄 수도 있지만, 일반적으로는 주어진 학습과제와 숙제를 완료하면서 기간 내에 조사까지 마쳐야 하므로 사이드바 학습 기간은 적어도 2~3주 정도 지속된다. 사이드바 학습이 성공적으로 이루어지면 학생들은 단원이 진행됨에 따라 조사를 통해 중요한 정보와 통찰을 얻게 되며, 단원 내용이 자신에게 의미 있는 내용이라고 느끼면서 학습에 보다 적극적이고 열정적으로 참여하게 된다.

전문가모둠의 경우에서와 마찬가지로, 교사는 학생들에게 조사연구의 질문뿐만 아니라 조사를 계획하고 진행하는 데 필요한 자세한 지침을 주어야 한다. 학생들은 사이드바 학습의 시작부터 자신의 연구 결과를 어떤 형태로 보고할 수 있는지, 그 선택사항에는 무엇이 있으며, 활동과정과 최종 결과물 모두 어느 정도의 수준이어야 하는지 잘 알고 있어야 한다.

다음에 제시되는 두 번째 시나리오 〈교실에서〉는 중학교 수학수업에서 사이드바 학습을 사용하는 예이다.

| 교실에서 | **수학과목, 사이드바 학습 (중학교)**

메르카도 선생님은 수학이 일상생활에서 사람들을 돕고 세상의 변화를 가져오는 살아 있는 언어라는 사실을 학생들이 깨닫도록 열심히 가르치고 있다. 학년 초에 선생님은 기초대수 수업에서 만약 수학이 존재하지 않는다면 누구의 삶이 심각하게 피해를 입을 것 같은지 물어보았다. 학생들은 처음에는 당연히, 수학이 없으면 사람들의 삶이 엉망이 될 것이라는 사실 자체를 우스워했다. 한 학생은 "선생님, 제 삶은 수학이 존재하기 때문에 망했어요!"라며 소리쳤다.

메르카도 선생님은 어른들 중 흥미로워 보이는 취미나 직업을 갖고 있고 그 취미나 일에 수학이 필수적일 것 같은 사람을 찾아보라고 했다. 학생들은 학교선생님, 부모님이나 친척, 이웃, 교회 사람, 자신과 함께 과외활동을 하는 사람, 유명인 등에서 선택할 수 있었다. 학생들은 어떤 사람을 선택하든지 교사의 승인을 받아야 했고, 수학이 없었으면 그들의 삶이 어떤 부정적인 영향을 받게 되었을지 그들로부터 적어도 두 번은 설명을 들어야 했다.

학생들은 인터뷰를 서면으로 작성하고, 필요하다면 스케치나 다이어그램을 사용해 인터뷰 내용을 정리할 수도 있고, 다양한 시각자료를 활용해 파워포인트로 인터뷰의 시놉시스를 정리하거나, 교사가 사회를 보는 팟캐스트에 출연할 수도 있었다. 발표는 3분을 넘지 않아야 했으며, 학생들은 자신이 인터뷰한 사람을 소개하고 그들의 직업이나 취미에 대해 간단히 설명해야 했다. 또 인터뷰이들의 이야기를 통해 그들의 삶에서 수학이 필요하다는 사실을 보여주고, 수학이 그들의 삶을 더 낫게 만든 구체적 실례도 제시해야 했다.

놀랍게도 학생들은 인터뷰 대상을 어렵지 않게 찾아냈다. 운동선수, 의사, 음악가, 엔지니어, 사업가, 교장선생님, 건축가, 스카우트 지도교사, 수집가, 은퇴자금을 최대한 잘 이용하려는 할아버지 등이 그 대상에 포함되었다. 메르카도 선생님은 학생들이 사이드바 학습과제를 받은 지 하루 이틀 만에 인터뷰 사례들을 자발적으로 제시하기 시작했다는 점에 주목했다. 학생들의 이러한 참여는 그해 내내, 특히 학습내용이 그들이 인터뷰한 사람의 삶과 교차될 때마다 계속되었다. 선생님은 종종 파워포인트와 에세이에서 뽑은 문장, 팟캐스트의 일부를 사용해 학생들에게 그들이 지금 배우고 있는 것은 '(인터뷰 사례에서 보듯) 누군가에게는 꽂혔을 만큼 흥미로운 것'이라는 점을 상기시켰다.

웨이머 선생님은 학생들에게 이따금 과학수사연구소나 법정, 라스베이거스, 혹은 기타 예상치 못한 장소에 떨어져서 내가 지금 어디에 와 있나 싶을 때가 있을 거라고 이야기한다. 선생님은 TV 쇼의 한 장면, 뉴스 한 토막, 소설에서 발췌한 한 구절을 이용해 수학의 개념을 소개해주고, 학생들이 풀 문제도 내고, 세상을 살아가는 데 유용한 핵심적인 수학지식도 설명해준다.

웨이머 선생님은 일 년에 두세 번 학생들의 흥미를 조사하고 그들이 좋아하는 것에 대해 함께 대화한다. 선생님은 학생들에 대해 알게 된 정보를 활용해 서술형 문제를 내는데, 그 문제에서 학생들은 등장인물이 되고 그들의 흥미는 모종의 역할을 하게 된다. 학습내용상 적절한 경우, 선생님은 평가를 위한 선택지를 제시해 학생들이 핵심 기술을 적용할 흥미 영역을 스스로 선택하게 한다.

웨이머 선생님은 학생들이 수학을 살아 있는 과목으로 느끼게 할 방법을 찾기 시작하면서 자신의 수업에도 더욱 만족하게 되었다. 학생들도 더 활기차고 수업에 몰입하게 되었을 뿐 아니라, 주변에서 수학이 적용된 사례를 함께 찾아가는 동료가 되었다. 학생들은 지금 웨이머 선생님에게 최고의 사례들을 가져다주고 있으며 선생님은 이를 학급 전체와 공유하고 있다.

학생들의 흥미에 근거하여 수업을 개별화하기 위한 체크리스트

단원, 학기, 학년에 따른 교육과정에 대해 되돌아본 후 다음 질문에 답하세요. 작성한 답안을 다시 살펴보면서, 학생들의 다양한 흥미에 좀 더 효과적으로 대응하기 위해 수업에 변화를 줄 필요가 있는지 생각해보세요. 교장이나 교감 이라면 교무회의에서 이 활동지를 사용하여, 학생들의 흥미에 따른 개별화수업을 시행하기 위해 학교가 나아갈 바를 논의할 수 있을 것입니다. 아래 질문들은 교사연수를 계획하거나 학생들의 흥미를 토대로 수업을 개별화하려는 교사에게 도움을 주는 틀이 될 수 있습니다.

1   당신은 대단원과 소단원에서 KUD를 명확하게 설명합니까?

2   흥미에 따라 개별화한 과제를 수행할 때 각 과제가 대단원과 소단원의 핵심 내용에 초점을 맞추도록 학생들이 KUD를 명확하게 이해했는지 확인합니까?

3   가르치는 과목과 단원에서 학생들이 높은 흥미를 보일 만한 영역이 무엇인지 생각해본 적이 있습니까?

4   흥미에 기반한 선택지를 교육과정에 포함시킨 적이 있습니까?

5   가르치는 과목이나 단원에서 하나의 서사(narrative), 즉 학생들이 내용을 이해하고 기억할 만한 '이야기'를 개발한 적이 있습니까?

6   당신은 학생들의 다양한 문화적 배경에 대해 알고 있습니까? 무엇이 그들에게 의미 있고 흥미로운지 이해할 만큼 이러한 문화적 배경을 충분히 알고 있습니까?

7   학생들이 흥미롭게 여길 만한 다양한 맥락에서 다양한 사람들이 사용하는 해당 학습내용의 사례를 찾고 또 활용합니까?

8   학생들의 흥미에 대한 설문을 개발하고 실시한 적이 있습니까?

9   학생들의 이야기를 경청하거나 학생들과 함께 각자의 흥미에 대해 이야기할 기회를 만듭니까?

10   학생들의 흥미를 끄는 것에 대해 더 잘 알기 위해 학생들의 이야기를 체계적으로 기록합니까?

11 학생들의 흥미에 대해 알게 된 정보를 활용해 수업을 계획합니까?

12 흥미기반 과제를 계획할 때 학습준비도에 따른 필요까지 고려하고 있습니까?

13 학생들의 삶이나 관심사에서 가져온 예시를 활용해 학생들이 익숙하게 적용하고 이해하는 단계에서 좀 더 복잡한 적용과 이해 단계로 넘어갈 수 있도록 합니까?

14 학생들의 부족한 영역을 채워주거나 잘하는 영역을 더욱 향상시키기 위해 그들의 흥미를 활용합니까?

15 교사의 흥미에 대해 학생들과 공유할 시간을 갖습니까?

16 교수학습 도구로 최신 과학기술 사용 방안을 찾아본 적이 있습니까?

17 흥미가 같은 모둠과 서로 다른 모둠을 둘 다 계획합니까?

18 사이드바 학습, 전문가모둠, 학습센터, 직소(jigsaw), 독립연구, 닻활
동 같은 학습전략이나 학생들의 흥미를 끌만한 다른 접근법들을 사
용합니까?

19 적절한 상황에서 학생들에게 흥미에 근거한 선택지를 제공합니까?
또한 학생들이 흥미에 기반을 둔 가능한 선택지를 제안할 수 있도록
합니까?

20 흥미에 기반을 둔 과제를 수행할 때, 작업과정과 그 수준에 대한 명
확한 지침을 제공해 학생들이 성공적으로 수행할 수 있도록 합니까?

21 다양한 과제 및 모둠 형태로 학습할 때 학생들에게 도움을 주는 수
업의 절차와 루틴을 개발한 적이 있습니까?

22 학생들이 이러한 루틴을 사용해 효과적으로 학습할 수 있게, 또 이러
한 루틴을 정교화하는 데 기여할 수 있게 준비시킨 적이 있습니까?

23 학생들의 흥미와 흥미기반 과제에 대해 이야기하기 위해, 학생들의
학습시간을 이용해 개인적으로 혹은 소규모 모둠으로 만나고 있습
니까?

학생들의 흥미를 토대로
학습내용 · 학습과정 · 학습결과물 개별화하기

여기에서는 학생들의 흥미에 근거하여 학습내용, 학습과정, 학습결과물을 개별화하는 데 도움이 될 만한 활동들을 제안합니다. 여기에 더해 당신이나 동료교사가 적절하다고 생각하는 다른 활동도 추가해보세요. 만약 교장이나 교감이라면 교무회의에서 이 활동지를 사용하여 학생들의 흥미를 토대로 이 세 가지 요소를 개별화하기 위해 학교가 나아갈 바를 논의할 수 있을 것입니다.

흥미에 근거하여 학습내용 개별화하기

1   학생들의 흥미 영역에서 핵심 지식·이해·기술을 보여주는 전문가 모둠의 발표를 활용하세요.

2   핵심 학습내용을 학생들의 흥미 영역과 연결시키기 위해 소규모 모둠과 함께 하는 미니수업을 활용하세요.

3   핵심 학습내용과 관련된 다양한 주제 및 장르의 책을 제공하세요.

4   수업을 위한 자료로 최신 미디어를 활용하세요.

5   다양한 범위의 주제에 대해 읽기자료를 제공하세요.

6   다양한 문화와 배경을 반영한 수업자료를 사용하세요.

7   핵심 학습내용과 관련해 학생들의 다양한 흥미를 반영하는 기본활
동을 개발하거나 학생들이 직접 개발하게 하세요.

추가활동 → _____

흥미에 근거하여 학습과정 개별화하기

1   단원 내에서 학생들이 특별히 흥미 있어 하는 주제를 바탕으로 고안
된 흥미센터를 활용하세요.

2   학생들이 흥미를 느낄 만한 맥락에서 핵심 내용지식을 확장하고 응
용할 수 있는 단기적·장기적 멘토링을 지원하세요.

3   학습내용 가운데 학생들이 특히 흥미 있어 할 주제의 요소를 특화할
수 있도록 전문가모둠이나 직소모둠을 활용하세요.

4 핵심 학습내용에 관련된 모의실험을 활용하세요. 학생들에게 역할 극을 시켜서 특별히 흥미를 가질 만한 문제나 이슈를 해결해보도록 하세요.

5 학생들이 핵심 학습내용을 탐색·응용·시험·확장하는 데 도움이 되 도록 최신자료를 활용하세요.

추가활동 →

_____

흥미에 근거하여 학습결과물 개별화하기

1 학습결과물을 무엇으로 할 것인가에 대해 '협상합시다(Let's Make a Deal)'라는 선택지를 제공해 학생들이 개인적 흥미와 관련된 영역에 서 KUD를 이용한 학습결과물을 제안하게 해보세요.

2 학생들의 흥미 영역에서 전문가들을 초대해(혹은 학생들이 직접 초 대하게 해) 학습결과물에 대한 채점기준을 개발하고, 학습결과물에 대한 피드백을 제공하게 하세요.

3 학생들이 최신 미디어를 활용해 자신의 지식·이해·기술을 입증하게 하세요.

4 KUD에서 일관성을 유지하면서도 학생들 각자의 문화적 배경을 고려해 시험문항을 개별화하세요.

추가활동 → _____

7

학습양식에 따른
개별화지도

그때 담임선생님이 내가 과학시간에 뭔가 만드는 걸 좋아한다는 것을 아셨더라면 배건 선생님 수업 때처럼 로켓을 만들게 해주셨을 텐데, 우리는 로켓에 대한 책을 읽기만 했다. … 그때 담임선생님이 내가 말하면서 공부하는 버릇이 있다는 걸 아셨더라면, 그렇게 자주 나를 교장실로 보내진 않으셨을 것이다. 선생님은 내가 하는 말이 수업에 방해가 된다고 하셨다. 수업시간에 말할 수 있는 건 선생님뿐이었다. 내가 보기에 오히려 학습에 방해가 되는 건 혼자서만 말하는 선생님의 수업방식이었지만.

제프 그레이(Jeff Gray), 헤더 토마스(Heather Thomas)
『If She Only Knew Me(선생님이 나를 아셨더라면)』

대부분의 사람들은 한 가지 이상의 방법을 활용해 무언가를 배울 수 있다. 하지만 어떤 학습자가 특정한 학습법을 좀 더 편하고 친숙하게 여긴다면, 새로운 학습법은 그의 학습과정을 혼란스럽게 만들 뿐이다. 학습방법에 대한 개인의 선호가 학습상황과 맥락에 따라 변할 수 있다고 하더라도, 학생이 특정 맥락에서 어떤 학습방법으로 가장 잘 학습할 수 있느냐와 교사가 학생에게 기대하는 방법이 서로 어긋날 때에는 학습과정에 적지 않은 방해가 될 수 있다.

선호하는 학습양식 요소

선호하는 '학습양식(learning profile)'은 넓게 보자면 학습에 대한 몇 가지 측면, 즉 학습자가 어떻게 학습하고, 학습한 내용을 어떻게 정보처리하고, 학습한 것을 어떻게 생각하고 기억하며 이용하기를 선호하는지 등을 포괄하는 용어이다(Tomlinson, 1999, 2001). 다시 말해서, 학습양식은 학생이 학습에 '접근하는' 방식과 관련되어 있다.

연구를 통해 밝혀진 바에 따르면, 학습양식이 포함하는 4가지 영역은 학습스타일, 우세한 지능, 문화, 성별이다(Tomlinson et al., 2003).

물론 이 4가지 영역은 서로 중첩되어 나타난다.

제이크는 역사수업을 좋아한다. 파웰 선생님의 강의가 알아듣기 쉬운 제이크는 필기만 잘하면 쉽게 그 내용을 기억할 수 있어서 시험에서 A나 B를 받을 수 있다. 하지만 친구들은 달랐다.

새밋은 파웰 선생님의 입에서 속사포처럼 쏟아지는 말을 이해하는 것이 쉽지 않았다. 선생님의 말이 너무 빨라 필기조차 할 수 없었던 새밋은 들은 내용을 놓치지 않기 위해 수업내용을 그림으로 그린다. 하지만 파웰 선생님은 새밋의 그림을 이해하지 못했고 따라서 그의 노트정리 점수는 좋지 않았다. 시험에서도 마찬가지였다. 새밋은 역사의 핵심 사건이나 사상에 대해서는 분명히 이해하고 있었지만 자세하게 서술하지 못해 점수가 낮았다.

엘스벳은 파웰 선생님의 강의를 지겨워했지만 필기는 잘했다. 그런데 엘스벳은 보고서 쓰기의 마감일이 다가오면 힘들어했다. 학생들은 마감 일주일 전에 보고서의 자세한 개요를 제출해야 했다. 보고서를 다 쓰고 나서야 전체 골격을 이해할 수 있었던 엘스벳은 개요 마감 전 며칠 동안은 밤늦도록 잘 수 없었다.

본디는 이미 죽고 없는 사람들에 대해 공부하는 것이 싫다. 그는 파웰 선생님이 이야기하는 역사 속 인물들이 현실세계와 도대체 무슨 상관이 있는지 이해할 수 없다. 특히 대부분의 사람들이 자신과는 출신 국가나 문화적 배경이 다른 탓에 더욱 그렇다.

학습스타일

학습스타일(learning style)의 이론과 모형은 '사람들은 각기 다른 방식으로 학습하며, 학습환경이 자기만의 학습법과 일치할 때 더 효과적인 학습이 일어난다'는 신념에서 출발한다. 학습스타일은 선천적이거나 불변의 것이 아니라 후천적으로 습득되고 환경에 따라 바뀔 수 있는 것이다. 더욱이 학습스타일 이론이 주장하는 바에 따르면, 일부 사람들은 자신의 학습법에 대해 뚜렷한 선호를 갖고 있지만, 실제로 모든 사람은 한 가지 이상의 방법으로 학습할 수 있으며 또 실제 그렇게 학습한다. 학습스타일이란 개념은 학생들이 자신에게 맞는 최상의 학습법을 찾고, 그런 접근을 통해 성공적으로 학습할 수 있도록 도움을 주는 요소다.

많은 이론가와 교육자들이 학습스타일 모형을 제안했다(Kolb, 1984 ; McCarthy, 1987). 그러나 아마도 가장 잘 알려진 모형은 케네스 던 (Kenneth Dunn)과 리타 던(Rita Dunn)의 모형일 것이다(Dunn & Dunn, 1993). 그들은 1970년대부터 학습스타일에 대해 연구해오고 있으며, 그들이 제안한 모형은 환경적 · 정서적 · 사회적 · 생리적 · 심리적 선호도(혹은 학습스타일)라는 5가지 범주를 중심으로 구성되어 있다. 다음은 이러한 5가지 범주에서 나타나는 학습선호도이다.

- 밝은 환경 vs. 어두운 환경
- 조용한 학습환경 vs. 소란스러운 학습환경
- 시원한 방 vs. 따뜻한 방

- 똑바로 앉아 학습하기 vs. 기대어 앉아 학습하기
- 과제 완수에 대한 내적 동기 vs. 타인에 의해 유발된 외적 동기
- 한 번에 한 가지씩 과제 완수하기 vs. 멀티태스킹(multitasking)
- 학습자로서의 독립심 vs. 타인에 의한 동기유발/코칭에 의존
- 매우 구조화된 과제 vs. 개방적 과제
- 나홀로 학습 vs. 짝과 학습 vs. 모둠으로 학습
- 예측 가능한 일상 vs. 예측 불허의 가변적 일상
- 청각 선호 vs. 시각 선호 vs. 촉각 선호
- 정해진 시간에 학습하기 vs. 다른 시간에 학습하기
- 전체에서 부분으로 접근하기 vs. 부분에서 전체로 접근하기
- 학습하는 동안 움직이기 vs. 가만히 있기

위와 같은 학습선호도뿐만 아니라 다양한 심리학자와 교육자들의 연구에서 나오는 선호도까지 더해지고 있어, 이렇게 많은 범주를 어떻게 다루느냐는 차치하고라도 이것을 어떻게 이해할 수 있느냐 하는 문제가 교사들에게 커다란 도전이 되고 있다. 이 문제에 관해서는 뒤에서 논의할 것이다.

우세한 지능

학습스타일과 마찬가지로 우세한 지능(intelligence preferences) 또한 개인의 학습선호도와 연관된다. 학습스타일은 환경을 통해 후천적으로 획득되고 유동적인 것으로 여겨지는 반면, 우세한 지능은 고정 불변

의 선천적인 것으로 여겨진다. 그럼에도 불구하고 우세한 지능 전문가들은 실제로 모든 사람은 학습할 때 자신의 다양한 지능을 모두 활용한다는 사실에 주목한다. 그렇게 하지 않으면 어느 정도 어려움을 겪을 수밖에 없는데, 인간이 효과적으로 학습하기 위해서는 다양한 지능을 활용해야 하기 때문이다. 우세한 지능 이론의 개념은 학생 각자의 강점 영역을 파악해 각 학생이 그 영역에서 학습하고 성장하게 해줄 교수학습법을 사용해야 한다는 것이다. 더불어, 다중지능 이론가들은 학습자들이 그들의 강점 영역 외에 다른 영역의 지능도 개발할 수 있도록 계획적이고도 사려 깊은 지원과 기회를 줘야 한다고 주장한다.

두 가지 핵심적인 우세한 지능 모형은 하워드 가드너(Howard Gardner)와 로버트 스턴버그(Robert Sternberg)에 의해 개발되었다. 가드너(Gardner, 1983/2004; 2006)는 어느 한 가지 지능영역이 존재한다는 사실을 입증하기 위해 다면적인 과정을 사용했으며, 많은 기준이 충족되어야 비로소 하나의 지능영역으로 지정했다.

가드너는 8가지 지능영역을 제안했지만, 제9의 영역이 있을 수 있다고 덧붙였다. 가드너의 목표 중 하나는 교육자들이 자신이 제안한 다중지능의 존재와 가치를 학생들에게 이해시키는 것이다. 가드너는 학교가 다른 지능영역은 거의 배제하다시피 하고 언어와 수리 영역의 지능만 편협하게 강조하고 있는 점을 지적하며, 교실은 다양한 지능이 꽃피울 수 있는 곳이어야 한다고 주장한다. 표 7.1(272쪽)은 가드너가 제안한 다중지능을 간략히 설명한 것이다.

표 7.1 하워드 가드너가 제안한 지능영역

지능영역	설명
언어적	• 단어와 언어에 대한 민감성 또는 이해자기표현과 의사소통을 위해 단어를 효과적으로 사용하고 그 정보를 기억하는 능력 • 언어를 배우는 능력
논리수리적	• 숫자·논리·연역·과학적 탐구과정을 다루는 능력 • 절차적이고 체계적인 사고능력
시공간 지각적	• 공간 내 사물을 인지하는 능력 • 공간 내 패턴을 인지·창조·이해하는 능력 • 색·형태·모양의 이해
음악적	• 소리·음정·음계를 구성하고 연주하고 이해하는 능력 • 소리에 대한 민감성
신체운동적	• 문제를 다루거나 해결하기 위해 몸을 사용하는 능력 • 자기표현과 의사소통을 위해 몸을 사용하는 능력 • 몸과 마음을 효과적으로 조화시키는 능력
대인관계적	• 타인을 이해하고, 의사소통하고 효과적으로 협동하는 능력 • 타인의 동기와 목표를 이해하고 그 목표를 이루기 위해 협동하는 능력 • 앞장서서 이끄는 능력
자기성찰적	• 자신의 동기·두려움·목표·필요를 이해하는 능력 • 자기 삶을 조절하기 위해 자기이해를 사용하는 능력 • 성찰적 성향
자연탐구적 (1990년대에 추가)	• 환경과 그 요소에 대한 민감성 • 자연에 있는 패턴을 보며 이해하고 이를 효과적으로 이용해 문제를 해결하는 능력
도덕적 (가능하지만 아직 확정되지 않음)	• 규칙·행위·인간을 통제하는 과정에 대한 관심 혹은 민감성 • 다양한 맥락에서 삶의 존엄성을 존중함 • 옳고 그름, 공공선(公共善)에 대한 잘 발달된 가치관

*마지막 영역은 가능성만 두었음

스턴버그(Sternberg, 1985)는 '삼원지능이론(triarchic theory of intelligence)'을 주장했다. 이것은 사람마다 분석적·실용적·창의적이라는 세 가지 지능영역을 통해 아이디어를 발전시키거나 상호작용할 수 있다는 것이다. 표 7.2는 스턴버그가 제안한 세 가지 지능영역을 간단히 설명한 것이다. 비록 스턴버그는 사람마다 가장 우세한 지능을 강화하고 그것을 활용할 수 있게 하는 것이 중요하다고 보았지만, 성공한 사람들은 주어진 상황이 요구하는 바에 따라 세 가지 지능영역이 효과적으로 기능할 수 있도록 균형 잡힌 상태에서 활동한다는 점을 지적했다. 학교는 분석적 지능만을 강조하는 경향이 있지만, 각각의 지능영역이 성공에 어떻게 기여하는지를 학생들에게 알려줘야 한다. 또한 교사는 학생들이 이 세 가지 지능을 편안하고 효과적으로 활용할 수 있도

표 7.2 로버트 스턴버그가 제안한 지능영역

지능영역	설명
분석적	종종 '학교지능'이라고 불린다. 부분이 어떻게 전체를 구성하는지 파악하고, 계획하고, 아이디어를 성찰하는 것을 강조한다. 대부분은 아니더라도 많은 학교과제가 이 영역의 능력을 중심으로 구성되고 있다.
실용적	종종 '세상물정에 밝음' 혹은 '맥락적 지능'이라고 불린다. 하나의 아이디어가 실제 세계에서 어떻게 작동하는지 인식하는 것뿐만 아니라 현실 세계 문제에 대한 해결책을 개발하고 문제를 해결하는 것을 강조한다. 이러한 강점은 학습한 것을 현실맥락에 적용하고 학생들로 하여금 제기된 필요를 위해 힘을 모아 협동하게 한다.
창의적	종종 '상상적 문제해결'이라고 불린다. 개인의 전망과 필요에 적합한 방식으로 환경을 조성하는 데 초점을 맞춘다. 이러한 강점은 새로운 아이디어와 가능성을 쉽게 만들어낼 수 있게 해준다.

록 도와야 한다.

문화

오늘날 미국의 대다수 교사는 백인 중산층 출신이다. 반면, 이러한 교사들이 가르치는 학생은 백인이 아닌 경우가 점점 늘고 있고, 다수가 저소득 가정 출신이다. 이러한 차이는 '교사가 학교에서 가르치는 방식'과 현재 많은 학생이 배우는 방식 사이의 커다란 괴리로 이어진다. 만약 교사가 사회·문화적 차이를 이해하지 못하고 다양한 배경의 아이들과 효과적으로 소통하며 상호작용하지 못하면, 점점 더 많은 수의 학생이 학업에 실패하게 될 것이다.

문화는 다양한 방식으로 정의된다. 그중 교수학습에 강력한 함의를 갖는 정의는 '문화는 특정 집단을 규정짓는 태도·가치·규범·전통·목표의 집합'이라는 것이다. 이는 우리의 문화적 배경이 다양하다는 것을 의미하며, 그 다양성은 학교와 같은 장소에서 우리가 어떻게 경험하고 어떻게 상호작용하는지에 많은 영향을 미친다는 것을 의미한다. 간단히 말해서, 문화는 우리가 배우는 '방식'을 형성한다. 문화적으로 이질적인 환경에서 배워야 할 때 학생들은 학습에 어려움을 겪기 쉽다.

교사가 서양의 중산층 출신인 교실을 생각해보자. 이 교사는 아마도 다음과 같을 것이다.

- 집단의 성취보다는 개인의 성취를 강조한다.
- 베풂과 관대함보다는 독립심에 가치를 부여한다.

■ 동기부여를 위해 비판보다는 칭찬을 사용한다.

■ 사회적 능력보다는 인지적 능력의 발달을 강조한다.

■ 학생들이 권위에 대한 존중으로 조용히 있는 것보다는 감정을 표현
하는 쪽을 선호한다.

■ 공유보다는 개인적 소유를 강조한다.

■ 학생의 학업적 성취를 위해 학부모도 적극적인 역할을 해야 한다고
기대한다.

반면에, 이 교사는 서구문화나 백인문화권 출신이 아닌 많은 학생이
다음과 같은 교실에서 더욱 편안함을 느낀다는 것을 알면 깜짝 놀랄 것
이다.

■ 개인보다는 집단이 더 소중하다.

■ 학생들은 협동하고 서로 도울 수 있다.

■ 비판이 학습 향상을 위한 수단으로 사용된다.

■ 학생들은 무엇보다 자신의 사회적 기술을 자신한다.

■ 학생들은 존경을 표현하는 방식으로 수업시간에 침묵한다.

■ 학생들은 학습자원을 각자에게 배정하기보다 함께 공유한다.

더 나아가 이 교사는 많은 학생의 가정에서 부모가 아이의 교육에 적
극적인 역할을 하는 것이 교사를 무시하는 행동으로 여겨진다는 점을
알고 놀랄 수도 있다(Trumbull et al., 2001).

교육자들은 문화적 역량과 포용성이 오늘날의 교실에서 교사와 학습자 모두의 성공에 초석이 된다는 점을 점차 이해하고 있다. 문화는 개인의 사고방식을 형성하는 중요한 요소이며, 우리는 앞서 2장에서 사고방식이 수업과 학습에 얼마나 강력한 영향을 미치는지 다뤘다. 다시 말해, 문화는 사람들의 삶을 지배하는 강력한 힘이며, 교사들은 문화적 다양성에 대한 인식과 이해를 갖추고 모든 학생의 문화를 지지하고 활용하는 방식으로 가르쳐야 한다.

문화에 대응적인 교수(teaching)에는 하나의 역설이 있다. 비록 문화권마다 서로 다른 방식으로 학습에 접근하지만, 각각을 해당 문화권 전체로 일반화하는 것은 불가능하다는 점이다. 즉, 라틴문화를 특징짓는 학습선호도가 있지만 그렇다고 라틴계의 학생들이 모두 이러한 선호도에 따라 학습하지는 않는다. 아프리카계 미국인 학생들에게도 공통적인 학습선호도가 있지만, 그 학생들 모두가 이러한 선호도를 보이는 것은 아니다. 프랑스, 허몽족(베트남의 소수민족 – 옮긴이), 중국, 혹은 다른 문화권 출신 학생들도 마찬가지다. 문화적 패턴은 있지만 이 속에서도 개인차가 존재한다.

도표 7.1은 학습선호도에 영향을 주는 문화적 경향과 신념 6가지를 대조해서 보여준다. 각자의 선호도에 대해 생각해보고 자신을 각 연속체상에 위치시켜 보자. 연구에 의하면 미국 출신 교사들이 아프리카, 중국, 멕시코, 러시아, 동남아시아, 일본, 중동 출신에 비해 각 연속체의 왼쪽으로 치우친다고 한다(Storti, 1999). 경우에 따라 어떤 연속체에서는 영국과 독일의 문화가 미국의 전형적인 문화와 비슷한 선호도를 보

← 1 →

통제의 중심이 내부에 있음
"운명 같은 것은 없어."
"우리가 우리의 운명을 결정해."
"뜻이 있는 곳에 길이 있어."
"삶은 우리가 개척해가는 거야."

통제의 중심이 외부에 있음
"운명은 중요한 역할을 해."
"우리는 외적 조건들을 거의 통제하지 못해."
"너에게 일어나는 일들이 너의 삶이야."
"운명이 우리를 통제해."

← 2 →

외적 시계
"시간은 고정된 것."
"일정과 마감시간은 중요해."

내적 시계
"시간과 일정은 유동적인 것."
"시간은 사람의 필요를 충족시키기 위해
변동될 수 있어."

← 3 →

공유하는 경험이 적음
"인간은 개인주의적이지."
"말은 의미를 담고 있어."
"명확히 말하는 것이 중요해."

공유하는 경험이 많음
"인간은 집단적이지."
"꼭 말로 해야만 하나?"
"언급되지 않은 것도 중요해."

← 4 →

문자 그대로의/직접적 의사소통
"사람들은 뜻한 것을 말하고 말한 것을
의도하지. 행간을 읽을 필요는 없어."
"No는 No일 뿐이야."

비유적/간접적 의사소통
"사람들은 자신이 생각하는 것을 직접
말하기보다 암시하려고 해."
"Yes는 때에 따라서 Yes일 수도,
No일 수도 있어."

← 5 →

머리의 논리
"공평함이 중요해."
"객관적이어야 해."
"감정이 끼어들지 않도록 해."

가슴의 논리
"시스템은 공평하지 않으니까 네가 속한
집단의 구성원을 보살펴야 해."
"감정이 중요해."
"관계가 중요해."

← 6 →

목표는 질서와 효율
"사람들은 한 번에 한 가지만 해야 해."
"방해 요소들은 피해."
"늦거나 다른 사람을 기다리게 하는 것은
예의 없는 행동이야."

목표는 삶을 즐기는 것
"사람들은 한 번에 여러 가지를 할 수 있어."
"방해 요소들도 삶의 일부야."
"늦거나 다른 사람을 기다리게 하는 것은
문제가 아냐."

출처: Storti, 1999에 근거

7장 학습양식에 따른 개별화지도　　277

여주지만, 또 어떤 연속체에서는 서로 뚜렷한 차이를 보인다.

교사가 다양한 배경에서 온 학생들과 효과적으로 상호작용하고 그들에게 의미 있는 방식으로 가르칠 때, 교사는 다음과 같은 원칙을 이해하고 그 원칙을 적용하게 된다.

- 서로 다른 문화권 사이의 다양성은 물론 특정 문화권 내의 다양성도 광범위하다.
- 학생은 학급 내에서 자신이 중요하다고 확신할 때 더 성공한다.
- 사람은 자신에게 중요한 집단과 자신을 동일시한다. 개인에게 중요한 집단의 가치와 위엄을 인정하지 않으면서 각 개인의 가치와 존엄성을 지지해주는 것은 불가능하다.
- 공동의 학습목표를 달성하기 위한 방법은 많으며, 다양한 학생들과 효과적으로 학습하는 교사는 성공을 위한 다양한 길과 지원체계를 제공한다.
- 학생의 배경은 새로운 핵심 개념 및 기술을 이해하기 위한 맥락과 그것과의 연관성을 찾는 데 중요하다.
- 학습과제는 그 과제를 해야 하는 학생들에게 의미가 있고 그들의 관심을 끌어야 한다(Ladson-Billings, 1994; Robins et al., 2002).

성별

문화가 학생의 학습에 영향을 주듯 성별 차이도 학습에 영향을 주며, 학생들이 문화에 기반을 둔 학습선호도를 가지고 있듯 성별에 따른 선호도도 가지고 있다. 교사가 문화적 학습패턴 내에 개인차가 존재한다는 사실을 아는 것이 중요하듯 모든 남학생이 남성과 관련된 학습패턴을 고수하는 것이 아니며, 모든 여학생도 여성과 관련된 학습패턴을 고수하는 것이 아님을 인식해야 한다. 그럼에도 불구하고 성별에 기반을 둔 학습선호도를 이해하는 것은 교사에게 매우 유용하다. 학년이 낮아질수록 대부분의 교사가 여성이고, 학습에 대한 그들의 접근은 여성과 관련된 것을 선호하게 되며, 이는 대부분의 남학생 그리고 아마도 일부의 여학생에게까지 불리하게 작용할 수 있기 때문이다.

성별에 따른 학습의 차이와 이 차이가 학생들의 성취에 미치는 영향을 연구하는 전문가 대부분은 남학생과 여학생이 다른 방식으로 학습에 '접근하는' 경향이 있다는 점에 동의한다. 이러한 결론은 경험 많은 교사들에게는 그리 놀랄 만한 사실이 아니다. 어떤 전문가들은 이러한 차이를 형성하는 데 있어 (뇌의 구조를 포함한) 인간의 타고난 본성의 역할을 강조하는 반면(Sax, 2005), 어떤 전문가들은 (사회·가정으로부터의 기대와 더불어) 양육의 역할을 강조한다(Eliot, 2009). 한 저자는 이 문제에 대해서 아마도 가장 일반적인 결론을 다음과 같이 제시했다.

이와 관련해 널리 공감대가 형성된 결론은 사람은 본성(nature)과 양육(nurture) 둘 다에 의해 형성된다는 것이다. 비록 생물학적인 것이 운명처럼 모든 것을 결정하는 것은 아니지만, 어떤 집중적인 개입이 없을 때는 역량의 외적 한계를 정하는 것으로 보인다. … 사회적·경험적·생물학적 요인들이 서로 상호작용하며 남성과 여성 사이에 관찰

되는 많은 차이를 만들어낸다는 것이 타당한 증거들로 입증되고 있다 (Salomone, 2003, p.239).

성별에 의해 형성되는 학습 차이에는 다음과 같은 것들이 있다.

- 여학생은 남학생보다 소리에 예민해서 교실의 소음에 더 방해받기가 쉽다.
- 여학생은 남학생보다 경청을 잘해서 강의 위주의 수업에서 더 성공적일 수 있다.
- 남학생은 여학생보다 움직임에 민감한 반면, 여학생은 남학생보다 사물과 얼굴에 집중을 잘한다.
- 여학생은 남학생보다 밝은 계통의 색상에 예민하다.
- 여학생은 남학생보다 감정과 기분을 표현하는 데 더 능숙하다.
- 남학생은 여학생보다 신체적으로 위험한 행동에 뛰어드는 경향이 있는데, 이는 아마도 남학생이 자신의 신체적 능력을 과대평가하고 여학생은 과소평가하기 때문일 것이다.
- 여학생은 남학생보다 교사와 더 친밀한 관계를 맺고, 교사의 의견과 피드백을 진지하게 받아들이며, 교사로부터 도움이나 조언을 구하려 하고, 교사가 자기편이라고 생각하는 경향이 있다.
- 여학생은 남학생보다 숙제를 잘해서 선생님을 기쁘게 하려고 한다. 남학생은 흥미 없는 숙제는 하지 않으려 한다.
- 여학생은 친구와 생각·비밀·경험을 공유하려 하고, 남학생은 흥미

가 같은 또래끼리 모이는 것을 좋아한다.

■ 여학생들의 우정에서는 대화가 핵심이고, 남학생들의 우정에서는 행동이 중심을 차지한다.

■ 남학생은 경쟁에, 여학생은 협동에 더 이끌린다.

■ 남학생은 다소 스트레스가 있는 상황에서 학습을 더 잘하지만, 여학생은 그럴 가능성이 낮다.

■ 남학생은 공간적이고 숫자기반의 과제에 더 능숙하나, 여학생은 언어기반의 과제를 더 잘한다.

■ 남학생은 비소설을 읽으려는 경향이 있고 행동 및 갈등이 포함된 책을 선호한다. 반면, 여학생은 동기·행동·행위의 이유와 관련된 소설을 좋아하며 그러한 과제를 더 잘한다(Salomone, 2003; Sax, 2005; Eilot, 2009).

앞서 말했지만, 성별이 학습에 미치는 영향에 관해 전문가들이 강조하는 바는 같은 성별이라 해도 모든 학생의 유형을 위와 같이 일반화하면 안 된다는 것이다. 더 나아가 성별의 차이는 학습자의 나이에 따라 그 정도와 중요성이 다양하게 나타난다. 학생들이 성별 특징과는 다른 방식으로 학습하게 해 역량을 확장하고 자신에게 불리한 사회화 패턴을 보완할 수 있게 하는 것이 현명한지, 아니면 무엇보다 '타고난 대로 성별 강점을 존중하는' 방식으로 학습하게 하는 것이 현명한지에 대해서는 전문가 사이에 다소 이견이 있다.

중요하게 기억해야 할 점은, 학습양식에 영향을 주는 4가시 요소인 학습스타일·우세한 지능·문화·성별은 서로 상호작용한다는 사실이다. 예를 들어, 한 문화권의 남학생은 다른 문화권의 남학생과 학습에 접근하는 방식이 다소 다를 수 있다. 한 개인을 하나의 특정한 학습양식으로 규정짓는 것은 현명하지도 현실적이지도 않은 처사다.

학습양식: 진화하는 개념

범위와 영역, 근거의 관점에서 보면 분명 학습양식이라는 개념은 복잡하다. 학습자의 개인차와 관련된 학습준비도·흥미·학습양식이라는 3가지 상위 분야에서, 학습양식과 그 4가지 하위 측면은 전문가들 사이에서 무엇보다 논쟁이 많이 되는 영역이다. 그 논쟁은 학습스타일과 우세한 지능('인지양식(cognitive style)'이라고도 불리는) 영역에서 특히 뜨겁다.

앞에서 언급했듯, 가장 인정받는 학자들, 그 중에서도 하워드 가드너와 로버트 스턴버그는 인지양식 혹은 우세한 지능의 존재를 강력하게 지지한다. 하지만 동시에 델라웨어대학교의 린다 고트프레드슨(Linda Gottfredson)과 버지니아대학교의 대니얼 윌링엄(Daniel Willingham) 같은 또 다른 저명한 심리학자들은 인지양식과 우세한 지능이란 근거가 빈약한 개념일 뿐이며, 학습과 관련해 이치에 닿는 얘기도 아니라고 비판한다. 게다가 리타 던과 케네스 던의 연구와 로버트 스턴버그의 연구처럼 광범위하게 연구되는 학습양식 모형들도 있지만, 이것들을 제외하면 학습양식 모형을 지지하는 연구는 거의 없는 편이다. 심지어 광범위하게 연구되는 모형도 대개의 연구가 모형을 주창한 연구자에 의한 것일 뿐 다른 연구자에 의해 반복검증된 것은 아니라는 점도 한계이다. 연구자가 자신의 모형을 연구하는 것이 잘못은 아니지만, 해당 모형에 직접적으로 개입되지 않은 연구자가 반복검증한 실험결과가 긍정적이어야 더 큰 설득력을 갖는다.

학습스타일(learning style)이라는 용어 자체만 보더라도 수년 동안 다른 개념적 모형에 적용되곤 하면서 오히려 그 뜻이 모호해져버렸다. 이 분야의 몇몇 연구자는 학습스타일 대신 '인지양식'과 '학습전략'의 분리된 실체로 구분해서 봐야 한다고 주장한다(Gardner, 2006; Sadler-Smith, 2001). 인지양식은 정보를 조직하고 처리하는 방식에서의 일관된 개인차를 가리킨다. 이러한 양식의 차이는 시간이 지나도 안정적이며 자동적이고 지능과 무관하다. 반면, 학습전략은 외부 학습환경에 존재하는 많은 요인과 인지양식 사이의 접점을 지칭한다(Riding & Rayner, 1997).

신경과학 연구가 학습양식에 대해 밝혀낸 것

학습양식은 분명히 뇌에서 일어나는 정보처리과정과 관련이 있다. 하지만 사람들 개개인이 유사한 학습과제를 완수하기 위해 서로 다른 신경망을 사용하는 등 사실상 서로 다른 방식으로 학습한다는 주장을 뒷받침하는 신경과학적 연구 결과는 제한적이다. 몇 가지 존재하는 증거는 대부분 성별과 관련된 것들이다. 성별 관련 연구들은 여성의 뇌가

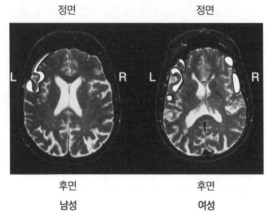

도표 7.2 언어를 처리하는 동안 활성화되는 뇌 부위

정면   정면

후면   후면

남성   **여성**

출처: Garn et al. (2009); Shaywitz et al. (1995)에 근거

일반적으로 남성의 뇌보다 언어를 처리할 때 뇌의 더 많은 영역을 활용하고 뇌 반구 간의 정보교환이 더 많기 때문에 언어처리에 있어서 남성에 비해 유리하다는 점을 보여준다(Garn et al., 2009; Schmithorst & Holland, 2007; Shaywitz et al., 1995; Wilke et al., 2007). 도표 7.2에서 표시된 부분은 남성의 뇌와 여성의 뇌에서 언어를 처리하는 동안 활성화되는 부위를 나타낸다. 여성의 뇌에서 더 많은 부분이 활성화되어 있는 것에 주목하라. 다른 신경영상연구에서도 수학적 처리를 하는 동안 남성의 뇌에서 활성화되는 부분이 여성의 뇌에서 활성화되는 부분과 다르다는 점이 밝혀졌다(Keller & Menon, 2009).

뇌전도(electroencephalograms, EEGs)를 활용한 연구들은 동일한 성별 내에서 같은 인지과제를 수행하더라도 활성화되는 뇌의 부위가 다르다는 것을 보여주며, 뇌전도는 서로 다른 인지양식, 즉 정보처리양식을 측정함을 시사한다(Goode et al., 2002; McKay et al., 2002; Okuhata et al., 2009). 학습전략과 관련해 기능성자기공명영상법 (functional magnetic resonance, fMRI)과 뇌전도는 제한적인 환경에서만 사용될 수 있는 탓에 연구자들이 학습스타일 모델과 연관되어 있는 환경적 변수들을 조정하고 평가하기는 어렵다. 반면, 다양한 학습조건 내에 있는 사람들 사이의 '행동' 차이를 연구한 논문은 수없이 많다.

학습양식이 의미하는 것과 의미하지 않는 것

이러한 논란에도 불구하고 사람들은 자신의 학습경험에 미루어 보거나 자녀나 동료, 학생들이 공부하는 것을 볼 때, 대체로 사람마다 서로 다른 방법으로 학습한다고 결론을 내린다. 우리는 아직 학습선호도가 어떻게 작용하고 심지어 왜 그렇게 작용하는지에 대해서도 모른다. 다만 우리가 아는 것은 학습하는 방식에 대해 획일적으로 접근하는 것은 학습준비도에 대해 획일적으로 접근하는 것만큼이나 불만스러운 결과를 낳는다는 것이다.

학습양식과 관련해 우리가 현재 알고 있는 바를 고려했을 때 어느 정도 합당한 주장은, 사람들은 교수학습에 대한 다양한 접근법에서 도움을 받는 것으로 보인다는 점이다. 이는 개인과 집단 모두에게 적용된다. 예를 들어, 분수문제를 푸는 데 있어서 한 교실 안에서도 어떤 학생들은 이러한 방식으로 풀고 어떤 학생들은 저러한 방식으로 푸는 것이 각자에게 더 효과적일 수 있다. 심지어 한 개인도 그때그때 다른 방식으로 학습한다.

학습양식의 다양한 측면이 이와 같이 모호하다면 교사들은 어떻게 학습선호도에 대한 학생들의 차이를 다룰 것인가? 교사들은 학습양식이라는 개념을 어떻게 해석하거나 혹은 해석하지 말아야 할까? 그리고 이를 어떻게 적용하거나 혹은 적용하지 말아야 할까? 표 7.3은 우리가 학습양식에 대해 알고 있는 것과 아직 모르는 것에 대해 어느 정도 합의되었다고 볼 수 있는 일반적인 제안사항 몇 가지를 제시한다.

표 7.3 학습양식과 관련된 실행을 위한 제안

이론적 근거가 부족한 실행	이론적 근거가 충분한 실행
학습에서 나타나는 학생 간 차이의 중요성을 무시하거나 과소평가하는 것	학생 각자가 학습에 어떻게 접근하는지 그 차이를 인식하고 연구하는 것
학생들의 학습양식 선호도를 평가하고 그 정보를 활용해 학생들을 각 범주에 배치하는 것(예를 들어, 학생에게 너는 '시각적 학습자'라고 말하고 이에 따라 과제를 배정하는 것)	학생들에게 사람들이 학습에 접근하는 일반적인 방식들을 알려주고, 학생 각자에게 효과적이거나 효과적이지 않은 방법을 학습자 스스로 인식하도록 도와주는 것
학생들에게 각자 취약한 학습방식으로, 혹은 편안하지 않은 방식으로 학습할 과제를 자주 부여하는 것	학생들에게 각자 편한 방식으로 학습할 기회를 자주 제공하고 이따금 새로운 접근법을 시도해보도록 하는 것
교사에게 편한 교수학습 방식만 고수하는 것	다양한 방식으로 가르치되, 학생들의 다양한 학습선호도에 대응할 여지를 두기 위해 다양한 학습법을 가능한 자주 제공하는 것
과목이나 주제에 대한, 그리고 하루 중 혹은 일 년 중 어느 시점에 학생들의 학습선호도가 일정할 것이라 가정하는 것	효과적인 학습자는 과목에 따라, 특정 주제나 기술에 대한 익숙함 정도, 그리고 하루 중 혹은 일 년 중 시기에 따라 다양한 학습전략을 쓸 것이라고 이해하는 것

결국, 한 학생에게 특정 방식으로 학습하는 학습자라는 꼬리표를 달거나 이름을 붙이는 것이 도움이 된다는 증거는 거의 없다. 학습선호도와 관련된 최신 내용과 연구를 이해하고 있는 교사는 그 대신 '어떻게하면 다양한 방식의 학습을 지원하는 수업을 만들 수 있을까? 어떻게하면 나의 교수법에 다양성을 추가할 수 있을까? 어떻게 하면 학생들이 다양한 학습법의 레퍼토리를 개발할 수 있으며, 어떤 학습법이 언제자신에게 유용하고 언제 바꾸어야 할지 자각할 수 있도록 도울 수 있을까?'라고 자문할 것이다.

학습양식에 대응하여 수업을 개별화하기 위한 몇 가지 지침

학습준비도와 흥미에 따라 개별화하는 수업지침이 서로 흡사했던 것처럼, 학습양식에 따라 개별화하는 수업지침 역시 낯설지 않을 것이다. 실제로 효과적인 수업의 모든 측면은 공통적인 원리와 실행에 뿌리를두고 있기 때문이다. 다음은 학습양식의 개인차를 고려해 수업을 계획하는 데 사용될 수 있는 몇 가지 제안이다.

■ 가르치는 학생들의 다양한 배경과 필요를 반영하는 연속선 형태로학습양식의 대조표를 만들어라. 이를 통해 지속적으로 학생들을 탐구하고 수업방법도 계획하라. 도표 7.3(288쪽)은 교사가 학생들의관찰, 수업계획 및 학생과의 대화를 위해 사용할 수 있는 학습양식

대조표의 예를 보여준다.

- 개별화수업으로 단원의 학습을 마친 후, 학생들이 알고, 이해하고, 할 수 있어야 하는 것을 학생의 언어로 확인하고 명확히 설명하라. 이러한 정보를 전달함으로써 교사와 학생 모두 각자가 도달해야 할 최종 목적지를 분명히 이해하게 된다. 수업계획 시 학생들의 학습선호도를 고려해 다양한 학습양식을 포함시키면, 보다 많은 학생들이 더 효율적으로 학습목표에 도달할 수 있을 것이다.
- 학생들의 학습선호도에 대한 사전평가를 실시하라. 그 형태는 체크리스트나 설문지가 될 수 있다. 학습선호도만 묻는 단독평가로 실

도표 7.3 학습양식 대조

순응적	←—————→	창의적
부분에서 전체로	←—————→	전체에서 부분으로
경쟁	←—————→	협업
즉각적 반응	←—————→	사색적 반응
글쓰기로 표현	←—————→	다양한 방식으로 표현
단독학습	←—————→	협동학습
정숙/조용	←—————→	동작/소리
통제적	←—————→	표현적
정보/구체적	←—————→	의미/추상적
분석적	←—————→	실용적/창의적

시할 수도 있고, 흥미나 학교경험 같은 좀 더 포괄적인 사전평가의 일부로 실시할 수도 있다. 어린 학생이나 읽기나 쓰기에 어려움이 있는 학생에게는 문자 대신 아이콘이나 이미지로 된 문항에 응답 하게 하거나, 답을 녹음해 제출하게 하거나 말한 것을 다른 사람이 받아쓰게 해준다면 좀 더 편하게 평가에 응할 수 있을 것이다. 사 전평가는 학년 초나 새로운 단원을 시작할 때 실시하는 것이 좋다. 학습양식 사전평가의 목적은 학생들에게 꼬리표를 붙이기 위해서 가 아니라, 어떻게 학습하는 것이 그들에게 가장 효과적이며 어떤 방식은 그렇지 않은지 생각하는 데 도움을 주기 위해서이다. 도표 7.4(290쪽)는 학습양식 사전평가의 예를 보여준다.

- 수업시간 중에 교사 자신이 학습자로서 겪었던 경험에 대해, 무엇이 학습에 도움을 주었고 어떤 방식은 방해가 됐는지 이야기할 시간을 확보하라. 학생들이 교실이나 집에서 어떤 학습법이 자신에게 도움 이 되었고 그렇지 못했는지 되돌아보게 하라.

- 학생들이 수업을 통해 각종 문제에는 다양한 관점이 존재하며 문제 해결에도 다양한 접근법이 적용 가능하다는 점을 인식하고 그 중요 성을 파악할 수 있게 도와줘라. 문화와 성별이 인간의 관점과 행위를 어떻게 형성하는지에 대해서도 인식하게 도와줘라.

- 단원을 설계할 때는 학생들에 대한 사전평가 정보와 기타 지식을 바탕으로 하되, 학생들에게 정보를 제시하는 방법을 다양화하고, 학 생들이 개념을 탐구하고 기술을 사용할 방법을 다양화하며, 배운 내 용을 표현할 방식을 다양화하라.

이름 :

지시문 : 여러분 각자의 가장 효과적인 공부법에 대해 알고 싶어요. 잠깐 시간을 내서, 여러분이 생각하기에 어떻게 하면 공부가 가장 잘 되는지 선생님에게 편지나 이메일을 보내주세요. 그림을 그려서 설명을 추가해도 좋고, 녹음해서 오디오 파일로 제출해도 돼요. 아래에 여러분과 관련된 주제들이 있습니다. 하지만 마음속에 또 다른 말하고 싶은 내용이 있다면 그것을 써도 좋아요. 어떻게 하면 여러분이 공부를 잘하도록 도울 수 있는지 알려주세요.

1. 여러분이 무언가를 아주 잘 배울 수 있었던 경험에 대해 말해주세요. 수영이나 스케이트, 그림 그리기, 독서, 수학 혹은 다른 것들이 될 수도 있지요. 그때 여러분이 배우는 데 도움을 준 것은 무엇이었나요?

2. 교실에 있는 것 중 공부에 도움이 되는 것으로 여러분이 좋아하는 것 3가지만 말해보세요.

3. 혼자서 책 읽는 것이 좋나요, 아니면 다른 사람이 책을 읽어주는 것이 좋나요? 알고 있는 것을 그림으로 표현하는 것이 좋은가요, 아니면 글로 쓰는 것이 좋은가요? 혼자 공부하는 것이 좋은가요, 친구와 같이 공부하는 것이 좋은가요? 어떤 것을 해야 할지 다른 사람이 정해주는 것이 좋은가요, 아니면 스스로 선택하는 것이 좋은가요?

4. 무엇을 배우는 것이 정말 어려웠던 경험에 대해 말해주세요. 집에서 겪었던 일도 좋고, 학교나 다른 곳에서 겪었던 일도 좋아요.

5. 공부하는 데 도움이 되는 것 중 선생님이 알았으면 하는 다른 것들이 있나요?

■ 학습준비도와 학습양식 사이의 연관성을 염두에 두라. 학습에 대한 특정 접근법이 학습을 좀 더 효율적으로 만들어줄 수는 있지만, 과제가 학생의 현재 수준보다 너무 높거나 낮으면 학습이 일어나기 어렵다는 사실은 변치 않는다. 따라서 수업자료·지시사항·모형·기대수준은 학생의 현 수준보다 약간 높게 유지하되, 학생들이 새로운 수준의 도전에서 성공하도록 지원과 스캐폴딩을 제공해야 한다.

■ 융통성 있는 모둠 구성을 계획할 때 학습양식에 따른 모둠도 포함시켜라. 어떤 모둠은 학습양식이 비슷한 학생들로 구성되고, 어떤 모둠은 다양한 학습양식을 가진 학생들로 구성되도록 한다. 이를 통해 학생들은 학습하고 있는 내용을 여러 관점으로 볼 수 있다는 사실을 깨닫게 되고, 학습내용에 대한 이해를 확장할 수 있을 것이다.

■ 학습에 도움을 제공하는 지시사항, 채점기준표, 모범 사례는 학생들이 단원의 핵심 지식·이해·기술에 집중할 수 있게 해야 한다. 잊지 말아야 할 점은 대부분의 경우 학습양식의 개별화는 학생들이 공통적으로 도달해야 할 KUD 수준에 미치거나 이를 능가할 수 있도록 도움을 줘야 한다는 점이다. 학습선호도에 따른 과제의 개별화도 최종 학습목표에 이르는 경로를 다양하게 해주는 것이어야 한다.

■ 학습선호도에 기반한 교수학습 선택지들이 의도한 대로 기능하기 위해 정착되어야 할 수업의 절차나 루틴에 대해 생각해볼 필요가 있다. 학생들이 이러한 절차나 루틴을 잘 따를 준비가 되었을 때 수업도 성공적일 수 있다(8장 참조).

■ 학생들이 교실에서 정기적으로 의자에서 일어나 이동하며 몸을 움

직이도록 하라. 신체의 움직임은 뇌의 혈액순환을 촉진시켜 장기기억 영역을 자극하고, 인지적 처리를 더 효율적이고 성공적으로 만들어준다.

■ 학생들이 자신의 학습양식에 따라 개별적으로 학습활동을 하는 동안, 교사는 학생을 개별로 혹은 모둠 단위로 만나 진행 정도를 확인하고, 성공을 위한 코칭을 하며, 이를 통해 알게 된 것을 잘 기록해야 한다. 이렇게 함으로써 교사는 학생들의 강점과 필요를 더 잘 파악할 수 있다.

■ 지속적으로 학생들에 대해 연구하라. 학생들이 핵심 학습내용을 익히는 데 유용하다고 생각하는 학습양식에 대한 정보와 현재의 접근법을 보다 정교하게 다듬을 수 있는 방법에 대한 정보를 학생들로부터 이끌어내라. 또 어떻게 학습양식에 따라 개별화가 가능할지 학생들에게 추가로 제안하게 하라.

■ 핵심 지식·이해·기술을 스스로 어느 정도 숙달했다고 느끼는지 학생들에게 물어서 파악하라.

■ 가르칠 내용을 지속적으로 연구하라. 학습내용을 다양한 방식으로 제시하고, 학생들이 다양한 방식으로 탐구하고 표현할 수 있을 때, 핵심 지식·이해·기술에 대한 성취도 극대화된다.

연습문제 7.1(312쪽)은 학생들의 학습양식에 대응하는 교사의 교수실천을 되짚어볼 수 있는 체크리스트를 제공한다.

학습양식을 토대로
학습내용 · 학습과정 · 학습결과물 개별화하기

학습양식을 토대로 학습의 세 가지 핵심 요소인 학습내용, 학습과정, 학습결과물을 어떻게 개별화할 것인지 체계적으로 생각해보자. 그러면 학생들에게 도움이 되도록 교수학습 접근법을 언제 어떻게 변화시킬지 좀 더 명확해질 것이다.

학습내용

앞서 설명했듯이 학습내용을 개별화한다는 것은 학생들이 학습할 내용을 개별화하거나 그에 대한 접근방법을 개별화하는 것을 의미한다. 교사들은 주로 핵심 학습내용 자체보다 접근방식을 개별화하는 것을 선호한다는 전제를 고려하면, 학습내용을 개별화하는 데 있어서 무엇보다 중요한 요소는 교사이다. 교사야말로 학습할 내용의 주 제공자이기 때문이다. 따라서 교사가 가르치는 '방식'은 서로 다른 학습양식을 가진 학생들의 학습에 중요한 영향을 미칠 수 있다.

부연설명을 위해, 다음 문장의 빈칸에 들어갈 말을 곧바로 떠올려보자. '교사는 그들이 (   ) 방식으로 가르치는 경향이 있다.' 혹시 빈칸을 '자신이 배운(the way they were taught)'이라고 채웠는가? 흔히들 그렇게 답하지만 이는 그리 정확한 답은 아니다. 교사들은 그들이 '학습하는 방식으로(the way they learn)' 가르치는 경향이 있다. 교사 자신이 선호하는 학습양식이 그의 가르치는 방식을 결정하는 것이다.

따라서 교사의 학습양식과 비슷한 학습양식을 가진 학생은 수업에서 매우 편안함을 느낄 수 있지만, 학습양식이 교사와 크게 다른 학생은 여러모로 어려움을 겪을 수 있다.

이는 비슷한 학습양식을 가진 교사와 학생을 한 교실에 배정하는 것이 좋다는 뜻이 아니다. 이에 대한 실증적 연구가 1970년대와 1980년대에 몇 차례 시도되었지만 아무런 긍정적 효과도 밝혀진 바 없었다(Curry, 1990; Gregorc, 1979; Holland, 1982). 오히려 우리가 제안하는 바는 교사의 학습양식이 교실에서 어떤 교수전략을 사용할지 결정하는 데 영향을 줄 가능성이 매우 높으므로, 교사는 자신의 학습양식에 대해 잘 파악하고 있어야 한다는 것이다. 따라서 교사는 학생들이 학습 내용에 접근할 경로뿐만 아니라 학생들에게 지식을 전달하는 방식 역시 확장할 수 있어야 한다.

학습양식에 따라 학습내용을 개별화하기 위해 교사는 다음과 같은 것들을 시도할 수 있다.

■ 자신이 선호하는 교수방식에 대해 알아보고, 수업시간에 주로 어떤 형태로 지식을 전달하는지 인식하라. 예를 들어, 많은 중등학교 교사들은 주로 강의식 수업을 한다. 어떤 학생에게는 전혀 문제될 것이 없는 방식이다. 하지만 수업에 쓰이는 언어가 모국어가 아닌 학생, 듣는 것만으로는 쉽게 이해하지 못하는 학생, 청력이 약한 학생, 장시간 가만히 앉아 있는 것을 힘들어하는 학생, 강의내용을 이해하기 위한 사전지식이 부족한 학생 등 강의식 수업이 잘 맞지 않는 학생들

에게는 예외 없이 구두로만 지식을 전달하는 이 방식이 중요한 개념과 이해에 접근하는 것을 방해할 뿐이다.

- 학생들에게 정보를 제시하는 방식을 다양화하라. 시각자료(그림, 영상, 다이어그램, 시각적 비유, 영화나 텔레비전의 장면, 애니메이션 등), 청각자료(음성, 음악, 팟캐스트, 자연의 소리 등), 시연, 소모둠 대화나 요약기법, 분석적·실용적·창의적 질문 같은 정보제시 방식을 수업에 포함시킨다.

- 수업내용을 제시하거나 복습할 때, 전체 내용에서 세부사항으로 이동하는 방식뿐만 아니라 세부사항을 먼저 살피고 전체 내용을 아우르는 방식의 교수법도 포함시켜라.

- 교사가 학습내용을 구두로 제시할 경우 분석적·실용적·창의적 요소를 포함시켜라. 그래야 학생이 학습내용을 이해하는 틀을 발달시킬 수 있고(분석적), 핵심 개념 및 기술이 교실 밖 현실세계에서 어떻게 활용되는지 알 수 있으며(실용적), 주제와 관련된 문제를 해결하기 위해 사람들이 어떻게 혁신적이고 효과적인 해결책을 찾고 발견하는지(창의적) 배울 수 있다.

- 교사 자신의 문화나 성별이 자신의 시각이나 접근법에 어떤 영향을 미쳤는지 검토함으로써 자신의 관점이 학생들의 관점과 어떻게 유사하거나 다를 수 있는지를 의식한다.

- 사례 발표, 전문가 초청, 학생들의 다양한 관점 이끌어내기 등을 통해 다양한 문화와 성별을 반영한 관점을 도입해 중요한 주제에 대해 학생들이 다면적인 사고를 하도록 유도하라.

- 팟캐스트나 기타 녹음·녹화 자료를 사용해 학생들이 수업에서 배운 내용을 복습할 기회를 제공하라.
- 성별 친화적인 다양한 학습자료 및 예시를 사용하라.
- 듣기보다 읽기를 통한 학습이 편한 학생들을 위해 그래픽 오거나이저나 글로 된 요약문, 교사의 구두설명을 보조할 추가자료를 제공하라.
- 듣기를 통한 학습이 수월한 학생들을 위해 핵심 내용을 보강하는 오디오북 자료를 다양하게 사용하라.
- 다양한 웹사이트를 활용해 인터넷상에서 학습내용이 어떻게 조직되고 운영되며 제공되는지, 듣기만 하기보다는 시각도 같이 활용해야 잘 배울 수 있는 학생들에게 어떤 도움을 줄 수 있는지 보여줘라.
- 해당 학문 분야에서 다양한 문화와 성별을 대표하는 주요인물(공로자, 문제해결자, 혁신가, 화제의 인물)의 예를 사용하라.

자신의 수업방식이 어떤 요소로 이루어져 있는지 확실히 파악하기 어려운 교사도 있을 수 있다. 이런 경우 도움이 될 방법은 며칠에 걸쳐 여러 수업을 녹화하는 것이다. 그런 다음 영상을 돌려보며 자신의 수업방식을 살펴보라. 지나치게 강의만 하는가, 아니면 다양한 접근방법을 사용하는가? 여학생이나 똑똑한 학생, 대답이 빠른 학생, 교실의 오른쪽에 있는 학생을 더 많이 호명하는가? 교실을 돌아다니는가, 아니면 한 자리에 서서 수업하는가? 자주 웃고, 학생들의 이름을 불러주고, 빈정거리지 않고 유쾌한 유머를 사용하는가? 이러한 분석을 통해 교사는 자신이 바꿨으면 하는 수업테크닉은 무엇이고 학생들의 다양한 학습양식을 다루기 위해 실행할 수 있는 새로운 전략은 무엇인지 판단할 수 있다.

학습과정

학습은 학생이 듣고 보고 읽는 것을 멈추고, 학습내용을 스스로 이해하려고 의식적으로 노력할 때 비로소 시작된다. 학습선호도를 염두에 둔 개별화수업을 할 때는 다음과 같은 것들을 시도해볼 수 있다.

- 1인학습, 2인학습, 4인학습, 교사와 함께하는 학습 중 원하는 유형을 학생이 선택할 수 있도록 하라.
- 학생들을 골고루 호명해 다양한 문화적·언어적·경제적 배경 및 성별을 가진 학생들이 수업에서 소외되지 않고 가치 있는 기여를 하게 하라.
- 달성하고자 하는 핵심적인 학습성과는 동일하게 설정하더라도 과제는 분석적·실용적·창의적인 것을 골고루 제공하라.
- 학생들이 수행한 과제를 다양한 방식으로 발표하게 하라. 예를 들어, 세포분열의 단계를 나타내기 위해 주석이 달린 흐름도, 일련의 스토리보드, 잘 구성된 설명문 등을 학생들에게 선택지로 제공할 수 있다.
- 학습한 내용을 어떻게 표현하고 싶은지 학생들이 새로운 제안을 하도록 장려하라.

- 교실에서 조용히 학습하고 싶은 학생들에게는 편안히 공부할 수 있는 장소를 제공하고, 함께 학습하기를 원하는 학생들에게는 학습내용에 대해 나직이 이야기 나누면서 공부할 수 있는 장소를 제공하라. 외부 소리에 쉽게 집중력이 분산되는 학생에게는 교실 내 소음을 막아줄 수 있는 헤드폰이나 귀마개 착용을 허락하는 것도 좋다.
- 시각적 자극에 쉽게 집중력이 분산되는 학생들에게는 개인열람실, 혹은 벽에 아무것도 부착되어 있지 않은 교실 내 공간을 제공하라.
- 각 단원에 개인별 경쟁 과제와 협업 과제를 모두 포함하되, 적절한 경우 학생들이 자신이 하고 싶은 과제를 선택할 수 있게 하라.
- 특정 이슈에 대해 학생들이 다양한 관점에서 역할을 해보게 하라. 특히 각자의 입장과 반대되는 관점에 서보게 하라.
- 학습목표는 동일하되 구체적인 것에 초점을 두는 과제와 추상적인 것에 초점을 두는 과제를 개발해서 학생들이 선택하게 하라. 과제 수행 후에는 구체적인 과제를 한 학생과 추상적인 과제를 한 학생을 짝이나 모둠으로 묶어 서로 공유하게 함으로써 두 가지 유형의 과제가 어떻게 서로 보완되고 완전한 이해를 돕는지 알게 한다.

학생들이 서로 다른 방식으로 학습을 탐색할 때 그 탐색의 방식이 피드백이나 점수의 초점이 되어서는 안 된다. 교사와 학생 모두의 초점은 핵심적인 학습내용(KUD)에 맞춰져 있어야 한다.

학습결과물

학습결과물은 단원의 끝이나 중요한 지점에서 실시하는 일종의 총괄평가다. 총괄평가의 목적은 현재 학습하고 있는 주제와 관련해 학생들이 스스로 무엇을 알고, 이해하고, 할 수 있는지 파악하도록 하는 것이다. 학습결과물이나 총괄평가의 과제에서 지시사항, 표현방식, 시간제한 등 다른 변수가 학생들의 능력 발휘를 방해하면 그 효과는 반감된다. 학생들의 학습양식에 따라 학습결과물을 개별화하기 위해 교사는 다음과 같은 것들을 시도할 수 있다.

- 초점을 맞출 핵심적인 학습결과물은 동일하되 분석적·실용적·창의적 표현을 할 수 있는 선택지를 제공하라.
- 학습결과물을 다양한 방식으로 표현할 수 있게 하라.
- 학습결과물을 표현할 새로운 방식을 제안할 수 있게 하라.
- 학생들이 제작한 다양한 형식의 학습결과물을 본보기로 보여주고, 이를 통해 핵심 학습내용을 다양한 형태로 표현하는 방식을 깨치게 하라.
- 읽기에 어려움이 있는 학생들에게는 지시사항을 녹음으로 들려주거나 소리 내어 읽어줘라. 지시사항을 이해하면 이들은 글 이외의 형식으로 핵심 학습내용을 표현할 수 있다.
- 과제를 완수하는 데 더 많은 시간이 필요한 학생들에게는 가능한 선에서 시간제한에 융통성을 발휘하라.
- 학습결과물과 평가를 개발할 때 학생들이 문제에 대해 다양한 관섬

으로 자신의 견해를 표현할 수 있도록 하고, 핵심 내용을 자신의 경험과 연결해보게 하라.

학생들이 서로 다른 방식으로 학습을 탐색할 때 그 탐색 방식 자체가 피드백이나 점수의 초점이 되어서는 안 된다는 점을 명심하라. 교사와 학생의 일차적 초점은 핵심적인 학습내용(KUD)에 맞춰져 있어야 한다.

'통합모둠'과 '생각모자'를 통해 개별화하기

이번 장은 교사가 학생들의 다양한 학습선호도에 수많은 방식으로 관심을 기울일 수 있다는 사실을 보여준다. 이번에는 가장 흔하게 사용되는 두 가지 전략인 '통합모둠'과 '생각모자'에 대해 좀 더 자세하게 살펴볼 것이다. 통합모둠과 생각모자 전략은 다양한 연령대와 교과내용에 따라 다르게 사용할 수 있으며, 주요 목적은 학생들이 의미·이해·문제해결에 초점을 맞추도록 하는 것이다.

통합모둠
학생들이 일정 기간(한두 차시 수업, 1~2주일, 한 단원 전체 수업 혹은 그 이상의 기간) 학습하는 동안에는, 교사가 학생들에게 자신이 무엇을 배우고 있는지 지속적으로 되돌아보게 하는 것이 효과적이다. 즉, 학생들에게 "이것이 말하고 있는 바는 무엇일까?" 혹은 "왜 이것이 중요할까?"라는 질문에 답해보라고 할 수 있다. 이러한 질문에 답하면서 학생들은 사실적인 세부사항이나 맥락이 없는 분절적인 자료에 초점을 맞추기보다는 서서히 드러나고 있는 큰 그림이나 주요 개념적 틀에 초점을 맞추기 시작한다. 바로 이때 통합모둠(synthesis groups)은 상당히 큰 힘을 발휘할 수 있다. 다음은 통합모둠을 수업에 적용할 때 효과적인 과정이다.

- 교사는 학습방법이 다르거나 학습결과물의 표현방식이 서로 다른 학생들을 4명 정도 뽑는다.
- 이 모둠은 주어진 시간 내에 반 전체가 수업에서 배운 내용이 어떤 의미인지에 대해 합의를 도출하고, 그 의미를 적어도 3가지 이상의 다른 방식으로 표현하도록 한다.
- 특정 표현양식을 사용하라고 지시하지는 않지만, 교사가 표현양식의 목록을 제시해주는 것은 도움이 된다. 목록에는 팬터마임, 시각적 비유, 음악적 비유, 스케치, 모형, 만화, 독백, 콜라주 같은 선택사항들이 포함될 수 있다. 물론 목록의 내용은 학생들의 연령이나 학습시간 혹은 이용 가능한 자료에 따라 다양해질 수 있다.
- 모둠 내 학생들은 3가지 이상의 표현양식을 개별적으로 혹은 협력해서 고안할 수 있지만, 각자 준비한 것을 학급 전체와 공유하기 전에 모둠 내에서 승인하고, 필요하면 수정하는 과정을 반드시 거쳐야 한다. 이를 통해 학급 전체를 대상으로 하는 발표에서 개인이 아니라 모둠이 의도한 의미를 전달할 수 있도록 해야 한다.

■ 학생들이 학습내용을 표현할 방법을 고안할 때 도움이 될 기준은 다음과 같다. (1)표현하기로 한 핵심 개념이 명확히 표현되었는가, (2)급우들이 학습내용을 더 깊게 이해할 수 있도록 개념이 정확하고 적절하게 표현되었는가, (3)핵심 개념을 전달하는 수단으로서 표현 방식이 효과적인가

수업시간을 더 효과적으로 활용하기 위해 교사는 두 모둠이 서로의 작업을 공유하고, 모둠 구성원들이 생각하기에 상대방 모둠에서 가장 설득력 있는 예가 무엇인지 선택하게 할 수 있다. 이어서 설득력 있다고 선택된 예들(보통 4개 이하)을 모둠토론을 위해 학급 전체와 공유한다. 그 결과 다양한 관점을 접한 학생들은 학습내용 중 가장 중요한 부분을 심도 있고 폭넓게 이해하게 된다.

다음에 제시되는 첫 번째 시나리오 〈교실에서〉는 초등학교 교실에서 통합모둠을 사용한 예이다.

| 교실에서 | **이웃 관련 단원, 통합모둠 (초등학교)**

칼리슨 선생님이 가르치는 초등학교 저학년 학생들은 이웃에 대해 배우고 있다. 학생들이 탐구해온 큰 개념은 좋은 이웃은 그들이 사는 동네를 좋은 곳으로 만들기 위해 주변의 모두와 협력한다는 사실이다. 학생들은 자신이 사는 동네의 이웃에 대해 조사하고, 동네 주민들에 관한 소식을 듣고, 이웃에 관한 여러 이야기를 읽고, 친지들을 인터뷰해 그들이 자란 동네와 그 이웃에 대해

들었다. 학습의 정점이 되는 활동으로서 선생님은 학생들을 4인 모둠으로 활동하게 하면서 좋은 이웃이 좋은 동네를 만든다는 생각에 찬성하는지 반대하는지 묻고, 각자의 결론에 대해 증거를 제시하게 했다. 칼리슨 선생님은 학생들 각자가 선호하는 표현방식을 토대로 학습양식이 혼합된 모둠을 구성했다. 각 모둠은 제시된 생각에 찬성하거나 반대하기 위해 적어도 3가지 표현방법/양식을 찾아야 했다. 선생님은 스케치, 구술대화, 행동수칙 목록, 만화, 노래 등 학생들이 자신의 생각을 표현할 수 있는 10가지 방법 목록을 칠판에 게시했다. 또한 이 목록에 추가할 만한 아이디어가 있으면 선생님을 찾아오도록 학생들을 격려했다. 모둠 내 어떤 학생도 서로 같은 표현방식을 사용할 수 없었다. 또한 모둠 내 모든 학생은 같은 모둠의 동료들이 내린 결론과 그 결론을 뒷받침하는 증거를 설명할 수 있어야 했다. 이렇게 해서 각 모둠은 소모둠활동 시간에 각자의 결과물을 선생님과 공유했으며, 모둠 내 한 사람의 연구 결과를 선택해 학급 전체와 공유했다.

생각모자

생각모자(thinking caps)라는 학습전략은 에드워드 드 보노(Edward de Bono)가 개발한 '6가지 생각모자'(1985)를 변형한 것으로, 학생들로 하여금 5개의 '생각모자' 중 하나를 쓰고 어떤 주제에 대해 생각하도록 하는 전략이다. 어린 학생들에게는 자신이 맡은 역할을 상기시켜주기 위해 종이나 마분지로 된 모자를 쓰게 해도 좋다. 고학년 학생들에게는 자신이 '쓰고 있는' 모자의 색깔과 같은 색의 플래카드를 생각모자 활동시간 동안 자기 앞에 두게 하는 것도 좋은 방법이다.

생각모자 활동에서 학생들은 개방형 문제나 사안에 대해 생각한다. 예를 들어, 어린 학생들은 방금 읽었거나 들은 이야기 속 주인공이 문제를 해결한 방식대로 자신들이 문제를 해결하면 어떤 일이 벌어질까에 대해 이야기할 수 있다. 중학교 과학수업에서는 새로운 건설계획이 지역의 생태계에 미치는 영향에 대해 토론함으로써 시의회의 결정에 대해 입장을 표명할 수 있다. 정부에 관해 배우는 고등학교 학생들은 십대들에게 성인과 똑같은 언론자유의 권리를 주는 것의 현실성에 대해 검토해볼 수 있다.

사안에 대해 토의하는 동안 학생들은 자신이 쓰고 있는 특정 모자에 기초해 의견을 표해야 한다. 각 모자는 다음과 같은 사고방식을 대변한다.

- 파란색 모자: 사실·정보·데이터를 가치 있게 여김
- 노란색 모자: 직관적. 자신의 느낌을 신뢰함. 타인의 감정에 관심을 가짐
- 초록색 모자: 풍부한 상상력. 창의성. 혁신적 해결책을 모색함
- 오렌지색 모자: 실용적. 사람들의 협력을 이끌어 문제를 해결하려 함
- 빨간색 모자: 제안에서 문제점과 잠재적 오류를 찾아냄. 신중한 경향이 있음

교사나 학생들이 문제나 사안에 대해 질문을 하면 학생들은 자신이 쓰고 있는 생각모자의 관점에서 질문에 대답하거나 다른 학생의 의견에 대한 자신의 의견을 말한다. 토론의 목표는 의미 있는 결론에 도달하는 것이며, 참가하는 학생들은 그룹 전체의 사고를 진전시킬 수 있는 방식으로 그 목표에 기여해야 한다.

생각모자 활동은 다음과 같은 방식으로 구성할 수 있다.

- 학생이 자신과 가장 잘 부합된다고 생각하는 모자를 자발적으로 선택하고, 토의하는 동안 계속 그 모자가 부여하는 역할을 유지한다. 이 방법은 학생이 가진 강점을 부각시켜 수업에 기여하고, 다양한 접근법이 문제해결에 어떠한 기여를 하는지 학급 전체가 알 수 있게 한다.
- 학생이 선호하는 역할에서 시작하되 토론 중에 역할을 바꿀 수 있다. 이 방법은 학생이 문제를 다양한 관점에서 접근하게 해주며, 자신의 강점이 어디에 있는지 명확히 알고, 자신에게 익숙하지 않은 역할의 장점이 무엇인지도 발견할 수 있게 해준다. 이러한 구성에서는 5명의 학생만 서로 다른 모자를 쓰고 토론에 참여하며, 나머지 학생들은 관찰자 겸 토론에 대한 응답자 역할을 하게 된다.
- 교실 안의 학생 모두가 모자를 쓰고, 모자색깔이 나타내는 관점으로 토론에 참여한다. 이러한 구성에서는 4~5명이 초록색 모자를 쓰고 3~4명이 빨간색 모자를 쓰는 식으로 학생들을 배정할 수 있다.

실제 삶에서 직면하는 많은 상황에서 생산적인 사고가 발현되는 것은 다양한 사람들이 다양한 방식으로 문제에 접근할 때이다. 좋은 해결책은 일반적으로 데이터와 순서, 직관, 자유분방한 아이디어, 신중함 등을 요한다. 서로 다른 사람들이 그 과정에서 각자의 다양한 강점을 발휘한다. 생각모자는 학생들이 자신의 특별한 강점을 개발하고 이해하는 데 도움을 주는 것은 물론, 다른 사람들이 생각할 때 취하는 접근법을 파악하고 그 가치를 알 수 있게 해준다.

두 번째 〈교실에서〉 시나리오는 고등학교 교실에서 생각모자를 활용한 예이다.

| 교실에서 | 환경오염 단원, 생각모자 (고등학교)

파파스 선생님은 고등학교에서 환경오염이라는 주제로 환경과학 단원을 가르치고 있다. 선생님은 우선 학생들을 싱크탱크(Think Tanks) 모둠에 배정해, 그 단원이 끝날 때까지 계속 모둠별로 활동하며 지역사회의 환경오염을 줄일 창의적이고도 효율적인 제안서를 만들도록 했다. 싱크탱크 모둠은 5~6명으로 이루어졌는데, 단원이 진행되는 동안 여러 번 만나 환경오염과 관련된 사안을 학습하며, 제안할 내용을 고안하고 이를 다듬는 작업을 이어갔다. 파파스 선생님이 주의 깊고 창의적인 발상을 위해 학생들에게 알려준 전략 하나는 바로 생각모자이다. 모둠의 구성원들은 실행 가능하고 혁신적인 계획에 도달했다고 느낄 때마다 생각모자를 이용해 그 계획에 대해 토의했다.

학생 한 명이 수립된 계획에 대해 발표하고, 다른 구성원들은 자신이 선택한 생각모자에 근거해 그 계획에 대해 토의한다. 토의가 진행되는 동안 그 계획을 발표한 학생은 토의내용을 필기한다. 학생들은 토의를 하는 동안 자신이 쓴 모자의 색깔과 같은 색 종이에 각자 이름을 쓰고, 그것을 접어서 명패로 사용한다. 또 토론에서 각자의 역할을 다른 모둠 구성원들에게 상기시켜주기 위한 용도로도 사용한다. 예컨대, 파란색 모자를 쓴 학생은 논의와 관련된 사실·정보·데이터를 제공한다. 노란색 모자를 쓴 학생은 계획의 내용과 모둠의 작업과정에 정서적인 부분을 가미한다. 초록색 모자를 쓴 학생은 제안서를 향상시킬 수 있는 새로운 생각과 접근법을 찾는다. 오렌지색 모자를 쓴 학생은 이러한 생각을 실현할 현실적인 방법과 모둠이 더 생산적으로 협력할 방법을 찾는다. 빨간색 모자를 쓴 학생은 지역사회의 다양한 이해당사자들이 계획에 대해 가질 수 있는 잠재적인 문제나 우려를 제기한다. 파파스 선생님은 다양한 모둠이 생각모자 토의를 진행할 때, 이따금 모둠과 함께 앉아 활동을 지켜보고, 모둠이 토의하는 방식을 관찰한 자신의 소회를 포함해 토의에서 나온 이야기들을 학급 전체와 간단히 공유하기도 한다.

이 장을 마무리하며

우리는 총 3개의 장에 걸쳐 학생들의 학습준비도, 흥미, 학습양식에 맞춰 수업을 개별화하는 방식을 논의했다. 대응적 교수(responsive teaching)의 각 측면을 면밀히 살펴보기 위한 구성이지만, 자칫 교사가 한 번에 한 가지 측면만 개별화해야 하는 것처럼 잘못 읽힐지도 모르 겠다. 그러나 그렇게 해서는 안 된다. 그런 식의 접근은 교사들의 여러 가능성과 학생들의 기회를 제한한다. 교사는 1차시 수업을 계획할 때 위 세 가지 요소 중 적어도 두 가지는 유념해야 하며, 단원의 수업계획 을 짤 때도 세 가지 요소를 모두 중요하게 고려해야 한다.

예를 들어, 고등학교 과학교사는 학생들이 과학실험 결과를 보고할 때 실용적·분석적·창의적인 방식 중 하나를 선택하여 보고할 수 있게 수업을 계획할 수 있다(학습양식 개별화). 또한 이 수업에는 학술적 어 휘를 잘 모르는 학생들이 있을 수 있다. 교사는 이런 학생들이 실험결 과를 보고하기 전에 핵심 용어들을 미리 익히도록 수업을 계획할 수 있다(학습준비도 개별화).

초등학교 교사는 학생 모두에게 위인전을 읽힐 수 있다. 이때 어떤 학생은 학년 수준을 뛰어넘는 책에 도전하는 것이 필요한 반면, 어떤 학생은 학년 수준보다 낮은 책을 읽어야 한다(학습준비도 개별화). 동 시에 교사는 학생들이 좋아하고 알기 원하는 것을 반영해 위인전을 선 택하게끔 해야 한다. 어떤 학생은 운동선수를 선택할 것이고, 어떤 학 생은 과학자나 의사를 선택할 것이고, 또 어떤 학생은 선구적인 여성을 선택할 것이다(흥미 개별화). 학생들이 각자 읽은 내용을 학급 전체와 공유할 때 교사는 시각자료나 글 혹은 신체를 이용해 발표할 수 있도록 선택지를 제공할 수 있다(학습양식 개별화). 학교의 다른 사안들이 그렇듯이, 개별화수업을 고려할 때도 학생들에 대해 다층적으로 생각하는 것이 좋다. 즉, 교사는 학생들을 위한 성공적인 학습기회를 만드는 데 필요한 모든 수단을 사용해야 한다.

개선 사례

파웰 선생님에게 역사는 매력적인 과목이었다. 선생님은 학생들이 과거의 사건을 통해 자신의 모습과 그들이 살아가는 세상을 바라볼 수 있었으면 했다. 선생님은 강의식 수업을 하기도 했지만 학생들이 다양한 방식으로 학습에 참여할 수 있도록 많은 관심을 기울였다. 선생님은 학생들이 교대로 학습일지를 작성하되, 과제에 대한 세부사항뿐 아니라 수업에서 제시된 핵심 내용을 기록하도록 했다.

학생들은 자신이 한 필기가 정확한지, 과제를 올바로 이해했는지 확인하기 위해서도 학습일지를 사용할 수 있었다. 무엇보다 학습일지는 결석한 학생에게 매우 유용했다. 파웰 선생님은 시각적 형태의 학습이 더 수월한 학생에게는 강의의 구성을 반영한 그래픽 오거나이저를 제공해주었다. 때로는 선생님이 직접 칠판이나 화면에 있는 오거나이저를 채워가면서 중요한 정보를 요약하는 방법을 보여주었다. 또한 역사적 사건들이 어떤 모습으로 발생했는지를 상상할 수 있도록 많은 이미지를 사용했으며, 중요한 개념과 관련된 영화나 TV, 뉴스 등의 장면들을 수집했는데 그 양은 점점 더 늘어났다.

파웰 선생님은 서로 다른 사람들과 집단이 어떤 역사적 사건에 대해, 그 일이 발생했을 때와 그 뒤에 어떻게 다르게 느꼈는지에 대해서도 강조한다. 선생님은 전쟁에서 패배했거나 특정 기간동안 권력을 상실했던 사람들의 입장에서 역사를 서술한다면 오늘날 역사책의 내용은 상당히 달라질 수 있다는 점을 상기시켜주기도 했다. 사람들이 역사를 탐구하고 기록하고 도전하는 다양한 방식에 대해서도 지적해주었다. 학생들에게도 학습하고 있는 역사를 스스로 탐구하고 기록하고 그에 도전할 수 있는 다양한 방법을 제공해주었다. 학습결과물에 대한 파웰 선생님의 평가기준을 학생들은 명확히 이해했지만, 선생님은 학생들이 자신의 활동을 스스로 결정할 수 있게 어느 정도의 여지도 마련해주었다.

본디는 올해 역사수업에서 공감할 수 있는 내용을 자주 접하는 것이 너무 흥미롭다. 작년에는 그렇지 않았다. 새밋은 파웰 선생님이 제공하는 유인물과 시각자료의 도움을 받아 역사과목을 잘하게 되었다. 덕분에 수업시간에 더 적극적으로 참여하고 역사에 관한 글도 많이 쓰게 되었다. 엘스벳은 올해 역사에 관한 글을 쓰는 것이 훨씬 재미있어졌다.

파웰 선생님은 학생들에게 글은 구조가 잘 짜여야 하고 논리도 탄탄하게 뒷받침되어야 한다고 가르치지만, 학생들 각자가 서로 다른 방식으로 글을 작성할 것이라는 점도 이해하시는 것 같다. 처음에 제이크는 파웰 선생님이 제시한 선택지에 다소 불안함을 느꼈다. 제이크는 선생님이 무엇을 요구하는지 애매한 점이 없는 과제에서만 편안함을 느끼곤 했다. 하지만 올해에는 다양한 분석적 학습법을 통해서도 자신이 잘 배우고 있다는 사실을 발견했다. 파웰 선생님은 제이크가 학습결과물을 발표할 수 있는 다양한 방식을 개발하도록 도움을 주었으며, 이는 역사수업뿐만 아니라 다른 수업에서도 유용하게 쓰였다.

학생들의 학습양식에 근거하여
수업을 개별화하기 위한 체크리스트

특정 단원·학기·학년의 교육과정을 되돌아본 후 다음 질문에 답하세요. 작성한 답안을 다시 살펴보면서, 학생들의 다양한 학습양식에 좀 더 효과적으로 대응하기 위해 수업의 어떤 부분에 변화를 줄 수 있을지 생각해보세요. 만약 교장이나 교감이라면 교무회의에서 이 활동지를 사용하여 학생들의 학습양식에 따라 개별화수업을 시행하기 위해 학교가 나아갈 바를 논의할 수 있을 것입니다. 아래 질문은 교사연수를 계획하거나 학생들의 학습양식에 근거하여 수업을 개별화하려는 교사들에게 유용한 틀이 될 수 있습니다.

1 당신은 대단원과 소단원에서 KUD를 명확하게 설명합니까?

2 학습양식에 따른 선택지로 학습하는 동안 학생들이 KUD를 명확히 이해해, 대단원과 소단원의 핵심적인 내용에 초점을 맞춰 과제를 수행할 수 있도록 합니까?

3 문화와 성별이 당신의 교수학습에 어떻게 영향을 미치는지 생각해본 적이 있습니까?

4 교실이 어떤 문화적 배경의 학생들에게도 적절한 공간이 되도록 학생들의 다양한 문화적 배경을 이해하고 교수학습을 조정합니까?

5　성별의 차이가 학생들의 학습에 영향을 미칠 수 있는 방식에 대해 설명한 적이 있습니까?

6　수업을 계획하고 실행할 때 사용할 일련의 학습양식 목록을 만든 적이 있습니까?

7　학생의 학습양식에 대한 설문조사를 시행한 적이 있습니까?

8　최신 과학기술을 교수학습 도구로 사용해 학생들이 다양한 양식으로 학습할 수 있도록 돕고, 당신의 수업방식 역시 다양화하고 있습니까?

9　각 단원을 가르칠 때 학습양식이 비슷한 학생모둠과 그렇지 않은 모둠을 둘 다 활용합니까?

10　수업에서 다양한 교실배치를 활용하고 있습니까?

11　학습양식에 따라 개별화한 활동 선택지를 제공합니까? 또한 학습양식에 따른 개별화 아이니어를 학생들이 추가적으로 제안할 수 있게 합니까?

12 학습양식에 따라 개별화한 학습결과물과 평가방식의 선택지를 제공합니까?

13 가만히 앉아 있기보다 자리를 이동하며 공부하는 것을 선호하는 학생, 집중하려면 주위가 조용해야 하는 학생, 반대로 어느 정도 소음이 필요한 학생, 움직임이나 소음에 쉽게 주의력이 분산되는 학생 등 각기 다른 학습양식을 갖고 있는 학생들을 위해 교실환경에 변화를 줍니까?

14 학생들의 학습선호도에 대해 관찰한 바를 체계적으로 기록할 방법을 갖추고 있습니까?

15 학생들의 학습양식에 대해 알게 된 정보를 수업에 활용합니까?

16 학습양식에 따라 수업을 개별화할 때 학습준비도의 중요성을 인식하고 이를 고려합니까?

17 당신은 선호하는 학습양식을 어떤 계기로 파악하게 되었고 자신에게 효과적인 방식으로 학습하게 되었는지에 대해 학생들에게 이야기해 줍니까?

18 당신은 학생들이 각자 어떤 학습방식이 자신에게 효과적이고 그렇지 않은지, 학업에 성공하려면 학습에 대한 접근법을 어떻게 조정하면 좋을지 파악할 수 있도록 돕습니까?

19 학습양식에 따라 개별화된 수업을 할 때 과제와 그 수준에 대한 명확한 지침을 제공해 학생들이 성공적으로 학습할 수 있도록 합니까?

20 당신은 학생들이 다양한 과제 및 모둠구성으로 학습할 때 도움이 되는 수업의 절차와 루틴을 개발한 적이 있습니까?

21 그 절차와 루틴에 학생들이 효율적으로 적응하고 그것을 더 정교화하는 과정에 기여하도록 학생들을 준비시킵니까?

22 당신은 학생들이 각자 개별화된 과제를 하는 동안 학생들을 개별적으로 혹은 모둠 단위로 만나 학습활동에 대한 대화를 나눕니까?

8

개별화수업
운영하기

교사에게 가장 큰 성공의 징표는 "아이들이 이젠 선생님이 여기 있는지 없는지 상관 않고 공부하고 있어요."라고 말할 수 있게 되는 것이다.

마리아 몬테소리(Maria Montessori)

각각의 학생 모두가 성공할 수 있도록 지원하겠다는 목표의식이 뚜렷한 교사라면, 교실 내 이용 가능한 모든 요소를 융통성 있게 활용하는 법을 익혀 많은 다양한 학생이 성장할 수 있는 '여지'를 만들 것이다. 교사는 학생이 자기만의 방법으로 학습할 수 있는 기회를 많이 제공해야 한다. 이를 위해서는 교사 자신부터 융통성이 있어야 하고, 유연하면서도 예측 가능하도록 설계된 루틴(routine)에 따라 학생들이 효과적으로 학습할 수 있게 지도해야 한다. 주어진 시간 안에 학생들이 교실에서 다양한 활동을 하게 만들기란 쉬운 일이 아니다. 모든 학생이 획일적인 방식으로 학습하게 하는 것이 더 현실적이고 쉬워 보이기도 한다. 이런 방식이 교사들에게도 더 편하다. 하지만 교사 입장에서 편하기만 한 방식으로 하다 보면 교실은 일부 학습자들만을 위한 공간이 되어버린다.

카슨 선생님의 교실은 기강이 엄격하다. 학년 초가 되면 선생님은 늘 학생들에게 조용히 앉아 있으라고, 연필을 깎아야 하거나 자료를 가지러 갈 때만 선생님의 허락을 받고 자리에서 일어날 수 있다고, 호명하는 학생만 말할 수 있다고 단단히 일러두었다. 이 규칙을 어기면 벌점이 주어지고, 규칙을 어기는 학생은 누구든 예외 없이 벌점을 받게 된다는 점도 주지시켰다. 그 규칙에는 예외가 없다는 것을 학생들은 학년 초부터 알게 되기에 카슨 선생님의 교실은 질서가 잡혀 있고 학생들은 지시를 잘 따른다.

교장선생님은 교사들에게 다양한 학습자의 필요에 주의를 기울여 융통성 있는 절차 및 루틴이 있는 개별화수업을 하라고 했다. 학생들이 뭐든 자유롭게 할 수 있는 수업 분위기가 꺼려진 카슨 선생님은 개별화수업을 하라는 교장의 지시를 묵살해왔다. 그런데 교장이 갑자기 카슨 선생님의 수업을 참관하겠다고 했다. 학생들의 다양한 학습 필요에 어떻게 대응하고 있는지 파악하겠다는 것이다. 카슨 선생님은 교장선생님의 수업참관에 학생들을 '대비'시키기 위해 며칠 앞서 개별화수업을 시도해보기로 했다.

'리허설'이 있는 날, 카슨 선생님은 학생들에게 오늘은 평소와 다른 과제를 내주겠지만 평소와 같이 자리를 지키고 떠들지 않는다는 규칙은 지켜야 한다고 주의를 줬다. 선생님은 학생들에게 두 가지 서로 다른 과제를 하는 방법을 설명하고, 각 학생이 앉을 자리를 알려준 뒤 조용히 새로운 자리에 가서 앉으라고 했다. 학생들은 그대로 따랐다.

하지만 그다음부터는 수업이 수월하게 진행되지 않았다. 원래 있던 자리에 수업자료를 놓고 온 학생은 선생님의 허락 없이는 자료를 다시 가지러 갈 수가 없었다. 지시사항을 제대로 이해하지 못한 학생들은 선생님이 교실을 돌아다니며 설명을 반복해줄 때까지 기다릴 수밖에 없었다. 그러다 보니 수업 분위기가 어수선해지고 잡담이 늘어 학생들은 무더기로 벌점을 받았다. 과제를 끝낸 학생들은 보고서를 어떻게 작성할지, 그리고 그다음에는 무엇을 해야 할지 알 수가 없었다. 분위기는 더 어수선해지고, 교실은 시끄러워지고 벌점이 쏟아졌다. 수업종료 종이 울리자 학생들은 교구와 의자를 쓰던 그대로 놓고 교실을 나갔다.

카슨 선생님은 교장선생님에게 학생들이 아직 어리기 때문에 학급 전체를 통제하지 않고서는 수업을 진행할 수가 없다고 말했다. 그녀는 개별화지도가 자신의 수업과 학생들에게는 효과가 없는 것이 확실하니 수업참관을 취소해달라고 요청했다.

수업운영의 일반적인 관점

많은 교사가 부임 초기에 직무와 관련해서 주로 걱정하는 것은 우수한 교과과정을 마련할 수 있을지, 학습에 도움을 주기 위해 어떻게 평가를 활용할지, 학생들이 흥미를 느끼고 적극 참여할 학습환경을 조성할 수 있을지와 같은 것들이 아니다. 그들의 가장 큰 걱정은 다름 아닌 '과연 내가 학생들을 제대로 통제할 수 있을까'이다. 하지만 이러한 걱정은 그들의 직무수행에 부정적인 결과를 낳는다. 워싱턴주에서 실시된 한 연구 결과를 보면 교직을 떠난 교사 중 29퍼센트가 학생 생활지도의 어려움 때문에 교직을 떠났다고 한다. 극빈지역 학교의 경우에는 이 수치가 53퍼센트에 이른다(Elfers et al., 2006).

물론 교사들 대부분은 수업에서 질서를 유지하는 방법을 차츰 알게된다. 그러지 않고서는 교직이라는 직업을 견뎌내지 못할 것이다. 하지만 안타깝게도 많은 교사에게 있어서 수업운영은 학생들을 통제하며 실랑이하는 수준에 머물러 있다. 교사는 자기통제라는 측면에서 학생들을 신뢰할 수 없고 그들 스스로 학습을 주도해나갈 능력이 없다고 믿는다. 이러한 인식 때문에 많은 수업에서 교사들은 '전면적 지휘권'을 행사하려고 한다. 즉, 지극히 교사 중심적이며 교사 주도적인 수업을 하게 되는 것이다. 이러한 방식이 일상화되면 수업에서 다양한 학습자의 필요에 주의를 기울이기가 힘들어진다.

수업운영의 대안적인 관점

존 듀이(John Dewey)는 교육의 궁극적인 목표는 '학습자로서의 자기 통제와 독립심을 지닌 학생을 길러내는 것'임을 주지시켰다(1938). 그 목표는 우리가 학생들에게 독립심으로 이어질 기술과 태도를 가르칠 때에야 실현 가능할 것이고, 학생들이 수업에서 겪는 경험이 주로 통제받고 관리당하는 것이라면 그 실현 가능성은 거의 없어질 것이다.

수업운영에 대한 좀 더 유익한 사고방식은, 수업의 루틴은 '관리'하되 학생들은 '이끌어줘야' 한다는 것이다. 또 그보다 더 바람직한 방식은, 모두가 최고의 학습자이자 인격체로 성장할 수 있는 수업을 만드는 일에 모든 학생이 참여하도록 이끌어주는 것이다. 표 8.1은 수업운영에 대한 리더형 교사와 관리자형 교사의 서로 다른 접근법을 대조해서 보여준다.

대부분의 성인은 관리 대상이 되는 것을 불쾌해한다. 그 같은 상황에서는 자신이 나름의 생각이 있고 의견이 있는 사람이기보다는 해결되어야 할 문제인 양 조종당하고 비인격적인 대우를 받는다고 느낀다. 그러면 최선의 모습을 보이려는 노력을 하지 않게 된다. 이 점에 있어서

표 8.1 리더형 교사와 관리자형 교사의 수업운영 비교

리더형 교사	관리자형 교사
사람 중심	정해진 규칙 중심
선한 목적을 향한 비전 마련	일정을 계획하고 관리
비전을 공유하고 학생들의 참여를 이끌어내는 능력	세부사항을 일일이 지시
비전 달성을 위한 팀 구성	각종 학습자료 준비
비전에 대한 헌신을 계속 새롭게 함	책상과 의자 배열 변경
성공을 축하해 줌	모든 움직임과 활동 지휘
	반복적인 루틴 실행
	문제를 해결

는 학생들도 크게 다르지 않다. 이와는 대조적으로, 리더가 비전이나 가치 있는 목표를 제시하고 그 목표를 달성하는 데 참여하도록 독려해 주면, 누구라도 힘을 내 기꺼이 협력할 것이다. 학생들도 이러한 속성을 똑같이 갖고 있다.

효과적인 개별화수업을 열망하는 교사는 왜 이러한 수업이 필요한지를 학생들에게 이해시키고, 그들 모두에게 효과적이고도 효율적인 수업을 만드는 데 학생들을 참여시킨다. 물론 개별화수업에서도 교사가 관리해야 할 요소는 분명히 있다. 하지만 교사가 학생을 관리하기만 하는, 게다가 학생을 불신하는 입장에서 관리하기만 하는 수업과는 분위기가 전혀 다르다.

흥미롭게도 연구자들은 융통성 있게 운영되는 수업은 학생들의 지적 발달에도 유익하다는 점을 발견했다. 또 수업운영에 대한 교사의 신념과 양식에 따라 기본적으로 다음의 4가지 수업환경이 조성된다고 보고 한다(Knapp et al., 1992).

1. 역기능적인(dysfunctional) 학습환경 - 교사와 학생이 끊임없이 통제권을 장악하기 위한 투쟁을 벌인다. 불편한 분위기가 팽배하고, 이면의 힘겨루기 탓에 일관된 학습진행이 어렵다.
2. 그런대로 괜찮은(adequate) 학습환경 - 기본적인 질서가 유지되므로 어느 정도 학습진행이 가능하다. 그러나 힘겨루기로 인한 갈등이 여전하고 수업에 방해가 되는 사건이 빈번히 발생한다.
3. 질서가 강조되는(orderly-restrictive) 학습환경 - 수업이 순조롭게

진행되고 잘 관리된다. 일과가 꽉 짜여 있고, 교사의 교수전략은 융통성이 없고 제한적이다.

4. 질서와 융통성이 동시에 강조되는(orderly-flexible) 학습환경 - 수업은 순조롭게 진행된다. 좀 더 느슨한(그러나 엉성하지는 않은) 구조가 특징이다. 교사는 광범위한 교수전략과 수업의 루틴을 훨씬 다양하게 사용한다.

위 4가지 수업환경 중 '질서와 융통성이 동시에 강조되는' 학습환경 속에서 의미와 이해에 집중하는 수업이 가장 잘 일어날 수 있다. 그 이유는 간단하다. 교사가 가르친 것을 진정으로 이해하고 자기 것으로 만들 수 있으려면, 학습자는 생각을 이리저리 굴리고 자신의 아이디어를 시험해보기도 하고, 실수도 하고, 잘못 이해했던 것을 바로잡는 과정을 거쳐야 하기 때문이다. 이것이 가능하려면 시간·공간·실험·협동이 필수적이다. 이는 '역기능적인 학습환경'과 '그런대로 괜찮은 학습환경'에서는 아예 불가능하고, '질서가 강조되는 학습환경'에서도 거의 불가능하다. 교사가 수업의 루틴과 낮은 수준의 과제를 관리하는 데만 안주하게 되면, 학생들이 배울 수 있는 것을 실제로 제한해버리는, 소극적인 교수학습법에만 치우치게 된다. 다시 말해서, "이런 교사들은 '방어적'으로만 가르친다. 즉, 교실 내 질서를 유지하고 학생들로부터 최소한의 순응을 이끌어내기 위해 학습내용을 단순화하고 학생들의 부담을 줄이는 수업과 평가만을 선택한다."(Darling-Hammond et al., 2005, p. 331)

융통성 있는 학습환경은 뇌친화적이다. 이러한 환경은 레나트 케인(Renate Caine)과 조프리 케인(Geoffrey Caine)이 '편안한 각성상태(relaxed alertness)'라 부른 상태에 들어가게 해준다(Caine et al., 2005). 편안한 각성상태는 정서적으로 최적화된 상태로, 위협적인 요소가 적고 매우 도전적인 학습상황에서 창출되며, 이때 학습자는 내적 동기가 높아지고 자신감과 유능감을 느낀다. 이와 같은 학습환경에서는 정서적으로 편안함을 느끼고, 학습에 몰두하며, 창피당하는 것을 걱정하지 않고 과감하게 질문하고 실험하며, 고차원적인 사고도 가능하다. 또한, 질서 있고 융통성 있는 환경에서는 교사와 학생 간에도 원활한 질문과 피드백이 오가므로 의사소통도 좋아진다. 토의를 통해 학생들은 중요한 정보와 개념을 구별해내고, 더 깊이 사고하며, 상황을 분석하고, 중요한 결정을 내리고, 자신이 이해한 바에 대해 다른 사람들과 이야기 나눈다. 이 모든 활동은 뇌의 집행기능을 발달시키고, 학습한 내용을 기억할 때 필요한 대뇌 신경망을 형성하는 데 기여한다.

인지신경과학 분야의 다른 연구 결과는 융통성 있는 학습환경에서 공부한 학생들이 전통적인 환경의 학생들보다 향상된 능력을 보인다는 주장을 뒷받침한다. 일례로 초등학생 210명을 대상으로 2년 동안 전통적인 교수법과 융통성 있는 교수법을 비교한 준종단적(semi-longitudinal) 연구에서, 융통성 있는 학습환경에 있던 학생들은 1년이 지난 후 전통적인 환경의 학생들에 비해 창조적 수행능력에서 상당한 향상을 보였다(Besançon & Lubart, 2008). 또 융통성 있는 학습환경은 어린 학생들의 어휘력 향상에도 효과적이다(Colunga & Smith, 2008).

융통성 있는 학습환경에서는 문제해결능력도 향상되는 것으로 보인다. 학생들에게 과학기술을 활용하게 한 연구에서 재량껏 문제해결을 위한 사례 연구를 하게 했더니, 단순히 교사가 제시한 정보만 따르게 한 경우보다 성취도가 높았다. 이 연구는 과학기술 환경에서 질문전략을 활용할 경우 학생 개개인의 학습성과를 향상시킬 수 있다는 것을 보여주었다. 이는 학생들이 스스로 고른, 맥락이 풍부한 학습자료를 탐구하면서 높은 수준의 인지적 정보처리를 활성화하기 때문으로 보인다(Demetriadis et al., 2008).

교사들 또한 융통성 있는 학습환경을 지원하는 학교에서 일하면 자신만의 지식과 기술을 개발하려고 노력할 가능성이 높다(Tynjälä, 2008). 이 책에서 특징적으로 이야기하는, 효과적인 개별화수업의 타협 불가능한 원칙 면에서 보면, 질서 있고 융통성 있는 학습환경은 다음과 같은 특성을 지원해야 한다.

■ 교사의 성장관점 사고방식 – 모든 학생은 생산적이고 독립적으로 학습할 수 있는 능력뿐만 아니라 성공에 필요한 스킬을 배울 수 있고 또 배우게 될 것이라는 믿음
■ 개인에 대한 존중 – 학생들은 보람 있는 일이라고 느낄 때 최선을 다한다는 믿음
■ 모든 학생은 이해에 초점을 두는 수준 높은 교육과정을 제공받아야 한다는 믿음 – 어떤 학생은 추론 및 문제해결 능력이 있다고 여기면서, 또 어떤 학생에 대해서는 그저 못하는 부분만 개선시키거나 게

속 낮은 수준의 과제만 내주는 데 안주하지 않으려는 의지

- 학생들의 성공을 지원하기 위해 무엇이든 하겠다는 결심 – 획일적인 접근법은 학생들의 다양한 필요에 비해 너무 편협하다는 점을 이해하고, 모든 학생이 성공적으로 학습할 수 있도록 수업자료·일정표·지원체계·전략·모둠구성·루틴 등을 제공하겠다는 의지

교사는 수업을 개별화하거나 융통성 있게 운영하면 통제할 수 없는 혼란에 빠지지 않을까 불안할 수 있지만, 이는 사실도 아니고 그럴 리도 만무하다. 실질적인 학습은 오직 질서가 있는 상황에서만 일어난다. 개별화수업을 운영할 때의 목표는 경직성을 더하는 질서가 아니라 유연성을 살리는 질서를 만들어내는 것이다. 다시 말해, 잘 계획된 개별화수업은 긍정적인 학습환경에 중점을 두며, 성장관점의 사고방식은 그 환경에 적합한 최상의 '규율' 도구이다.

그렇다면 개별화수업을 위해서 교사는 융통성 있는 수업운영 기술을 익혀야 한다. 다행인 것은 실제로 모든 교사가 이러한 수업운영 기술을 익힐 수 있다는 것이다. 많은 교사가 이를 저절로 획득하거나 애초에 타고나는 것은 아니다. 하지만 이 기술은 복잡하지 않고, 여느 기술이 그렇듯 의식적인 노력만 기울이면 배울 수 있다. 교사가 수업을 융통성 있게 이끄는 데 자신감을 갖게 되면 학생들의 수업 참여도 및 성취도가 높아지고, 교사들은 직업적 만족도와 유능감이 향상된다. 이번 장에서는 질서와 유연성이 적절하게 균형을 이루는 방식으로 학생들을 지도하고 수업을 운영하는 원칙과 전략에 대해 다룰 것이다.

리더형 교사의 7가지 원칙

다음의 7가지 기본 원칙을 고수하며 실천에 옮긴 교사들은 분명 리더로 거듭나게 될 것이다. 이 원칙들은 학년 첫 날부터 학급에 도입되어 일 년 내내 교사의 사고·의사결정·계획·행동의 중심에 있어야 한다. 일부 원칙은 앞 장에서 이미 다룬 것이기에 익숙할 것이다. 하지만 교사의 신념과 수업의 요소들이 어떻게 서로 뒤얽혀 일관성 있는 수업체계를 형성하는지 살펴보기 위해 다시 한번 간략히 다루는 것도 의미 있는 일이다.

1. 학급의 모든 학생은 중요하며 존중받아야 한다. 교직이란 근본적으로 삶을 형성하는 일임을 인식해야 하며(Tompkins, 1996), 교사는 학생 한 명 한 명의 삶의 가치를 매순간 의식하면서, 개인적으로나 공개적으로나 학생을 대할 때에는 늘 그들의 존엄을 지켜줘야 한다.

2. 학생의 잠재력을 최대한 실현시킬 수 있는 수업환경은 그 안의 학생 각각에 대한 존중, 높은 수준의 도전과 지원을 반영한다. 힘든 과제와 학습의 위험 요소를 극복할 수 있는 수업환경은 교사와 학생이 긍정적인 관계를 맺고 그 관계를 성장시켜감으로써 이루어지며, 학급을 구성하는 모두에게 한 팀이라는, 또는 하나의 공동체라는 명확한 인식이 싹틈으로써 이어진다.

3. 학급 내 모든 학생은 수준 높은 교육과정을 접할 수 있어야 한다. 교사의 역할은 모든 학생이 핵심 지식·이해·기술을 배우고 숙달하여

학습내용의 정수를 파지(retention)하고 적용하고 전이할 수 있게 하는 것이다. 그러므로 교사는 모든 학생이 흥미로우면서도 이해와 추론을 요구하는 교육과정에 늘 참여할 수 있게 해야 한다.

4. 교실에는 학습에 영향을 주는 서로 다른 학습준비도·흥미·학습양식을 가진 학생들이 앉아 있다. 학습준비도·흥미·학습양식의 차이는 다양한 요소에 의해 영향을 받는데 이러한 차이는 정상적이면서도 중요하다. 교사가 학생들의 다양한 학습준비도, 개별적인 흥미, 선호하는 학습방법을 고려해서 가르치면 학생들은 최상의 학습을 하게 된다.

5. 교사의 역할은 학생들 간의 차이를 연구하고 이를 고려한 수업운영을 통해 학생의 성장을 극대화하는 것이다. 학생들의 변화하는 학습필요를 이해하는 것은 가르칠 내용을 이해하는 것만큼이나 교사로서의 성공적인 직무 수행에 중요하다.

6. 수업은 기회와 책임이라는 면에서 학급 구성원 모두에 속해 있다. 모두에게 효과적인 수업이 되려면 구성원 전원의 기여가 필요하다.

7. 교사와 학생은 모두의 성장과 학습이 가능한 수업의 비전을 함께 공유해야 한다. 비전의 설계자로서 교사는 학생들이 비전을 이해하고 그 중요성을 알고 비전을 정교화하고 확장하며 실행하고 평가할 수 있도록 이끌어야 한다.

이러한 원칙이 반영된 수업환경을 조성하는 일은 교사와 학생 모두에게 늘 진행형이다. 교사와 학생은 함께 학습하고 성장하는 존재로서 학급공동체에서 각 구성원에게 학습을 위한 공간을 마련해줘야 한다. 이러한 7가지 원칙을 실천할 때 교사는 단순히 학생들의 관리자로 머무는 게 아니라 그들의 리더가 될 수 있을 것이다.

리더형 교사의 학년 초 전략

학생들은 개별화수업, 즉 '질서와 융통성이 공존하는 학습환경'에 익숙하지 않을 수 있다. 교사는 학년 초에 수업의 분위기와 지시사항을 정해서 학생들이 이 수업이 어떻게 다르고 더 효과적인지, 또는 어떻게 다를 수 있고 더 효과적일 수 있을지 인식하고 숙고해볼 수 있게 해줘야 한다. 교사는 반드시 성장관점 혹은 유동적 사고방식으로 가르치는 데 헌신하겠다는 다짐을 새로이 하며, '나의 생각이나 행동 중 어떤 것이 나의 신념, 즉 "모든 학생은 중요한 학습내용을 배울 수 있으며 배울 것이다"라는 신념을 드러내 보여주고, 어떤 것이 그러지 못하는가?'를 늘 자문해야 한다. 교사는 또한 각각의 학생과 관계를 맺고 그들에 대한 관심과 믿음을 드러내 보여줄 수 있도록 모든 노력을 다해야 한다.

다음은 학년을 시작할 때 교사가 학생들과 긍정적인 관계를 형성할 수 있는 방법이다.

■ 학년을 시작하기 전, 혹은 직후에 최대한 빨리, 학생들의 이름을 모두 알아둔다.

- 학생들의 이름을 정확하게 부르고 그들이 선호하는 적절한 애칭을 사용한다.
- 학생들 각자의 흥미나 학습선호도 등을 파악하는 설문을 통해 그들을 더 잘 이해한다.
- 설문을 통해 알게 된 정보를 바탕으로 학생들 각자의 필요에 맞게 대응한다.
- 학생들이 등하교할 때 교실 문 앞에 서서 그들과 간단한 인사나 대화를 나눈다.
- 교실에서는 (비꼬는 유머 대신) 다 함께 웃을 수 있는 긍정적인 유머만 사용한다.
- 관심을 받지 못하거나 부정적인 일로 주목받는 학생들에게 긍정적인 관심을 기울인다.
- 수업의 비전을 공유함으로써 모두에게 효과적인 배움이 일어나도록 한다.
- 학급규칙·지침·절차를 개발하는 데 학생들을 참여시킨다.
- 과제 혹은 수업의 성공에 중요한 기여를 한 학생이나 모둠을 개별적으로 또는 학급에서 공개적으로 인정해준다. 평소에 인정받지 못하는 학생도 적당한 때에 주목받게 해준다.
- 어린 학생들과는 아침 조회와 오후 종례를 이용해서 그들에게 관심을 기울이며 일과를 시작하고 마칠 수 있도록 한다.
- 수업의 몇 분 정도를 할애해 교사 자신의 이야기와 경험을 학생들에게 들려준다.

- 수업의 몇 분 정도는 학생들 자신의 이야기를 공유하게 한다.
- 학생들에게 학습일지를 쓰게 해서 교사와 소통할 수 있도록 한다.
- 수업에 더 적극적으로 참여하도록 학생들에게 책임을 맡기거나 협조를 구한다.
- 학생들의 문화에 대해 알고 이를 교육과정에 포함시킨다.
- 학생들이 관심을 가질 만한 책·음악·스포츠·취미에서 가져온 예를 사용해 수업의 핵심 내용을 설명한다.
- 학생들의 작품과 그들이 좋아하는 공예품을 전시할 공간을 교실 내에 만든다.
- 학생들의 생일을 축하해준다.
- 학생들이 중요하게 생각하는 방과후활동에 참석한다.
- 학생들이 수업시간에 과제나 활동을 하는 동안 개별적으로 짧게 대화하며 인정해준다.
- 좋은 소식이 있으면 학부모에게 전화하거나 이메일을 보낸다.
- 각자 성공적으로 학습하는 데 필요한 것을 확실하게 갖고 있는지 확인한다.
- 학생들이 능력을 최대로 발휘하고 도전하게 하는 것이 무엇인지 알아내고, 그들이 그런 도전을 받아들이고 끈기 있게 끝까지 해낼 때 칭찬과 인정을 표한다.

리더힝 교사는 학년이 시작되자마자 한 해 동안 어떻게 수업을 운영해 모두 성공적인 한 해를 만들어가게 할 수 있을지 학생들 각자의 생각을 들어본다. 일반적으로 수업운영에 대해 논의할 때는 한 번에 많은 시간을 쓰기보다 짧은 대화를 며칠에 걸쳐 여러 번 하는 것이 좋다. 다음과 같은 주제로 대화를 진행할 수 있을 것이다.

- 여러분은 개인으로서는 누구인가? 우리는 학급 공동체로서는 누구인가?
- 흥미·필요·강점 측면에서 우리는 서로 비슷해 보이는가?
- 우리 모두가 효율적이고 효과적으로 학습할 수 있으려면 수업은 어떤 모습이어야 하는가?
- 우리 개개인이 성공적으로 학습할 수 있는 수업환경을 만들려면 어떤 종류의 규칙·루틴·교수학습 방식이 필요한가?

이러한 노력은 환영할 만한 결과로 이어질 것이다. 2000년대 초반부터 신경과학은 두뇌발달을 이루는 사회적 요인들과 그것들이 행동에 미치는 영향에 초점을 맞춰왔다. 이 중 상당 부분은 아동과 청소년, 특히 그들이 친구들과 교사 및 타인과 맺는 관계에 집중해왔다(Ochsner, 2007). 따라서 교육 분야 연구자들이 수업운영에서 가장 중요한 요소로 교사와 학생 사이의 긍정적인 관계 형성을 꼽았다는 것은 그리 놀라운 일이 아니다(Hall & Hall, 2003). 일례로, 한 연구에서는 수업운영에 관한 100개의 연구를 분석한 결과, 교사와 학생 간 관계의 질이 수업운영의 모든 측면 중 가장 중요한 요소임을 발견하기도 했다(Marzano et al., 2003). 긍정적인 관계는 모든 효과적인 훈육의 기본이며, 교사들은 어떤 훈육전략도 그들이 학생과 맺는 장기적인 관계에 영향을 미칠 수 있다는 점을 숙고해야 한다(Bender, 2003). 스티펙(Stipek, 2006)은 교사는 수업에서 학생들과 관계를 맺는 데 집중해야 한다고 강조하지만, 학생이 자신의 행동에 책임을 져야 할 때는 타협하지 말아야 한다고 경고한다.

퍼거슨(Ferguson, 2002)은 조사기법을 사용해 한 그룹의 중학생에게 훈육과 관련된 사안에 대해 질문했다. 그 결과에 따르면, 학생들은 교사와 긍정적인 관계를 맺는 것을 선호했는데, 특히 아프리카계 미국인 학생들은 자신의 학습과 삶에 대해 관심을 보이는 교사에게 상당한 호응을 보였다. 연구자들은 교사와 학생 간의 긍정적인 관계는 효과적인 수업운영의 가장 기본이고, 이러한 관계 없이 효과적으로 수업을 운영하는 것은 어렵다는 점에 동의한다.

학생들 사이의 학습 차이를 이해하기 위한 전략

학습 강점과 필요의 측면에서 학생들이 서로 같지는 않다는 점을 알게 해줄 전략은 많다. 학생들이 서로의 학습 차이를 살펴보고 나면, 교사는 어떤 식의 수업이 학생 모두에게 유효할지에 대해 질문할 수 있다. 다음은 이를 위한 4가지 전략과 각각을 실행하기 위한 도움말이다. 교사는 이를 학생들의 학년에 따라 적절히 수정해 적용해야 한다.

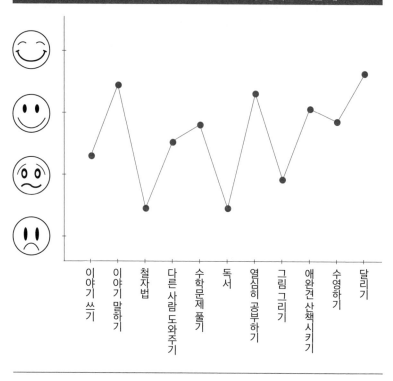

강점을 그래프로 나타내기

학년 초에 교사는 학생들에게 빈 그래프를 나눠준다. 가로축은 교사가 학생들에게 가르칠 과목의 영역을, 세로축은 각 영역에서 학생들이 자신의 수행에 대해 어떻게 느끼는지를 그림이나 글로 표시하게 되어 있다. 학생들은 가로축에 또 다른 영역을 2~4개 정도 추가할 수 있다. 각 영역에 대해 자신이 얼마만큼 강점을 가지고 있는지 표시하게 하라. 먼저 교사가 그래프를 직접 작성하며 시범을 보이고 교사 자신에 대한 정보를 제공하는 것도 좋다. 도표 8.1은 어느 3학년 학생의 상대적 강점을 나타낸 그래프이다. 학생들은 자신의 그래프에서 1~2개 영역을 수업시간에 발표할 수 있다. 모든 학생의 그래프를 벽에다 부착하라. 그래프를 보면서 '일반적으로 …는 사실이다'라는 문장을 완성하게 한 후, 패턴을 발견하고 이에 대해 논하게 하라. 학생들은 모든 이의 그래프에는 상대적으로 높은 점과 낮은 점이 있고, 모든 영역에서 같은 능력을 보이는 사람은 아무도 없다는 것을 알게 될 것이다.

옷이 맞나 안 맞나 입어보기

체격이 작은 학생에게는 큰 재킷, 체격이 큰 학생에게는 작은 옷을 입어보게 하라. 다른 이들의 관심을 받기 좋아하는 학생을 뽑아 이 활동에 참여시키는 것이 좋다. 옷이 어떤지, 하루 동안 그 옷을 입는다면 어떨지, 일 년 동안 그 옷을 입는다면 어떨지 물어보라.

학생들이 이 활동을 수업과 연계시켜 생각해볼 수 있게 하라.

병원에서 진찰 받기

학생들에게 둘씩 짝을 짓게 하고 역할놀이 카드를 나눠준다. 한 학생은 부모이고 다른 학생은 자녀이다. 교사는 의사 역할을 맡는다. 각 역할놀이 카드에는 서로 다른 질병이 적혀 있고, 부모와 자녀가 의사에게 무엇을 말해야 하는지가 요약되어 있다. 질병이 무엇이든 간에 의사는 감기약을 처방하는데 사실은 마지막 역할카드를 받은 학생만 감기에 걸렸다.

학생들이 이 활동을 수업과 연계시켜 생각해볼 수 있게 하라.

종이인형

학생들에게 종이인형(약 25센티미터 길이), 줄무늬, 점박이무늬, 바지, 셔츠 등을 제공한다. 학생들이 각자 선호하는 학습방식을 표현할 일련의 지시사항 목록을 제시하라. 예컨대, 여학생이라면 종이인형에 짧은 바지를 입히고, 남학생이면 긴 바지를 입혀라. 만약 수학을 가장 좋아하면 초록색 셔츠를 만들고, 과학을 가장 좋아하면 노란색 셔츠를 만들어라. 독서를 가장 좋아하면 파란색 셔츠를 만들고, 사회를 가장 좋아하면 오렌지색 셔츠를 만들어라. 혼자서 공부하는 것을 좋아하면 셔츠에 줄무늬를 넣고, 친구와 함께 공부하는 것을 좋아하면 점박이무늬를 넣고, 모둠으로 공부하는 것을 좋아하면 지그재그를 넣어라. 만약 들으면서 공부하는 것을 좋아하면 신발을 하얀색으로 칠하고, 읽으면서 공부하는 것을 좋아하면 신발을 빨간색으로 칠하고, 실제로 뭔가를 해보면서 배우는 것을 좋아하면 파란색으로 칠해라. 이 외에도 여러 가지가 있을 수 있다.

　각자 완성한 종이인형을 게시판에 붙이고 자신의 것과 비슷한 종이인형을 찾게 하라. 하지만 그런 사례는 대개 드물거나 아예 없다.

학생들이 개별화수업에 대해 생각하도록 돕기

학생들이 학습방식의 개인차에 대해 인식하고 나면, 교사는 모두에게 적합한 수업은 어떤 모습이 되어야 하는지 그들이 설명하도록 도울 수 있다. 학생들은 종종 다음과 같은 결론에 도달한다.

- 과제를 수행할 때 모두에게 항상 똑같은 시간을 줄 필요는 없다.
- 학생들은 서로 다른 자료를 읽어야 할 수도, 또 읽고 싶어 할 수도 있다.
- 학생들은 서로 다른 방식으로 학습해야 할 수도 있다.
- 서로 다른 모둠은 동시에 서로 다른 과제를 수행할 수 있다.
- 학습한 것을 학생들이 각자 다른 방식으로 표현할 수 있다면 도움이 될 것이다.
- 교사는 모든 학생이 자신에게 필요한 것을 확실히 학습할 수 있도록 소규모 모둠 혹은 학생 개개인과 이야기를 나누며 확인하거나 가르쳐야 할 수도 있다.
- 학생들은 서로 다른 강점을 가지고 있기 때문에 때때로 서로를 도울 수 있다.
- 교사는 모든 학생이 확실히 배울 수 있도록 서로 다른 방식으로 가르쳐야 할 수도 있다.

교사는 학생들이 미처 생각지 못했던 관점을 취해볼 수 있도록 자유롭게 질문을 던진다. 질문의 예는 다음과 같다.

- 효과적인 모둠활동은 어떻게 운영하는 것이 좋을까?
- 효과적인 모둠활동을 위해 필요한 지침을 모두가 잘 이해할 수 있

게 추린다면 어떤 지침이 있어야 할까?

- 효과적인 학습동료가 된다는 것은 무엇을 의미할까? 친구가 도움을 청했을 때 무엇을 해야 하고 무엇을 하지 말아야 할까?
- 교사가 어떤 모둠과 함께 있을 때 다른 모둠의 학생들이 교사에게 와서 질문을 한다면 어떤 일이 벌어질까?
- 교사가 어떤 모둠 혹은 학생과 활동하느라 다른 학생들의 질문을 받아줄 수 없을 때, 학생들은 어떤 방법으로 도움을 받을 수 있을까?
- 한 번에 여러 가지 일이 동시에 일어나더라도 수업이 큰 문제 없이 질서 있게 운영되기 위해서는 무엇을 해야 할까?

교사가 개별화수업을 시작했을 때, 수업을 듣는 모든 학생은 왜 수업이 개별화 방식으로 운영되며, 앞으로 어떻게 진행될 것인지에 대한 기초적인 이해를 하고 있어야 한다. 또한 교사는 이에 대해 일 년 내내 학생들과 꾸준히 대화를 함으로써 수업의 루틴과 절차를 검토하고 추가하고 정교화할 수 있어야 한다. 교사는 이러한 이해를 바탕으로 수업 진행에 대해 학생들이 평가하도록 하고, 만약 수업이 매끄럽게 운영되고 있지 않으면 학생들에게 개선사항을 제안해달라고 요청해야 한다. 비교적 짧은 시간 안에 학생들은 수업을 이해함은 물론 수업에 주인의식을 가질 수 있어야 하며, 학부모나 수업 참관자 혹은 다른 학생들에게 '왜 개별화수업을 하는지'에 대해 설명할 수 있어야 한다. 개별화수업이 왜 중요한지 학생들이 이해했다면 그들은 그 이유를 다음과 같이 말할 것이다.

- 우리 모두가 같은 방식으로 배우는 것은 아니기 때문이에요.
- 우리가 서로 다른 강점과 약점을 가지고 있기 때문이에요.
- 강점은 더욱 발전시키고 약점은 어떻게 다뤄야 할지 알 수 있기 때문이에요.
- 우리는 각자 다른 것을 좋아하기 때문이에요.
- 우리는 서로 다른 재능을 가지고 있기 때문이에요.
- 우리 모두가 성장해야 하고, 각자 현재 있는 위치로부터 성장하기 때문이에요.

교사는 학생들이 개별화수업에 대해 갖게 될 질문이나 우려를 가급적 빨리 다뤄주는 것이 좋다. 예를 들어, 내일 두 모둠의 학생들이 캠코더(혹은 컴퓨터, 전자펜과 같이 학생들에게 흥미롭고 재미있는 것)를 가지고 수업하고 나머지 모둠은 다른 것을 가지고 수업할 예정이라면, 첫 번째 수행평가 전에는 모두에게 차례가 돌아갈 것이라고 확인시켜주는 것이 좋다. 이렇게 하는 것은 교사가 학생들이 궁금해하는 것이 무엇인지 알고 있다는 것과, 흥미로운 기기로 학습할 기회가 모두에게 돌아가도록 미리 계획을 세워두었다는 것을 알게 하려는 것이다.

어린 학생들에 대해서는 물론 상당한 '관리'가 필요하겠지만, 이들을 하나의 공유된 비전으로 이끄는 일은 중요하다. 이에 대해서는 두 가지 비유를 들어 설명할 수 있다. 첫째는 '자녀에게 가족의 진정한 의미를 알게 해주고 싶은 유능한 부모'에 대한 비유이다. 오늘날 대부분의 가족이 그렇듯이 이 부모와 자녀들도 수없이 돌아가는 일정이나 식사준비, 청소 같은 일들로 바쁘다. 하지만 일상적인 삶의 모든 순간에 그 부모는 가족을 주제로 대화의 자리를 만들려고 하고, 가족이 무엇을 의미하는지 또 서로를 보살피는 것이 무엇을 의미하는지를 자녀에게 이해시키고, 추억을 만들고 공동의 목표를 심어주려고 정성을 쏟는다. 이러한 주제로 대화하는 시간이 그리 길지는 않지만, 가족이라는 하나의 공동체가 공통의, 탄탄한 토대를 다지는 데는 매우 중요하다. 또한 젊은 이들에게 가족이 무엇이고 어떠해야 하는지 그 의미를 발견하게 해주려면 이러한 대화는 필수적이다.

둘째는 '감독의 효과적인 코칭'에 대한 비유이다. 모든 감독은 작전, 훈련, 유니폼, 운동 등에 관해 이야기하는 데 팀의 선수들과 많은 시간을 보낸다. 훌륭한 감독 중에서 팀을 하나로 만드는 데 시간을 쓰지 않는 감독은 없을 것이다. 사소한 순간, 기회의 순간, 위기의 순간에 훌륭한 감독은 선수와 감독이 한 팀이 되는 것이 무엇을 의미하는지, 모두가 성장하는 좋은 팀은 어떻게 움직이는지, 우리 팀의 일원이 되는 것이 왜 자랑스러운 일인지 등을 이해하도록 선수들을 이끈다.

마찬가지로, 개별화수업을 효과적으로 이끄는 교사는 학습내용, 프로젝트, 피드백 등 수업에서 중요한 역할을 하는 십여 가지의 필수적 활동을 하는 데 학생들과 많은 시간을 보낸다. 매 수업 이 교사는 수업이 왜 중요한지, 수업에서 학생 개개인이 중요한 까닭은 무엇인지, 각각의 학생에게 이로운 수업이 되려면 어떻게 운영해야 좋은지, 함께 공동의 노력을 펼치는 것이 왜 의미가 있는지, 개별화수업의 일원이 되는 것이 왜 자랑스러운 일인지를 학생들이 이해할 수 있도록 늘 일깨운다.

개별화수업을 운영하기 위한 몇 가지 지침

학생들의 좋은 리더인 교사는 단지 교직에서 요구하는 일만을 하지 않는다. 교사는 학생들을 삶의 중요한 사명에 주목할 수 있게 한다. 그것은 바로 학생들이 학습자로 성장해 친구·가족·사회라는 집단에서 생산적이고 기여도 높은 구성원이 되게 하는 것이다. 이러한 임무는 진지하게 받아들여야 할 가치 있는 일이며 자부심을 가질 일이기도 하다. 하지만 융통성 있는 개별화수업에도 반드시 다루어야 할 관리적 측면이 여전히 존재하며 이러한 학급이 어떻게 효과적으로 운영되는지를 이해하는 것은 누구보다도 교사의 역할이다. 여기에서는 질서 있고 융통성 있는 수업환경을 만들고자 노력하는 교사들에게 도움이 될 만한 몇 가지 지침을 제공하려 한다.

닻활동 사용하기

'닻활동(anchor activities)'이란 학생들이 주어진 과제를 일찍 완수했을 때, 떠들거나 놀지 않고 바로 이어서 해야 할 과제를 말한다. 학생들이 과제를 동시에 마치는 경우는 거의 없다. 과제를 완수하는 데 필요한 시간이 학생마다 다르나는 짐을 인정하는 개별화수업에서는 모두가 동시에 과제를 마치기를 바라는 일 자체가 없다. 개별화수업에서 닻활동이 중요한 이유는 두 가지다. 첫째, 학생들은 항상 생산적인 활동에 참여할 수 있어야 한다. 학습시간은 낭비하기에는 너무 짧고 소중하다. 둘째, 학습에 의욕적인 학생이라도 막상 너무 많은 시간이 주어져 시간이 남아돌면 결국은 떠들거나 딴짓을 하게 되기 때문이다.

닻활동은 다음과 같아야 한다.

■ 해당 주제나 과목에 필수적인 지식·이해·기술에 초점이 맞춰져 있어야 한다(닻활동은 수업을 이해하는 데 도움이 되어야 한다).
■ 중요한 활동이어야 하고 학생의 시간과 노력이 아깝지 않아야 한다(닻활동은 의미 있는 활동이어야 한다).
■ 학생들이 기꺼이 주의와 노력을 기울일 만큼 흥미로워야 한다(닻활동은 동기를 자극해야 한다).

닻활동은 다음과 같아서는 안 된다.

■ 너무 가벼운 활동이다(흥미를 끌기 어려운 활동이다).
■ 연습문제 풀이처럼 기계적인 훈련이다(동기를 자극하지 못하는 활동이다).
■ 벌로 여겨지는 활동이다(분노를 자아내는 활동이다).
■ 성적이 매겨진다(불안을 높이는 활동이다).

닻활동을 완수하는 일은 모든 학생에게 해당되는 일이어야 한다. 교사는 학생들이 과제를 완수했을 때 바로 이어서 닻활동을 하는지 또 그것을 효과적으로 학습하는지 확인하고 싶을 것이다. 닻활동은 학생들의 학습습관에 대해 보고할 때 고려될 수 있지만, 교사는 닻활동에 성적을 부여해야 한다는 의무감을 느낄 필요는 없다.

지정좌석 사용하기

학생들은 짝과 함께 학습할 때, 모둠으로 학습할 때, 혼자 조용히 학습할 때, 그때그때 적합한 좌석을 찾아 교실 내에서 자유롭게 이동할 수 있다. 그러나 교사는 수업을 시작할 때와 끝낼 때에는 학생들이 각자의 자리로 돌아가게 해야 한다. 이렇게 하면 학생들을 학급 전체의 과제나 개별 과제에 예측 가능하고 생산적인 방식으로 배치할 수 있다. 또 좀 더 빠르고 용이하게 출석을 확인하고, 학습자료를 효율적으로 배부할 수 있으며, 수업이 끝난 후에도 효과적으로 교실을 정리할 수 있다.

기본 방침 및 규율 정하기

기본 방침 및 규율을 정하는 것은 개별화수업이 효과를 발휘하는 데 중요하다. 교사는 학생들에게 이것이 무엇이고, 왜 중요하며, 어떤 식으로 작동하는지 알려줘야 한다. 시간이 지남에 따라 불필요해진 규율이 있다면 다시 논의하고, 효과적으로 작동하지 않는 것은 수정하면 된다. 하지만 중요한 것은, 개별화수업을 시작할 때부터 이러한 기본 방침과 규율을 마련해두고, 필요한 경우 다시 검토하며, 어느 정도로 효과적인지 간명하게 대화하는 것이다. 기본 방침 및 규율은 흔히 다음과 같은 문제를 다룬다.

- 적절한 움직임 - 알다시피 움직임은 학습과 기억에 중요한 요소다. 그렇다면 학생들은 언제 일어나서 움직이는 것이 좋을까? 또 언제 움직이지 않는 것이 좋을까? 교실에서 적절히 움직인다는 것은 무엇을 의미할까? 이런 것들이 중요한 이유는 무엇일까?

- 소음의 정도 - 학생들이 새로운 학습에 대해 친구들과 이야기하는 것이 이해 및 의미 생성에 도움이 된다는 것은 이미 아는 사실이다. 그렇다면 조용히 대화하며 학습하는 것과 말없이 혼자 학습하는 것의 차이는 무엇일까? 이 둘을 구분하는 것이 왜 중요할까? 만약 소음이 거슬린다면 학생들은 무엇을 해야 할까? 학생들끼리 대화할 때 목소리가 얼마나 큰지 알려주려면 교사는 어떻게 신호를 보낼 수 있을까? 학생들은 목소리가 너무 크다는 교사의 신호를 받으면 어떻게 해야 할까?

- 교사에게 접근 금지 설정 - 학생들이 모둠 간에 이동을 하거나 자리를 옮길 때는 교사에게 질문을 하거나 의견을 구할 수 없다는 규칙을 명확하게 전달하는 것이 좋다. 이렇게 함으로써 교사는 대화로 인해 곁길로 새는 일 없이 순조롭게 모둠을 옮겨 다니며 지도할 수 있다. 소규모 모둠수업을 진행할 때 교사가 다른 모둠 학생들의 질문 금지를 선언하는 것은 매우 중요하다.

- 수업자료 및 비품 관리 - 수업이 끝나면 수업자료들을 같은 장소에

다시 가져다 놓거나, 수업자료나 장비들을 특별하게 다루어야 하거나, 수업 혹은 일과를 시작하거나 끝낼 때 책걸상을 정돈하는 것이 중요한 경우, 교사는 학생들에게 기대하는 행동이 무엇이며 그것이 왜 중요한지에 대해 이해시켜야 한다.

■ 과제제출 절차 - 개별화수업에서는 학생들이 과제를 완수하는 시간이 서로 다르고, 심지어 각자 다른 과제를 하기도 한다. 교사는 과제가 완료되었을 때 학생들이 과제를 어디에 제출해야 하는지 장소를 지정해둔다.

■ 모둠활동 - 모둠 안에서 효과적으로 학습하는 협업은 (성인인 교사들은 물론) 어느 연령에서도 쉽지 않은 일이지만, 점점 더 복잡해지고 학제적인 세상으로 나아갈 학생들에게는 매우 핵심적인 능력이다. 친구들과 더불어 효과적으로 학습하는 능력은 교사가 학생들에게 길러줘야 할 여느 능력 못지않게 중요하다. 협업은 복잡하고도 보람 있는 일이라는 것을 솔직하게 말해주는 것이 좋다. 학생들도 모둠 내 자신의 역할을 지속적으로 모니터해야 하며, 만약 모둠활동이 효과적으로 진행되지 않으면 방향을 바꿀 수 있어야 한다. 협동학습 전략은 적절히 시행되기만 하면 모둠활동을 관리하는 데 큰 도움이 된다.

학생들을 모둠에 배정하는 방법 개발하기

개별화수업에서 융통성 있게 모둠을 구성하는 것은 필수적인 요소이다. 학생들은 비교적 짧은 시간 단위로 다양한 모둠에서 학습하게 된다. 이때 교사는 배정하기 쉽고 학생들이 따르기 쉬우며 시간을 효율적으로 사용할 수 있는 방식으로 모둠을 구성해야 한다. 다음은 학생들을 모둠에 배정하는 효과적인 방법이다.

- 모둠별 학생들의 이름을 컴퓨터 화면에 띄운다. 모둠 배치는 색깔(오렌지색 모둠은 교실 앞쪽에 앉을 것), 범주(휘그당은 교실 오른쪽에 앉고, 토리당은 교실 왼쪽에 앉을 것), 알파벳이나 숫자(W모둠은 교탁 옆에 앉고, X모둠은 교실 뒤쪽 책장 옆에 앉고, Y모둠은 컴퓨터 근처에 앉을 것) 등으로 할 수 있다. 모둠별 위치는 시간이 지남에 따라 바뀌도록 해 특정 모둠이 특정 장소와 짝지어지거나 그 장소로 규정되지 않도록 한다.
- 특정 날짜와 시간에 수행해야 할 과제 아래 학생들의 이름을 적어 놓은 과제차트를 사용한다. 대개 학생들은 시간이 지남에 따라 여러 과제를 교대로 학습하지만, 교사는 특정 학생이 특정 과제를 수행하는 데 필요한 시간, 모둠 혹은 개별 학생에게 주어지는 과제의 성격, 모둠의 구성 등에 변화를 줄 수 있다.
- 학생들의 이름이 적힌 교실차트나 좌석차트를 컴퓨터 화면에 띄운다. 선생님의 지시에 따라 학생들은 차트에 적혀 있는 자신의 이름을 찾아 그 장소로 이동한다.
- 모둠을 사전에 배정한다. 유연하게 모둠을 짜는 것이 필요할 때도 있지만, 배정된 모둠을 일주일이나 한 달 정도 유지하는 것이 더 나을 때도 있다. 과학교사의 경우 해당 단원 내내 실험실 모둠을 유지

할 수도 있다. 초등학교 교사의 경우 흥미에 따라 개별화한 소설읽기 모둠을 구성했다면, 이 모둠을 3주 동안 유지할 수 있다. 수학교사는 중요한 수학 개념 및 기술을 모든 학생이 익힐 수 있도록 서로 능력이 다른 학생들로 이루어진 복습모둠을 꾸려서 해당 단원을 진행하는 동안 3~4일에 한 번씩 만나게 할 수 있다. 이때 학생들에게 어떤 친구들과 같은 모둠에 배정되었으며 그 모둠은 얼마 동안 지속될지 알려주는 것이 효과적이다. 이런 식으로 하면 교사가 전달할 지시사항은 다음과 같이 단순해진다. "소설『분리된 평화』를 읽는 모둠은 오늘 원탁에 앉으세요. 『시간의 주름』 모둠은 계속해서 각자 책을 읽을 수 있게 독립학습 공간에 앉을 거예요." "실험실 3번모둠, 4번모둠은 오늘 교실 뒤에 있는 학습정거장에서 학습할 거예요." "목요일 글쓰기 검토자들은 오늘 선생님을 만날 거예요."

연습문제 8.1(356쪽)은 효과적인 모둠활동을 지원하고자 하는 교사를 위해 몇 가지 지침을 제공한다.

다수의 과제에 대한 지시사항을 제시하는 방법 개발하기

교사마다 각자 편하게 느끼는 지시사항 제시방법은 다르다. 동시에 진행될 여러 가지 과제의 지시사항을 제시할 때, 학생들이 각자 무엇을 해야 하며 과제수준은 어떠해야 하는지 정확히 알게 하는 것은 매우 중요하다. 학급 전체를 대상으로 큰 소리로 지시사항을 말하는 것은 최선의 방법이 아니다. 여러 과제의 지시사항을 제시할 내 효과적인 방법으로는 다음과 같은 것들이 있다.

■ 교실의 다양한 장소에 과제카드를 놓아둔다. 그 카드에는 과제가 무
   엇인지, 완성도 높은 과제에는 무엇이 포함되어야 하는지, 또 어떠
   한 절차를 따라야 하는지 등이 명확하게 제시되어 있다.

■ 지시사항을 제시하는 도우미로 몇몇 학생을 임명한다. 다른 학생들
   에게 지시사항을 제시하는 도우미 학생은 해당 모둠 학생들이 무엇
   을 해야 하는지, 모둠 전체가 높은 수준으로 과제를 완수하기 위해
   서는 무엇이 필수적인지를 설명하고 제시할 수 있어야 한다.

■ 모둠활동을 위한 지시사항을 녹음하되 학급 전체가 들을 필요는 없
   다. 과제가 너무 복잡해 장문의 지시사항이 필요한 경우, 학생들이
   너무 어려서 읽기능력이 부족한 경우, 학년은 높지만 읽기에 어려움
   이 있는 학생들의 경우 이처럼 녹음된 지시사항이 있으면 특히 유
   용하다.

교사가 바쁠 때 도움을 받고자 하는 학생을 위한 절차 개발하기

교사는 일정 시간 동안 아무런 방해 없이 개별 학생이나 소규모 모둠
을 도와줄 수 있어야 하지만, 이때 무엇을 해야 할지 모르는 학생이 그
냥 우두커니 앉아서 교사를 하염없이 기다리게 하는 건 바람직하지 않
다. 다음의 전략은 위와 같은 상황에서 교사와 학생의 필요에 어떻게
대응해야 할지를 다룬다.

- 학생은 교사가 과제를 내주거나 지시사항을 말할 때 주의 깊게 듣고 질문이 있으면 하도록 한다.
- 학생들끼리 서로 도와 학습하도록 독려하며, 친구에게 도움을 요청하고 협조를 얻는 적절한 방법을 가르쳐준다.
- 오늘의 전문가를 지정해 특정한 도움을 주도록 한다.
- 교실에 학생이 수행한 과제 예시나 학생들이 과제를 어떻게 하는지 참고할 만한 힌트카드나 기타 시각자료를 배치해 언제든지 이용할 수 있게 한다.

성공적인 리더십과 관리능력

학생을 이끌어가는 리더십이나 수업의 세부사항을 관리하는 데 완벽한 방법은 존재하지 않는다. 하지만 성공적인 리더십은, 학습이라는 것은 지극히 중요한 과업이라는 믿음과, 모든 학생이 자신의 잠재력을 최대한 펼칠 수 있도록 가르치겠다는 헌신에서 비롯된다. 교사와 학생이 서로 신뢰하고 목표를 공유하며 함께 노력할 때, 성공의 가능성은 더욱 커진다. 성공적인 관리는, 원활하게 운영되는 수업은 어떤 모습일지를 마음속에 그리고, 질서가 잡힌 속에서도 융통성 있는 수업환경을 조성하는 데 필요한 수많은 세부사항을 계획하고, 이를 체계적으로 다루는 데 시간과 노력을 기울일 때 실현된다.

카슨 선생님은 학년이 시작되자 학생들에게 좋은 기억과 나쁜 기억에 대한 활동을 해보자고 했다. 학생들은 수업시간에 학습자로서 성공했다고 느꼈던 때와 화가 나고 패배감을 느꼈던 때의 기억을 적고 그림으로 그리고 녹음했다. 선생님은 학생들의 대답을 주의 깊게 살펴보고, 이 활동을 통해 각 학생에 대해 알게 된 것을 기록했고, 그들의 대답에서 끄집어낸 주제를 함께 공유했다. 선생님은 수업이 좋은 기억으로 남을 수 있도록, 수업시간에 해야할 것과 하지 말아야 할 것 목록을 함께 만들자고 했다. 카슨 선생님은 자신은 이 교실에 있는 모든 학생이 학습에 성공할 것이라고 바위같이 굳게 믿고 있으며, 그러한 믿음이 현실이 될 수 있도록 학생들과 협력해서 수업을 해갈 것이라고 말했다.

학년이 진행되면서 카슨 선생님과 학생들은 각자 최상의 학습을 할 수 있는 방법과, 학습에 대한 다양한 접근을 허용하는 과제를 개발할 방법에 대해 논의했다. 그들은 어떤 학생이 학습내용을 어려워하거나, 혹은 학습내용에 대해 이미 알고 있을 때 학생과 선생님이 각자 어떻게 할 것인지도 정했다. 수업시간에 배우는 내용을 교실 밖 세상과 관련지을 수 있는 방법을 함께 찾기도 했다. 수업에서 '공평'하다는 것이 무엇을 의미하는지에 대해서도 이야기를 나누었다. 심지어 성적도 예전처럼 있는 그대로 받아들일 것이 아니라, 어떻게 하면 학생들이 학습에 더 긍정적인 역할을 하게 할지 그 방법에 대해서도 이야기했다.

학생들은 개별화수업을 받아들이는 데 아무런 문제가 없었다. '모든 학생에게 도움이 되는 수업'이라는 개념을 확립해가는 일에 함께 참여했기 때문이다. 학생들은 순조롭게 운영되는 수업을 만드는 데도 협력했다. 그렇게 하는 것이 합리적이었기 때문이다. 학년이 끝날 즈음, 한 학생은 다음과 같이 썼다. "나는 무엇을 배우는 방법이 이렇게 다양할 줄 몰랐다. 내게 효과가 있는 학습방식이 따로 있다는 것도 몰랐다. 선생님이 수업에 대해 그렇게 많은 고민을 하시는지도 전혀 몰랐다. 사실 나는 배우는 일에 관해 그렇게 많은 고민을 한 적이 없었다."

결론

이 책의 저자로서 우리는 여기까지 이 책을 읽으며 우리와 함께 고민해준 당신에게 감사의 마음을 전한다. 하지만 이 책을 쓰면서 우리가 바랐던 것은 독자들이 단순히 책을 다 읽고 우리의 고민에 동참해주는 것만은 아니었다. 우리가 가르치는 학생들은 점점 다양해진다. 그렇게 다양한 모든 학생에게 정말로 효과적인 수업을 해야 하는, 바로 그 힘든 일을 하는 교사들에게 이 책이 실질적으로 도움이 되었으면 하는 것이 우리의 진짜 바람이다. 비록 현상을 유지하는 것이 편하고 그렇게 하고 싶기도 하겠지만, 그것은 교사가 한 개인으로서 그리고 교육전문가로서 성장해가는 데 아무런 도움이 되지 못한다.

이제 이후의 일은 저자인 우리가 아니라 여러분 교사들에게 달려있다. 학업 수준에서나 문화적 측면에서 점점 더 다양해지고 있는 학급을 이끌어가며, 개인적으로도 또 직업적으로도 성장하고자 하는 교사들 자신의 노력에 달려있는 것이다. 이러한 변화를 위해 마지막으로 다음과 같은 몇 가지 제안을 하고자 한다.

- 학생을 연구하라. 학생들의 관점으로 수업을 보기 위해서는 학생들을 주의 깊게 관찰해야 한다.
- 학생들이 학습할 때 메모하라. 매일 반드시 몇몇 학생에 대해 새로운 사실을 알아내도록 하라. 학생들과 소통하라. 효과적인 수업을 위해 학생들에게 의견을 구하라. 학생들이 이끄는 대로 따라가라.
- 다음 단계로 나아가라. 당신이 가르치는 학생들과 마찬가지로, 당신도 자신이 지닌 잠재력의 최고치만큼 성장하기 위해서는 계속해서 다음 단계를 밟아나가야 한다. 뇌가 어떻게 학습하는지에 대한, 갈수록 증대되고 있는 지식을 염두에 두고, 교사로서 자신이 취할 다음 단계는 무엇일지 진지하게 고민하라.
- 학생들의 필요를 잘 파악해 충족시켜줄 수 있는 교사가 되기 위한 구체적인 목표를 세워라. 이러한 목표에 도달하는 데 필요한 단계별로 시간을 계획하고 그 계획을 밀고 나가라.
- 작게 시작하라. 수업이 뇌친화적이 되게 하고, 일단은 한 수업이나 한 과목부터 개별화수업을 시작하라. 특히 수업의 시작이나 끝 부분에서 개별화하라. 한 가지 전략만 먼저 시도해보라.

■ 개별화 요소들 중 일단 한 가지만 수업에서 실행해보라. 개별화하기로 목표를 정한 수업에서 프로젝트를 개별화하고, 그에 따른 다양한 종류의 수업자료를 제공하며, 소규모 모둠을 구성해 모둠별 지시사항을 제시하라.

■ 동료교사와의 협력을 통해 개별화수업을 해보라. 같은 학년을 가르치거나 같은 부서에 속해 있는 교사들과 함께 팀을 만들어 뇌친화적 개별화수업을 만들어가기 위한 계획을 수립하고 그 계획을 실행하라. 영어가 모국어가 아닌 학생들을 위한 영어전담교사, 특수교사, 독서전담교사, 영재담당교사, 상담교사 등과 같은 전문가들과도 팀을 꾸려라. 그리고 함께 배워가라. 학습자료·교안·수업전략·수업 운영계획 등을 공유하라. 문제를 같이 해결하고 성공스토리를 공유하라.

한 동료가 우리에게 해준 중요한 충고 중 하나는 "걸어온 궤적의 끝자락을 지평선이라고 착각하지 말라."는 것이었다. 우리는 이 책을 통해 현재 신경과학연구와 부합하는 방식으로 수업을 성공적으로 개별화하는 것이 무엇을 의미하며, 이것이 왜 중요한지를 살펴보았다. 그리고 이러한 측면에서 인식의 지평선을 좀 더 분명하게 보여주려고 했다. '걸어온 궤적에 발이 묶이기 쉬운' 교직에서 당신의 시선을 그 지평선에 고정시켜라. 이제 그 지평선을 넓혀가는 건 당신의 소명이다.

효과적인 모둠활동을 위한 교사 지침

개별화수업에서 모둠활동을 계획할 때, 다음의 지침에 대해 생각해보세요. 당신이 교사라면, 다음의 지침을 당신의 모둠활동에 얼마나 반영하고 있는지 생각해보세요. 만약 교장이나 교감이라면, 교사들이 학생들과 모둠활동에서 다음의 지침을 어느 정도로 일관성 있게 적용하고 있는지 생각해보세요. 둘 중 어느 경우든 좀 더 고민하고 논의해야 할 항목이 있는지, 혹은 공식적인 연수를 해야 할 항목이 있는지 찾아보세요. 이 질문지를 교무회의나 학년회의, 부서회의에서 사용하여 교사가 효과적인 모둠활동을 지원할 수 있는 방식에 대해 논의해보세요.

1   모둠 내 모든 학생들은 과제의 목표와 지시사항을 이해하고 있어야 한다.

2   모둠 내 모든 학생은 모둠활동이 효과적으로 운영되기 위해서 각 구성원에게 기대되는 것이 무엇인지 알고 있어야 한다.

3   모둠에서 학생들이 해야 할 과제는 KUD, 즉 학생들이 알고, 이해하고, 할 수 있어야 하는 과제의 목표와 연계되어 있어야 한다.

4   과제는 학생들에게 흥미로워야 한다.

5 과제는 모든 학생이 중요한 기여를 할 수 있고, 핵심 개념과 학습자료에 접근할 수 있으며, 자신이 학습한 것을 적절한 방식으로 표현할 수 있도록 구성되어야 한다. 일부 학생만 성공에 기여할 수 있고 다른 학생들은 그렇지 못한 식으로 구성되어서는 안 된다.

6 과제는 모둠의 수준에 알맞게 도전적이어야 한다.

7 모둠의 구성원 모두가 이해할 수 있도록 다 함께 협력해 과제를 수행하게 한다. 몇몇 학생만 과제를 하고 다른 학생들은 참여하지 않아도 되는 식은 안 된다.

8 모둠활동을 위한 시간은 짧아야 한다. 하지만 제한시간을 너무 엄격하게 강요해서는 안 된다.

9 모둠의 성공과 각 구성원의 성공적 학습을 지원하기 위해서는 교사 및 또래의 코칭과 학습수준을 중간평가할 기회가 있어야 한다.

10 모둠 내 각 개인은 과제의 모든 요소를 이해하고 있어야 한다.

11 학생들은 서로의 성공을 지원하기 위해 무엇을 해야 하는지 알고 있어야 한다.

12 학생들은 모둠이 효과적으로 굴러가지 않을 때 무엇을 해야 하는지 알고 있어야 한다.

13 학생들은 높은 수준으로 과제를 완수하려면 무엇을 해야 하는지 알고 있어야 한다.

14 모둠활동에서 어려움을 겪는 학생들을 위한 '출구'가 있어야 한다. 즉, 어떤 학생이 모둠에 지속적으로 방해가 되거나 그 반대일 때, 그 학생이 모둠에서 빠져나올 수 있는 절차가 있어야 한다. 하지만 이런 출구전략은 학생을 처벌하는 식이 되어서는 안 된다. 오히려 또 다른 학습상황에서 생산적으로 학습을 해나갈 수 있도록 해야 한다. 교사는 해당 학생이 모둠활동을 하는 데 어려움을 야기하는 문제를 해결하기 위해 상당 기간 그 학생과 함께 활동해야 한다. 그래야 그 학생은 이후에 또래들과 함께 협동적이고 생산적으로 활동할 수 있을 것이다.

찾아보기

참고문헌

Amabile, T. (1983). *The social psychology of creativity.* New York: Springer-Verlag.

Amabile, T. (1996). *Creativity in context.* Boulder, CO: Westview Press.

Anderson, R., & Pavan, B. (1993). *Nongradedness: Helping it to happen.* Lancaster, PA: Technomic.

Asher, J. J. (2007). Mathematics for everyone: *Recommendations from a prize-winner in math education.* Accessed at www.tpr-world.com/math_for_everyone.pdf on May 19, 2010.

Bender, W. N. (2003). *Relational discipline: Strategies for in-your-face kids.* Boston: Allyn & Bacon.

Besançon, M., & Lubart, T. (2008). Differences in the development of creative competencies in children schooled in diverse learning environments. *Learning and Individual Differences, 18*(4), 381-389.

Brambati, S. M., Renda, N. C., Rankin, K. P., Rosen, H. J., Seeley, W. W., Ashburner, J., et al. (2007). A tensor based morphometry study of longitudinal gray matter contraction in FTD. *NeuroImage, 35*(3), 998-1003.

Bridgeland, J. M., DiIulio, J. J., Jr., & Morison, K. B. (2006). *The silent epidemic: Perspectives of high school dropouts.* Washington, DC: Civic Enterprises.

Brooks, R., & Goldstein, S. (2008). The mindset of teachers capable of fostering resilience in students. *Canadian Journal of School Psychology, 23,* 114-126.

Bruner, J. (1961). The act of discovery. *Harvard Educational Review, 31*(1), 21-32.

Buchanan, T. W., & Tranel, D. (2008). Stress and emotional memory retrieval: Effects of sex and cortisol response. *Neurobiology of Learning and Memory, 89,* 134-141.

Burke, L. A., & Williams, J. M. (2008). Developing young thinkers: An intervention aimed to enhance children's thinking skills. *Thinking Skills and Creativity, 3,* 104-124.

Caine, R. N., Caine, G., McClintic, C., & Klimek, K. (2005). *12 brain/mind learning principles in action: The fieldbook for making connections, teaching, and the human brain.* Thousand Oaks, CA: Corwin Press.

Carbonaro, W., & Gamoran, A. (2002). The production of achievement inequality in high school English. *American Educational Research Journal, 39,* 801-827.

Carroll, A., Houghton, S., Wood, R., Unsworth, K., Hattie, J., Gordon, L., et al. (2009). Self-efficacy and academic achievement in Australian high school students:The mediating effects of academic aspirations and delinquency. *Journal of Adolescence, 32,* 79-817.

Carter, R. (1998). *Mapping the mind.* Los Angeles: University of California Press.

CAST. (2008). *Universal design for learning guidelines 1.0.* Accessed at www.cast.org/publications/ UDLguidelines/version1.html on July 5, 2009.

Chan, J. C. K. (2009). When does retrieval induce forgetting and when does it induce facilitation? Implications for retrieval inhibition, testing effect, and text processing. *Journal of Memory and*

Language, 61, 153-170.

Chen, I. (2009, June). Brain cells for socializing: Does an obscure nerve cell explain what gorillas, elephants, whales - and people - have in common? *Smithsonian, 38*-43.

Clements, A., (2004). *The report card.* New York: Simon & Schuster.

Collins, M. A., & Amabile, T. (1999). Motivation and creativity. In R. J. Sternberg (Ed.), *Handbook of creativity* (pp. 297-312). New York: Cambridge University Press.

Colunga, E., & Smith, L. B. (2008). Flexibility and variability: Essential to human cognition and the study of human cognition. *New Ideas in Psychology, 26,* 174-192.

Cowan, N. (2001). The magical number 4 in short-term memory: A reconsideration of mental storage capacity. *Behavioral and Brain Sciences, 24*(1), 87-114.

Csikszentmihalyi, M., Rathunde, K., & Whalen, S. (1993). *Talented teenagers: The roots of success and failure.* New York: Cambridge University Press.

Curry, L. (1990). A critique of the research on learning styles. *Educational Leadership, 42*(2), 50-56.

Darling-Hammond, L., Bransford, J., LePage, P., & Hammerness, K. (Eds.). (2005). *Preparing teachers for a changing world: What teachers should learn and be able to do.* San Francisco: Jossey-Bass.

de Bono, E. (1985). *Six thinking hats.* New York: Little, Brown.

Delis, D. C., Lansing, A., Houston, W. S., Wetter, S., Han, S. D., Jacobson, M., et al. (2007). Creativity lost: The importance of testing higher-level executive functions in school-age children and adolescents. *Journal of Psychoeducational Assessment, 25*(1), 29-40.

Demetriadis, S. N., Papadopoulos, P. M., Stamelos, I. G., & Fischer, F. (2008). The effect of scaffolding students' context-generating cognitive activity in technology-enhanced case-based learning. *Computers & Education, 51,* 939-954.

Dewey, J. (1938). *Experience and education.* Indianapolis, IN: Kappa Delta Pi.

Diamond, A. (2009). All or none hypothesis: A global-default mode that characterizes the brain and mind. *Developmental Psychology, 45,* 130-138.

Dunn, R., & Dunn, K. (1993). *Teaching secondary students through their individual learning styles: Practical approaches for grades 7-12.* Boston: Allyn & Bacon.

Dweck, C. S. (2006). *Mindset: The new psychology of success.* New York: Random House.

Earl, L. (2003). *Assessment as learning: Using classroom assessment to maximize student learning.* Thousand Oaks, CA: Corwin Press.

Elfers, A., Plecki, M., & Knapp, M. (2006). Teacher mobility: Looking more closely at "the movers" within a state system. *Peabody Journal of Education, (81)*3, 94-127.

Eliot, L. (2009). *Pink brain, blue brain: How small differences grow into troublesome gaps - and what we can do about it.* New York: Houghton Mifflin Harcourt.

Engelmann, J. B., & Pessoa, L. (2007). Motivation sharpens exogenous spatial attention. *Emotion, 7*(4), 668-674.

Erickson, H. L. (2007). *Concept-based curriculum and instruction for the thinking classroom.* Thousand Oaks, CA: Corwin Press.

Erickson, H. L. (2008). *Stirring the head, heart, and soul: Redefining curriculum, instruction, and concept-based learning* (3rd ed.). Thousand Oaks, CA: Corwin Press.

Ferguson, R. (2002). *Who doesn't meet the eye: Understanding and addressing racial disparities in high achieving suburban schools*. Naperville, IL: North Central Regional Educational Laboratory.

Fink, A., Benedek, M., Grabner, R. H., Staudt, B., & Neubauer, A. C. (2007). Creativity meets neuroscience: Experimental tasks for the neuroscientific study of creative thinking. *Methods, 42*(1), 68-76.

Fisher, C., Berliner, D., Filby, N., Marliave, R., Cahen, L., & Dishaw, M. (1980). Teaching behaviors, academic learning time, and student achievement: An overview. In C. Denham & A. Lieberman (Eds.), *Time to learn* (pp. 7-32). Washington, DC: National Institutes of Education.

Forstmann, B. U., Brass, M., Koch, I., & von Cramon, D. Y. (2006). Voluntary selection of task sets revealed by functional magnetic resonance imaging. *Journal of Cognitive Neuroscience, 18*, 388-398.

Friedman, D., Goldman, R., Stern, Y., & Brown, T. R. (2009). The brain's orienting response: An event-related functional magnetic resonance imaging investigation. *Human Brain Mapping, 30*, 1144-1154.

Fulk, B., & Montgomery-Grymes, D. (1994). Strategies to improve student motivation. *Intervention in School and Clinic, 30*, 28-33.

Gardner, H. (2004). *Frames of mind: The theory of multiple intelligences* (20th anniversary ed.). New York: Basic Books. (Original work published 1983)

Gardner, H. (2006). *Multiple intelligences: New horizons in theory and practice* (Rev. ed.). New York: Basic Books.

Garn, C. L., Allen, M. D., & Larsen, J. D. (2009). An fMRI study of sex differences in brain activation during object naming. *Cortex, 45*, 610-618.

Gay, G. (2000). *Culturally responsive teaching: Theory, research, and practice*. New York: Teachers College Press.

Gayfer, M. (1991). *The multi-grade classroom: Myth and reality - A Canadian study*. Toronto, ON: Canadian Education Association.

Gee, J. P. (2007). *What video games have to teach us about learning and literacy* (2nd ed.). New York: Palgrave Macmillan.

Ginsberg, M. & Wlodkowski, R. (2000). *Creating highly motivating classrooms for all students: A schoolwide approach to powerful teaching with diverse learners*. San Francisco: Jossey-Bass.

Glassner, A., & Schwarz, B. B. (2007). What stands and develops between creative and critical thinking? Argumentation? *Thinking Skills and Creativity, 2*(1), 10-18.

Goldberg, E. (2001). *The executive brain: Frontal lobes and the civilized mind*. New York: Oxford University Press.

Goode, P. E., Goddard, P. H., & Pascual-Leone, J. (2002). Event-related potentials index cognitive style differences during a serial-order recall task. *International Journal of Psychophysiology, 43*, 123-140.

Gottfried, A. E., & Gottfried, A. W. (1996). A longitudinal study of academic intrinsic motivation in intellectually gifted children: Childhood through early adolescence. *Gifted Child Quarterly, 40*, 179-183.

Gray, J., & Thomas, H. (2005). *If she only knew me*. Owensboro, KY: Rocket.

Gregorc, A. F. (1979). Learning/teaching styles: Potent forces behind them. *Educational Leadership,*

36, 234-236.

Guskey, T. (2007). Using assessments to improve teaching and learning. In D.Reeves (Ed.), *Ahead of the curve: The power of assessment to transform teaching and learning* (pp. 15-29). Bloomington, IN: Solution Tree Press.

Hall, P. S., & Hall, N. D. (2003, September). Building relationships with challenging children. *Educational Leadership, 61*, 60-63.

Haynes, J.-D., Sakai, K., Rees, G., Gilbert, S., Frith, C., & Passingham, R. E. (2007). Reading hidden intentions in the human brain. *Current Biology, 17*, 323-328.

Hebert, T. (1993). Reflections at graduation: The long-term impact of elementary school experiences in creative productivity. *Roeper Review, 16*(1), 22-28.

Hidi. S. (1990). Interest and its contribution as a mental resource for learning. *Review of Educational Research, 60*, 549-571.

Hidi, S., & Anderson, V. (1992). Situational interest and its impact on reading and expository writing. In K. A. Renninger, S. Hidi, & A. Krapp (Eds.), *The role of interest in learning and development* (pp. 215-238). Hillsdale, NJ: Lawrence Erlbaum.

Hidi, S., & Berndorff, D. (1998). Situational interest and learning. In L. Hoffmann, A. Krapp, K. A. Renninger, & J. Baumert (Eds.), *Interest and learning: Proceedings of the Seeon conference on interest and gender* (pp. 74-90). Kiel, Germany: IPN.

Holland, R. P. (1982). Learner characteristics and learner performance: Implications for instructional placement decisions. *Journal of Special Education, 16*(1), 7-20.

Hunt, D. (1971). *Matching models in education: The coordination of teaching methods with student characteristics* (Monograph #10). Toronto: Ontario Institute for Studies in Education.

Jensen, A. R. (1998). *The g factor: The science of mental ability.* Westport, CT: Praeger.

Johnson, K., & Becker, A. (2010). *Whole brain atlas.* Accessed at www.med.harvard.edu/AANLIB/home.html on May 19, 2010.

Kajder, S. (2006). *Bringing the outside in: Visual ways to engage reluctant readers.* Portland, ME: Stenhouse.

Kaplan, F., & Oudeyer, P. Y. (2007). In search of the neural circuits of intrinsic motivation. *Frontiers in Neuroscience, 1*, 225-236.

Karpicke, J. D., & Zaromb, F. M. (2010). Retrieval mode distinguishes the testing effect from the generation effect. *Journal of Memory and Language, 62*, 227-239.

Keller, K., & Menon, V. (2009). Gender differences in the functional and structural neuroanatomy of mathematical cognition. *NeuroImage, 47*, 342-352.

Knapp, M. S., Shields, P. M., & Turnbull, B. J. (1992). *Academic challenge for children of poverty: Summary report.* Washington, DC: U.S. Department of Education Office of Policy and Planning.

Kolb, D. (1984). *Experiential learning: Experience as the source of learning and development.* Englewood Cliffs, NJ: Prentice Hall.

Kumaran, D., & Maguire, E. A. (2007). Match-mismatch processes underlie human hippocampal responses to associative novelty. *Journal of Neuroscience, 27*, 8517-8524.

Ladson-Billings, G. (1994). *The dreamkeepers: Successful teachers of African American children.* San Francisco: Jossey-Bass.

Lau, H. C., Rogers, R. D., Haggard, P., & Passingham, R. E. (2004). Attention to intention. *Science, 303*(5661), 1208-1210.

Levy, S. (1996). *Starting from scratch: One classroom builds its own curriculum.* Portsmouth, NH: Heinemann.

Lortie, D. (2002). *Schoolteacher: A sociological study* (2nd ed.). Chicago: University of Chicago Press.

Maguire, E. A., Frith, C. D., & Morris, R. G. M. (1999). The functional neuroanatomy of comprehension and memory: The importance of prior knowledge. *Brain, 122*, 1839-1850.

Marzano, R. J., Marzano J. S., & Pickering, D. (2003). *Classroom management that works: Research-based strategies for every teacher.* Alexandria, VA: Association for Supervision and Curriculum Development.

Maslow, A. (1943). A theory of human motivation. *Psychological Review, 50*, 370-396.

McAllister, G., & Irvine, J. J. (2002). The role of empathy in teaching culturally diverse students: A qualitative study of teachers' beliefs. *Journal of Teacher Education, 53*(5), 433-443.

McCarthy, B. (1987). *4-MAT: Teaching to learning styles.* Barrington, IL: EXCEL.

McKay, M. T., Fischler, I., & Dunn, B. R. (2002). Cognitive style and recall of text: An EEG analysis. *Learning and Individual Differences, 14*(1), 1-21.

McQuillan, P. J. (2005). Possibilities and pitfalls: A comparative analysis of student empowerment. *American Educational Research Journal, 42*, 639-670.

Miller, B. (1990). A review of the quantitative research on multigrade instruction. *Research in Rural Education, 7*, 1-8.

Miller, G. A. (1956). The magical number seven, plus-or-minus two: Some limits on our capacity for processing information. *Psychological Review, 101*, 343-352.

Mitchell, J. P., Banaji, M. R., & Macrae, C. N. (2005). The link between social cognition and self-referential thought in the medial prefrontal cortex. *Journal of Cognitive Neuroscience, 17*, 1306-1315.

Mizuno, K., Tanaka, M., Ishii, A., Tanabe, H. C., Onoe, H., Sadato, N., et al. (2008). The neural basis of academic achievement motivation. *NeuroImage, 42*, 369-378.

Moore, D. W., Bhadelia, R. A., Billings, R. L., Fulwiler, C., Heilman, K. M., Rood, K. M., et al. (2009). Hemispheric connectivity and the visual-spatial divergentthinking component of creativity. *Brain and Cognition, 70*(3), 267-272.

National Research Council. (1999). *How people learn: Brain, mind, experience, and school.* Washington, DC: National Academy Press.

National Research Council. (2001). *Knowing what students know: The science and design of educational assessment.* Washington, DC: National Academies Press.

Neitzel, C., Alexander, J. M., & Johnson, K. E. (2008). Children's early interest-based activities in the home and subsequent information contributions and pursuits in kindergarten. *Journal of Educational Psychology, 100*, 782-797.

Oberauer, K., & Kliegl, R. (2006). A formal model of capacity limits in working memory. *Journal of Memory and Language, 55*, 601-626.

Ochsner, K. N. (2007). Social cognitive neuroscience: Historic development, core principles, and future promise. In A. W. Kruglanski & E. Tory (Eds.), *Social psychology: Handbook of basic principles* (2nd ed., pp. 39-68). New York: Guilford Press.

O'Connor, K. (2007). *A repair kit for grading: 15 fixes for broken grades.* Portland, OR: Educational Testing Service.

O'Connor, K. (2009). *How to grade for learning, K-12* (3rd ed.). Thousand Oaks, CA: Corwin Press.

Okuhata, S. T., Okazaki, S., & Maekawa, H. (2009). EEG coherence pattern during simultaneous and successive processing tasks. *International Journal of Psychophysiology, 72*(2), 89-96.

Olson, I. R., Plotzker, A., & Ezzyat, Y., (2007). The enigmatic temporal pole: A review of findings on social and emotional processing. *Brain, 130,* 1718-1731.

Peelle, J. E., Troiani, V., & Grossman, M. (2009). Interaction between process and content in semantic memory: An fMRI study of noun feature knowledge. *Neuropsychologia, 47,* 995-1003.

Petersen, J. (2009). "This test makes no freaking sense": Criticism, confusion, and frustration in timed writing. *Assessing Writing, 14*(3), 178-193.

Rao, H., Betancourt, L., Giannetta, J. M., Brodsky, N. L., Korczykowski, M., Avants, B. B., et al. (2010). Early parental care is important for hippocampal maturation: Evidence from brain morphology in humans. *NeuroImage, 49,* 1144-1150.

Raymond, J. (2009). Interactions of attention, emotion and motivation. *Progress in Brain Research, 176,* 293-308.

Reeves, D. (2000). Standards are not enough: Essential transformations for school success. *NASSP Bulletin, 84*(620), 5-19.

Reeves, D. (Ed.). (2007). *Ahead of the curve: The power of assessment to transform teaching and learning.* Bloomington, IN: Solution Tree Press.

Renninger, K. A. (1990). Children's play interests, representation and activity. In R. Fivush & J. Hudson (Eds.), *Knowing and remembering in young children* (pp. 127-165). New York: Cambridge University Press.

Renninger, K. A. (1998). The roles of individual interest(s) and gender in learning: An overview-of-research on preschool and elementary school-aged children/students. In L. Hoffmann, A. Krapp, K. A. Renninger, & J. Baumert (Eds.), *Interest and learning: Proceedings of the Seeon conference on interest and gender* (pp. 165-175). Kiel, Germany: IPN.

Riding, R., & Rayner, S. (1997). Towards a categorisation of cognitive styles and learning styles. *Educational Psychology, 17*(1-2), 5-27.

Robins, K. N., Lindsey, R., Lindsey, D., & Terrell, R. (2002). *Culturally proficient instruction: A guide for people who teach.* Thousand Oaks, CA: Corwin Press.

Sadler-Smith, E. (2001). A reply to Reynolds's critique of learning style. *Management Learning, 32,* 291-304.

Salomone, R. (2003). *Same, different, equal: Rethinking single-sex schooling.* New Haven, CT: Yale University Press.

Sandi, C. & Pinelo-Nava, M. T. (2007). Stress and memory: Behavioral effects and neurobiological mechanisms. *Neural Plasticity, 2007,* 1-20. Accessed at www.ncbi.nlm.nih.gov/pmc/articles/PMC1950232/?tool=pmcentrez on April 6, 2010.

Sax, L. (2005). *Why gender matters: What parents and teachers need to know about the emerging science of sex differences.* New York: Broadway Books.

Schmithorst, V. J., & Holland, S. K. (2007). Sex differences in the development of neuroanatomical functional connectivity underlying intelligence found using Bayesian connectivity analysis. *NeuroImage, 35,* 406-419.

Sharan, Y., & Sharan, S. (1992). *Expanding cooperative learning through group investigation.* New York: Teachers College Press.

Shaw, P., Greenstein, D., Lerch, J., Clasen, L., Lenroot, R., Gogtay, N., et al. (2006). Intellectual ability and cortical development in children and adolescents. *Nature, 440,* 676-679.

Shaywitz, B. A., Shaywitz, S. E., Pugh, K. R., Constable, R. T., Skudlarski, P., Fulbright, R. K., et al. (1995). Sex differences in the functional organization of the brain for language. *Nature, 373,* 607-609.

Sousa, D. (2006). *How the brain learns* (3rd ed.). Thousand Oaks, CA: Corwin Press.

Sousa, D. (2009). *How the brain influences behavior: Management strategies for every classroom.* Thousand Oaks, CA: Corwin Press.

Squire, L. R., & Kandel, E. R. (1999). *Memory: From mind to molecules.* New York: W. H. Freeman.

Sternberg, R. (1985). *Beyond IQ: A triarchic theory of human intelligence.* New York: Cambridge University Press.

Stiggins, R. (2001). *Student-involved classroom assessment* (3rd ed.). Upper Saddle River, NJ: Merrill Prentice Hall.

Stipek, D. (2006, September). Relationships matter. *Educational Leadership, 64,* 46-49.

Storm, E. E., & Tecott, L. H. (2005). Social circuits: Peptidergic regulation of mammalian social behavior. *Neuron, 47,* 483-486.

Storti, C. (1999). *Figuring foreigners out: A practical guide.* Yarmouth, ME: Intercultural Press.

Tierney, R. D. & Charland, J. (2007, April). *Stocks and prospects: Research on formative assessment in secondary classrooms.* Paper presented at the annual meeting of the American Educational Research Association, Chicago.

Tobias, S. (1994). Interest, prior knowledge, and learning. *Review of Educational Research, 64,* 37-54.

Tomlinson, C. A. (1999). *The differentiated classroom: Responding to the needs of all learners.* Alexandria, VA: Association for Supervision and Curriculum Development.

Tomlinson, C. A. (2001). *How to differentiate instruction in mixed-ability classrooms* (2nd ed.). Alexandria, VA: Association for Supervision and Curriculum Development.

Tomlinson, C. A. (2003). *Fulfilling the promise of the differentiated classroom: Strategies and tools for responsive teaching.* Alexandria, VA: Association for Supervision and Curriculum Development.

Tomlinson, C. A., Brighton, C., Hertberg, H., Callahan, C. M., Moon, T. R., Brimijoin, K., et al. (2003). Differentiating instruction in response to student readiness, interest, and learning profile in academically diverse classrooms: A review of literature. *Journal for the Education of the Gifted, 27*(2-3), 119-145.

Tomlinson, C. A., Kaplan, S., Renzulli, J., Purcell, J., Leppien, J., Burns, D., et al. (2008). *The parallel curriculum: A design to develop learner potential and challenge advanced learners.* Thousand Oaks, CA: Corwin Press.

Tomlinson, C. A., & McTighe, J. (2006). *Integrating differentiated instruction and understanding by design: Connecting content and kids.* Alexandria, VA: Association for Supervision and Curriculum Development.

Tompkins, J. (1996). *A life in school: What the teacher learned.* New York: Perseus.

Torrance, E. P. (1995). Insights about creativity: Questioned, rejected, ridiculed, ignored. *Educational Psychology Review, 7*(3), 313-322.

Trumbull, E., Rothstein-Fisch, C., Greenfield, P., & Quiroz, B. (2001). *Bridging cultures between home and school: A guide for teachers.* Mahwah, NJ: Lawrence Erlbaum.

Tsui, J. M., & Mazzocco, M. M. M. (2007). Effects of math anxiety and perfectionism on timed versus untimed math testing in mathematically gifted sixth graders. *Roeper Review, 29*(2), 132-139.

Tynjala, P. (2008). Perspectives into learning at the workplace. *Educational Research Review, 3*(2), 130-154.

Vansteenkiste, M., Simons, J., Lens, W., Sheldon, K. M., & Deci, E. L. (2004). Motivating learning, performance, and persistence: The synergistic effects of intrinsic goal contents and autonomy-supportive contexts. *Journal of Personality and Social Psychology, 87*, 246-260.

Vollmeyer, R., & Rheinberg, F. (2000). Does motivation affect performance via persistence? *Learning and Instruction, 10*(4), 293-309.

Vygotsky, L. S. (1978). *Mind in society: The development of higher psychological processes.* Cambridge, MA: Harvard University Press.

Wagner, T. (2008). *The global achievement gap: Why even our best schools don't teach the new survival skills our children need - and what we can do about it.* New York: Basic Books.

Walqui, A. (2000). *Access and engagement: Program design and instructional approaches for immigrant students in secondary school.* McHenry, IL: Center for Applied Linguistics and Delta Systems.

Whalen, S. (1998). Flow and engagement of talent: Implications for secondary schooling. *NASSP Bulletin, 82*(595), 22-37.

Wiggins, G. (1993). *Assessing student performance: Exploring the purpose and limits of testing.* San Francisco: Jossey-Bass.

Wiggins, G. (1998). *Educative assessment: Designing assessments to inform and improve student performance.* San Francisco: Jossey-Bass.

Wiggins, G., & McTighe, J. (2005). *Understanding by Design* (2nd ed.). Alexandria, VA: Association for Supervision and Curriculum Development.

Wilke, M., Holland, S. K., & Krageloh-Mann, I. (2007). Global, regional, and local development of gray and white matter volume in normal children. *Experimental Brain Research, 178*, 296-307.

Willingham, D. (2009). *Why don't students like school? A cognitive scientist answers questions about how the mind works and what it means for the classroom.* San Francisco: Jossey-Bass.

Wittmann, B. C., Bunzeck, N., Dolan, R. J., & Duzel, E. (2007). Anticipation of novelty recruits reward system and hippocampus while promoting recollection. *NeuroImage, 38*, 194-202.

Wolf, O. T. (2009). Stress and memory in humans: Twelve years of progress? *Brain Research, 1293*, 142-154.

저자 소개

데이비드 A. 수자 David A. Sousa, EdD

교육뇌과학(educational neuroscience) 분야의 국제적 컨설턴트이자 최신 뇌과학연구를 학습향상전략으로 번안해 제시하는 십여 권의 책을 저술한 저자이다. 이제까지 미국과 캐나다를 비롯, 유럽, 호주, 뉴질랜드, 아시아 전역에서 20만 명이 넘는 교육관계자들에게 강연을 해왔다.

수자 박사는 전통 있는 사범대학으로 이름을 알린 메사추세츠 주 브릿지워터주립대학에서 화학으로 학사 학위를, 하버드대학에서 과학교육 석사 학위를, 럿거스대학에서 박사 학위를 받았다. 이후 고등학교 과학교사로 근무하고, K-12 과학부장 및 뉴저지 지역 교육청 장학사로 활동하기도 했다. 현재 시튼홀대학교 겸임교수 겸 럿거스대학교 객원교수로 재직 중이다.

박사는 과학도서를 편집하고 일류 학술지에 교직원전문성계발, 과학교육, 교육연구에 관한 수십 편의 논문을 게재했다. 가장 유명한 교육학 저서로는 『뇌는 어떻게 학습하는가(How the Brain Learns)』『장애아의 뇌는 어떻게 학습하는가(How the Special Needs Brain Learns)』『영재의 뇌는 어떻게 학습하는가(How the Gifted Brain Learns)』『How the Brain Learns to Read』『뇌를 알면 문제행동 해결이 보인다(How the Brain Influences Behavior)』 미국독립출판인협회에서 2008년 최고의 직업능력계발서 중 한 권으로 선정한 『뇌는 수학을 어떻게 배우는가(How the Brain Learns Mathematics)』『뇌친화적인 교육리더(The Leadership Brain)』『Engaging the Rewired Brain』『마음 뇌 교육 - 21세기 교수·학습과학의 새 패러다임(Mind, Brain, and Education: Neuroscience Implications for the Classroom)』이 있다. 책은 프랑스어, 스페인어, 중국어, 아랍어, 한국어 등의 언어로도 소개되었다.

전미교사연수협회(NSDC) 회장을 역임했다. 모교인 브릿지워터주립대학에서 자랑스러운 동문상과 명예박사 학위, 필라델피아 그라츠칼리지에서 명예박사 학위를 받는 등 많은 영예를 수상했다.

NBC <투데이>와 미국공영라디오(NPR)에 출연해 뇌과학 연구결과를 어떻게 학교현장에 적용할 것인지에 대해 발언하기도 했다. 현재 플로리다 남부에 살고 있다.

캐롤 앤 톰린슨 Carol Ann Tomlinson, EdD

버지니아대학교 커리교육대학 소속으로 윌리엄 클레이 패리시 주니어 교수이자 교육 리더십·기초이론·정책 전공 학과장이며, 동 대학의 학업다양성연구소를 공동 주관하고 있다. 박사는 2004년에 커리교육대학에서 탁월한 교수로 이름을 올렸고, 2008년에는 버지니아대학교 올유니버시티티칭어워드를 수상했다.

교육 컨설턴트, 교사연수 전문가이자 강연자로도 이름을 알린 톰린슨 박사는 미국 전역과 전 세계에 걸친 교사들과 함께 더욱 대응적이고 이질적인 교실을 개발하기 위해 작업하고 있다. 박사는 21년 간 공립학교 교사로 재직했으며, 12년간은 특수교육 행정관으로 종사하는 등 오랜 세월 교육계에 머물렀다.

공립학교 교사로 근무하던 중이던 1974년에는 '버지니아 주 올해의 교사'로 선정되기도 했다. 교육현장에서 보낸 평생에 걸쳐, 박사는 부진학생 및 우수학생을 위한 교육과정과 교수법, 이질적인 교실환경에서의 효과적인 수업방법, 교실에서의 창의적이고 비판적인 사고력 향상 방안 등을 포함해 여러 주요 쟁점에 관심을 갖고 연구해왔다.

톰린슨 박사는 8개 학술저널의 심사위원이며, 책과 논문을 포함해 300편이 넘는 저작을 발표했다. 개별화지도에 관한 저작으로는 『교실현장에서 가져온 개별화수업 1-실천편(The Differentiated Classroom: Responding to the Needs of all Learners, 2nd ED.)』『수준차가 다양한 교실에서의 효율적인 개별화 수업(Differentiated Instruction for Mixed-Ability Classrooms)』『맞춤형 수업과 이해중심 교육과정의 통합(Integrating Differentiated Instruction & Understanding by Design Connecting Content and Kids)』(제이 맥타이(Jay McTighe)와 공저), 『Fulfilling the Promise of the Differentiated Classroom: Strategies and Tools for Responsive Teaching』『Leading and Managing a Differentiated Classroom』(마샤 임뷰(Marcia Imbeau)와 공저) 등이 있다. 개별화교수에 관한 그녀의 저서들은 총 12개국 언어로 번역 소개되었다. 사우스캐롤라이나대학에서 학사 학위를, 버지니아대학교에서 교육학 석사 및 박사 학위를 받았다.

- 번역개정판 -

뇌과학을 적용한

개별화수업 ② 원리편

2019년 07월 02일 | 초판 발행
2023년 10월 20일 | 번역개정판 발행

지은이 데이비드 A. 수자·캐롤 앤 톰린슨
옮긴이 장인철·이찬승

펴낸이 이찬승
펴낸곳 교육을바꾸는책

편집·마케팅 고명희·장현주
디자인 ALL design group

출판등록 2012년 4월 10일 | 제313-2012-114호
주소 서울시 마포구 양화로 7길 76, 평화빌딩 3층
전화 02-320-3600(경영) 02-320-3604(편집)
팩스 02-320-3611

홈페이지 http://21erick.org
이메일 gyobasa@21erick.org
유튜브 youtube.com/user/gyobasa
포스트 post.naver.com/gyobasa_book
트위터 twitter.com/GyobasaNPO
인스타그램 instagram.com/gyobasa

ISBN 978-89-97724-21-5 (94370)
       978-89-97724-10-9 (세트)